페미니즘을
퀴어링!

일러두기

- ✦ 이 책은 『Feminism is Queer』의 두 번째 판(2016)을 완역한 것이다.
- ✦ 본문에서는 인명의 원어 표기를 생략하고 찾아보기에 수록했다.
- ✦ 본문의 〔 〕은 옮긴이가 보충한 내용이다.
- ✦ 젠더 대명사 사용을 피한 저자의 글쓰기 실천을 따라 여성과 남성을 모두 '그'로 지칭했으나 문맥상 젠더 특정 지칭의 의미가 중요한 경우 '그녀'로 번역했다.
- ✦ 본문 각주에 적힌 인용 출처의 완전한 표기는 각 장 참고문헌 목록에서 볼 수 있다.

페미니즘을 퀴어링!

지금 우리에게 필요한
페미니즘 이론, 실천, 행동

미미 마리누치 지음
권유경·김은주 옮김   봄알람

차례

1부 섹슈얼리티

2부 섹스

감사의 글

닐 스티븐슨의 『스노 크래시Snow Crash』에서 가상의 사서가
언급하듯이, "대다수 창조 신화에서 (…) 사물을 명명하는 것은
그것을 창조하는 것이다"(255). 이름은 중요하다. 그리고 내가 이렇게
자라난 것은 적어도 어느 정도는 내게 내 이름을 준 이브 마리누치
덕분이다. 이뿐 아니라, 내가 아는 어떤 말의 조합으로도 표현할 수
없는 방식으로 자신의 삶과 죽음으로 나에게 영향을 준 나의 언니에게
정말로 감사할 따름이다. 망할 암.

　　나는 이 책의 초판에서 이미 고마움을 전한 바 있는 가족,
멘토들, 동료들, 동년배들, 학생들 및 친구들과 그 이후의 내 삶과
얽혀 있는 사람들에게도 마찬가지로 다시 한 번 감사한다. 특히 이 두
번째 판을 출판하도록 격려해준 제드 출판사의 원고 검토 편집자 킴
워커에게 감사를 표한다.

　　모험가들이 지붕 위에 다시 모였을 때, 그 무리의 다양한
　　일원이 매우 이상한queer 여러 가지 물건을 골랐다는 사실이
　　밝혀졌다. 아무도 무엇이 필요한지 명확히 알지 못하는 것처럼
　　보였으나 다들 무언가를 가져왔다.
　　—라이먼 프랭크 바움, 『놀라운 오즈의 나라』

페미니즘을 퀴어링!

> 너는 매일 무언가를 배우고 있다. 아기에게는 두뇌가 있지만
> 많은 것을 알지 못한다. 경험은 지식을 주는 유일한 것이다.
> 그리고 지구상에 오래 있을수록 더 많은 경험을 얻을 수 있다.
> —라이먼 프랭크 바움, 『오즈의 마법사』

나에게 있어서, 글쓰기는 고되고 느리게 진행되는 과정이다. 나는
단어와 문장 그리고 단락이 어떻게 어울리는지, 다른 면에서는 어떻게
보이는지, 큰 소리로 읽을 때 어떻게 들리는지를 동시에 고민하면서,
내가 선택한 모든 단어와 관련된 외연과 내포에 대해 숙고한다. 물론
이 책이 한국어로 번역되어 영광이지만, 이 책의 아이디어가 번역한
뒤에도 살아 있을 만큼 내가 적절하게 표현했을까 하는 걱정도 들었다.
이 걱정은 번역자 권유경과 김은주의 능력을 신뢰하면서 덜어낼 수
있었다. 자신의 재능과 시간을 이 작업에 바친 그들의 결정에 나는
겸손한 마음이 든다.

　　한국어 번역판을 위한 새로운 서문을 써달라는 제안에 나는
영광스러운 동시에 또다시 겸손한 기분을 느낀다. 좋든 나쁘든,
서문을 쓰는 일은 번역과는 달리 나 자신의 책임이다. 그러나, 내가
논의하고 싶은 것을 결정하기도 전에, 내가 다른 언어로 적절하게 번역
가능한 방식으로 표현할 수 있을까 하는 두려움이 나를 압도했다.
내가 무엇을 쓰건 간에 번역자만이 영어로 읽을 수 있다는 앎 덕분에,
서문에서 쓰기로 결정한 내용을 표현하는 정확한 방식에 덜 집착할 수
있었다. 내가 무엇을 쓰든 즉시 한국어로 번역될 것이라는 앎 덕분에,
영어 표현 방식의 세부적 내용에 덜 집착할 수 있었다. 그 대신에
누군가는 (비교 언어학의 정식 훈련과 함께) 완전히 이해하기까지

평생이 걸릴 한국어의 미묘한 측면들에 대한 궁금증이 생겨난다.

사소할지 모르지만 나는 영어에서 두운을 맞추어 호소하는 단어들이 한국어 번역본에서 자연스럽게 흘러갈 수 있을지 궁금했다. 또한 신체 능력과 상관이 없는 맥락에서 신체 능력을 참조하는 영어의 경향이 한국어에도 있는지 여부 역시 궁금했다. 불필요하게 배타적인 신체 은유(예컨대, '개념을 이해하다understand the idea' 대신에 '개념을 잡다grasp the concept' '요점을 보다see the point'라는 표현 같은)를 피하려는 나의 결정이 번역에서도 동일한 의미를 가질지 궁금했다. 이 같은 사례는 한국어에는 존재하지도 않는 문제일지 모른다. 그러나 영어처럼 한국어에 적어도 일부의 배타적 언어 관행이 있고 이러한 관행에 주의를 기울인다면, 포용과 수용을 목표로 삼는 대체 관행의 개발이 실행될 가능성이 더 크다. 내가 이를 언급하는 것은 포함과 배제 사이에, 혹은 허용되는 표현과 허용될 수 없는 표현 사이에 정확한 경계가 있는 척하려는 것이 아니다. 다만 이 책 전반에 걸쳐 되풀이되는 주제를 반복하는 방식으로 이를 언급해두려 한다. 언어의 중요성을 강조하기 위함이다.

언어가 광범위하게 해석되고 언어로 표현될 수 있는 한계가 있기에, 언어는 중요하다. 언어에 없는 것을 표현할 새로운 언어를 창조하거나 새로운 것을 표현하기 위해 기존의 언어에 맞추려고 노력하고 이에 성공할 때까지, 기존의 언어에 없는 것은 표현될 수 없다. 언어는 알려진 것, 알 수 있는 모든 것을 제한하며 동시에 반대로 그러한 앎이 언어를 제한한다. 이것은 특히 한 언어에서 다른 언어로 텍스트를 번역할 때 분명해진다. 각각 다른 번역자는 때때로 대상 언어에 상응하는 전문 용어가 없는 것을 표현할 때 원본 저작물의 필수적인 측면을 가장 잘 전달하는 방법에 대해 각기 다른 결정을 내린다. 상응하는 용어가 없으면 익숙한 문구에 따라 미묘함이 쉽게 "번역에서 사라진다". 이때 의미 있는 번역이 생겨날 수도 있고 때로는 이전에 표현할 수 없던 무언가를 쉽게 표현하기 위해서 새로운 용어를 개발하거나 번역용 용어를 도입하게 된다. 언어는 끊임없이 진화한다. 그리고 이러한 진화가 언어에 변화를 일으키는 하나의 방법이다. 언어를 바꾸려는 사람들의 의도적인 노력이 언어의 진화를 일으키는 또 다른 기제다. 젠더, 섹스, 섹슈얼리티를 둘러싼 언어가 이에 관한 주목할 만한 예다. 책의 6장 "변화하는 젠더"에서, 나는 동시대 미국 문화에서 젠더 대명사 사용의 발전에 대한 협상과 고려 사항들을 개관했다. 그러나 이 책의 초판 이래 대명사 '그들they'의 사용을 둘러싼 합의가 대두하면서, 역사적 교훈을 제외하고는 이 논의의 많은 부분이 쓸모가 없어졌다. 비록 'they'가 비공식적인 맥락에서는 젠더를 표시하지 않고 단수형의 사람들을 지시할 때도 오랫동안 사용되어왔지만, 이는 최근에야 학계 및 전문적 글쓰기와 같은 좀 더 공식적 맥락에서 받아들여지기 시작했다. 비록 여전히 소수이지만, 사람들의 사용이 늘어남과 더불어 변화는 일어나고 있으며 이들은 여성 또는 남성이라는 이분법적 젠더를 떠나 정체화하고 그때의 대명사로 'they'를 지정한다.

이제 대명사 'they'는 젠더를 명기하지 않고 비이분법적인 개인들을 모호하게 지시하는, 이중의 능력을 지니게 된다. 젠더 이분법의 바깥에 존재하는 젠더의 사람을 지시하는 용어를 가진다는 것은 젠더 이분법의 바깥에 존재하는 다른 이들과 그들 자신을 개념화할 수 있다는 것을 의미한다. 비이분법적 젠더 표현은 필요하며, 이는 그것을 표현할 수 있는 언어의 발명으로 인해 가능해진다.

이분법 밖의 젠더를 지시하는 능력은 자신과 다른 사람들로 하여금 이분법 밖의 정체성의 인지 가능성을 존재하게 만드는 중요한 역할을 한다. 이것은 트랜스젠더 정체성이 수용되는 과정과 다르지 않다. 5장 "반가운 이행"에서 논의한 바와 같이, 1970년대 중반까지만 해도 미시간 여성 음악 축제의 주최 측은 사람들을 생물학적 여성 또는 생물학적 남성으로만 간주하는 언어적·개념적 제약을 받는 것처럼 보였다. 결과적으로 그들은 출생 시에 여성으로 지정된 여성만을 '여성'으로 인정함으로써 트랜스젠더 여성을 배제했고, 격분과 논쟁을 낳았다. 나는 이 에피소드로 우리 자신과 다른 사람들을 묘사하는 언어가 취약한 사람들에 대한 대우에 영향을 미친다는 것을 격렬하게 상기시킬 수 있기를 바란다. 기존 언어 및 개념 체계에서 무시나 비하를 겪는 사람들에게는, 때로 불필요하거나 피상적으로 간주된다 해도 이런 정체성 범주의 지속적 확산이 절대적으로 중요하다.

다시 한 번 말하지만, 언어는 중요하다. 작지만 의미 있는 방식으로 언어를 사용하고 어떤 경우에는 언어를 변형하려는 나의 노력이 그러한 아이디어를 표현하는 데 성공을 거두고, 한국 독자들에게 가치를 지니는 아이디어가 될 수 있기를 간절히 희망한다.

두 번째 판 서문:
퀴어의 문화적 수용

아니다! 이것은 내 나라가 아니다. 내가 먼 곳까지 널리
방황하긴 했지만, 그건 내가 전에 본 적이 없는 장소다. 모든
산맥과 사막과 녹색 계곡과 이상한queer 도시와 호수와 강이
아주 혼란스럽게 뒤섞여 있다.
—라이먼 프랭크 바움, 『오즈의 허수아비』

2015년 6월 26일, 미국 대법원의 판결은 미국의 모든 주에서 동성
결혼을 합법화했다. 대법원의 이 판결을 사회적·법적 평등의 측면에서
일반적인 추세를 나타내는 증거로 여기고 싶겠지만, 이는 다른 측면의
불행한 추세를 나타내는 증거를 무시하는 일일 것이다. 특히 최근 몇
년간 미국에서 어린이를 포함한 흑인들에게 자행되어온 만연한, 거의
처벌되지 않는 경찰의 만행을 생각해보라. 2015년 한 해에만 경찰은
1135명의 사람을 죽였고, 그중 700명이 흑인이었다. 경찰이 죽인
1135명 중 222명은 비무장 상태였다. 경찰이 죽인 비무장 상태의 사람
222명 중 74명은 흑인이었다(『가디언』, 시기 미상). 2015년 7월을
기준으로 미국 인구 중 흑인은 단 13.2퍼센트였고 인종적으로 혼합된
사람을 포함하면 15.7퍼센트였다는 사실을 고려할 때(미국 인구
조사국, 시기 미상), 경찰이 죽인 무장 및 비무장 상태의 흑인 비중은
상당히 불균형하다. 이러한 불균형은 미국이 결코 사회적·법적 평등을
이루지 못했음을 강력하게 상기시킨다.
　　동성 결혼을 논할 때 적합한 주제는 인종 평등이 아니라 오히려
레즈비언과 게이의 평등 또는 아마도 LGBT+나 퀴어의 평등이라고
논평하는 사람들에게, 나는 먼저 다양한 정체성과 다양한 형태의
억압이 서로 연결되어 있음을 언급할 것이다. 레즈비언, 게이 또는

다른 어떤 섹슈얼리티 범주로 자신을 정체화하는 사람은 동시에 어떤 인종적·민족적 범주의 일원으로서도 정체화하기 때문이다. 그러므로 LGBT+나 퀴어인 사람들에 대한 사회적 정의를 다룰 때는 유색인인 LGBT+나 퀴어인 사람들에 대한 폭력도 반드시 설명해야 한다. 나는 흑인 LGBT+, 특히 흑인 트랜스 여성에 대한 폭력이 흔하며 증가하고 있다는 점에 주목하고자 한다. 2008년에서 2014년에 이르는 7년 동안, 전 세계적으로 1731명의 트랜스젠더와 젠더베리언트` 사람들이 살해되었다(TVT, 시기 미상). 2014년 미국에서는 성적 지향이나 트랜스젠더 정체성에 기초한 혐오범죄가 1017건 보고되었고(FBI, 2014), 2015년 미국에서는 트랜스 여성 대상 살해가 어느 해보다 더 많이 보고되었다(MSNBC, 2015). 트랜스젠더 추모의 날인 2015년 11월 20일 이후 이미 최소 22명의 트랜스 여성이 미국에서 살해되었다. 살해된 22명 중에서 19명이 유색인이었다. 유색인에 대한 불균형한 살해와 트랜스젠더에 대한 불균형한 살해는 서로 더해져 유색인 트랜스 여성이 살해될 위험을 훨씬 더 높인다.

　　"흑인의 생명도 중요하다The Black Lives Matter" 운동은 최근 몇 년간의 사회적 부정의에 대한 가슴 아프고도 강력한 응답으로 나타났다.[1] 소셜 미디어의 #흑인의생명도소중하다#blacklivesmatter 해시태그는 인종 폭력의 사례를 명명하고 추적하는 방식을 제공하며, 동시에 그 피해자들에게 연대감을 표한다. 더욱 최근에 #흑인트랜스의생명도소중하다#blacktranslivesmatter 해시태그가 도입된 것은 이제 흑인 트랜스 여성에 대한 폭력에 필요한 이목을 더 집중시키고 있다. 트랜스 여성, 특히 흑인 트랜스 여성에 대한 폭력이 트랜스 여성에 대한 관심이 커지는 시기에 반드시 증가한다는 점은 아마 놀랍지는 않겠지만 모순적이다.[2] 이는 흑인 트랜스 여성인 래번 콕스에게도 해당하는데, 콕스는 현재를 "트랜스젠더 분기점"이 되는 문화적 순간이라고 인정했던 2014년 5월 29일 자 『타임』지의 표지에

등장했다. 해당 광고는 케이틀린 제너가 트랜스 여성임을 밝히면서
트랜스 여성과 트랜스 정체성이라는 화제에 훨씬 더 주목하게 되었던
사건보다도 이전에 나왔다.

  래번 콕스와 케이틀린 제너에 주목하는 이유는 단지 그들이
트랜스젠더 여성이기 때문만은 아니다. 오히려 그들이 "유명
인사 문화"라고 불리는 것 안에서 트랜스젠더 **유명 인사들**이기
때문이다.[×] 콕스와 제너는 그들이 아니었다면 트랜스젠더 정체성을
거의 접해보지 못했을지도 모르는 사람들로부터 관심을 받았다.
그럼으로써 이들은 일반적으로 과소 재현되거나 잘못 재현되는
정체성들이 최근 점점 더 많이 재현되는 흐름에 기여했다. 텔레비전은
여전히 이성애적인 인물과 전통적인 가족에 우호적인 방식으로
상당히 왜곡되어 있는 반면에, 레즈비언, 게이, 양성애자 그리고
트랜스젠더 인물에 대한 묘사는 과거 수년에 걸쳐 급속히 증가해왔다.
예를 들어 초인적인 양성애자 서큐버스 보가 등장하는 캐나다
드라마 「로스트 걸Lost Girl」(2010~2016)을 생각해보라. 또한, 성적
욕망을 복잡하게 만들지만 일반적으로는 거의 게이로 규정되는
이언 갤러거가 주요 인물인 코미디 드라마 「셰임리스Shameless」를
생각해보라. 뮤지컬 시트콤 「글리Glee」는 2009년 폭스에서 시작되어
2015년에 종영할 때까지 게이, 레즈비언 그리고 트랜스젠더인 다양한
인물을 등장시켰다. 언급할 만한 예로는 레즈비언 인물 산타나, 게이
인물 커트와 블레인, 양성애자 인물 브리트니 그리고 트랜스젠더
인물 유니크 애덤스와 코치 비스트가 있다. 2009년 ABC에서 방영을
시작한 「모던 패밀리Modern Family」는 상을 받은 가족 시트콤으로,
결혼을 하고 입양한 딸을 함께 키우는 게이 커플 미첼과 캐머런이
중심인물이다. 보다 최근 것으로는 넷플릭스가 제작해 2013년에

\ Gender-variant, 사회의 이분법적   × Neimark, 1995.
   젠더 규범과는 다른 방식으로 자신을
   정체화하거나 표현하는 사람.
   ─옮긴이.

시작된 교도소 배경 드라마인 「오렌지 이즈 더 뉴 블랙Orange is the New Black」이 있다. 이 드라마는 중심인물들이 레즈비언, 양성애자, 트랜스젠더인 것이 특징이다. 여기서 트랜스 인물 소피아를 연기한 트랜스 여성 래번 콕스는 사실 이 작품을 통해 많은 팬을 얻었다. 리얼리티 프로그램으로는 2009년부터 로고 채널에서 방영한, 게이 남성들이 드래그 시합을 통해 경쟁하는 내용의 「루폴의 드래그 레이스Rupaul's Drag Race」가 있다. 또, 2007년부터 E!에서 방영된 「키핑 업 위드 더 카다시안Keeping Up with the Kardashians」이 있다. 처음부터 혹은 의도적으로 트랜스젠더 이슈에 주목하는 작품은 아니었음에도 이제는 출연자에 케이틀린 제너를 포함하는 프로그램이다. 마지막으로, 2003년 이래 CBS에서 한결같이 인기를 누려온 토크쇼인 「엘런 디제너러스 쇼The Ellen DeGeneres Show」를 언급할 가치가 있다. 이 토크쇼의 진행자는 1997년에 공개적으로 레즈비언으로 정체화하기 시작했고 유행을 선도하는 유명 인사인데, 당시 이것은 오늘날보다도 직업적으로 훨씬 더 위험한 일이었다.

　　　주류 매체와 대중문화의 재현은 그것이 얼마나 낙관적이고 그 수가 많은지에 상관없이, 우리의 평평한 스크린 너머에 존재하는 3차원의 세계에서 사람들이 점점 더 민감하게 인식하기 시작한 폭력을 약화시키지 못한다. 그러나 이러한 재현은 그 배후에 다소 조화롭지 않게 도사리고 있는 폭력과 같이 그리고 사실은 그 부조화 자체와 같이, 사회적 정의라는 문제를 사실상 무시할 수 없게 만든다. 점점 더 많은 사람이 정의를 추구할 뿐 아니라 요구하고 있다. 이는 사람들이 스스로 선택한 용어와 범주로 그들 자신을 정체화할 수 있어야 한다는 요구를 포함한다. 가령 적어도 어떤 사람들에게서는 여성이나 남성으로 정체화하는 대신 그 대안으로서 비이분법적인nonbinary 정체성을 선택하는 경향이 점점 증가하고 있다. 가령 비이분법적인 정체성을 선택하는 사람들은 여성적이라고 식별될 수 있는 스타일과 남성적이라고 식별될 수 있는 스타일을 결합하는 방식으로 자신을 나타낸다. 다른 예로, 이들은 여성성과 남성성을 모두 피하거나 피하고자 하는 스타일을 선택한다. 그러나 지정된 섹스 범주가 있고 외모에 대한 관습적 기대가 있는 상황에서, 비이분법적인 정체성을 선택하는 일부 사람들은 그러한 기대와 사실상 구별할 수 없는 방식으로 자신을 나타낼지 모른다. 다시 말해서, 출생 시 여성으로 지정되었고 전형적으로 여성이 하는 옷차림과 헤어스타일을 한 사람일지라도 비이분법적이라 정체화할 수 있다. 이러한 예들은 주로 사람들이 자신을 다른 사람들에게 어떻게 나타내는가 하는 문제인 젠더 표현gender expression과, 주로 사람들이 자신을 어떻게 생각하고 느끼는가 하는 문제인 젠더 정체성gender identity을 구별할 것을 요청한다. 또한 어떤 이들은 대부분의 사람이 젠더베리언트라고 설명하는 방식대로 자신의 젠더를 표현하는 대신 자신이 생각하고 느끼는 바에 따라 스스로를 트랜스젠더로 정체화하기도 한다. 이런 종류의 예들을 언급함으로써 내가 이것들이 논쟁적이지 않다고 말하려는 것은 아니다. 트랜스젠더인 많은 사람에게 젠더 정체성과 젠더 표현을 일치시키는 것은 가장 중요하며, 그 중요성을 부정하는 것은 그들의 트랜스 경험에서 이러한 측면을 묵살한다고 이해될지 모른다. 그러나 이러한 예들을 통해 내가 정말로 말하고자 하는 바는 사람들이 기존의 개념과 범주를 흥미롭고 새로운 방식으로 퀴어링queering하고 있다는 것이며, 그들에게 선택권이 주어졌을 때 그들이 자신에 대해 말하기 위해서 어떤 용어를 사용할지 결정하는 일이 항상 쉽지만은 않다는 것이다.

어떤 사람들은 여성형 대명사와 남성형 대명사 중에서 쉽게 선택을 한다. 비록 다른 사람들에게 정확한 대명사를 사용하도록 납득시키는 일은 어렵더라도 말이다. 그러나 많은 비이분법적인 사람과 다른 사람들에게 여성형 대명사와 남성형 대명사 중 하나를 선택해야 하는 불가피함은 상당한 좌절을 안겨준다. 이런 이유로 점점 더 많은 사람이 대명사 'they' 'them' 'their'를 선택한다. 이는 가상의 인물을 추상적으로 지칭할 경우뿐 아니라, 아마도 이런 선택을 하지 않는다면 여성형 또는 남성형 대명사로 적절하게 식별된다고 생각될지도 모를 구체적인 인물을 지칭할 때도 그렇다. 더 중요한 점은 사람들이 'they' 'them' 'their'로 자신을 지칭해달라고 다른 이들에게 점점 더 많이 요구하고 있다는 것이다. 2015년 위스콘신 밀워키에서 개최되었던 2015 국립여성학협회 연례회의에서는 학술행사에서 관례적으로 그러하듯이 등록 시 명찰을 주었다. 그리고 명찰 외에 선택적으로 부착 가능한 대명사 리본이 희망하는 사람들을 위해 분류되어 있었다. 필요하다면 적어 넣을 수 있는 빈 칸의 리본과 함께 '그녀$_{she}$/그녀의 것$_{hers}$' '그$_{he}$/그의 것$_{his}$' '그들$_{they}$/그들의 것$_{theirs}$'이라고 적힌 리본이 있었다. 내가 다른 행사 참가자들과 대화하면서 우연히 알게 된 점은 보통 때라면 대안적인 대명사를 사용하지 않았을 어떤 사람들이 'they/theirs' 리본에 끌렸다는 것이다. 우리가 반드시 하거나 되어야 한다고 늘 생각해왔던 것과는 다른 무언가를 하거나 무언가가 될 선택권은 우리에게 있다. 우리는 꽤 자주, 이러한 사실을 인지하고 나서야 우리에게 가장 적합하다고 느끼는 것을 결정할 수 있다. 점점 더 많은 행사 기획자가 행사 참가자에게 젠더 리본을 사용할 수 있게 함에 따라 온라인에는 다양한 젠더 리본을 배급하는 이들이 생긴다. 젠더 정체성과 대명사를 사용하는 데 선택권을 부여받는 것은 대중문화에서 섹슈얼리티와 성 정체성에 관한 다양한 묘사에 노출되는 것과 비슷하다. 이는 사람들이 스스로를 이해하고 표현하는 더욱 만족스러운 방법을 찾을 수 있도록 돕겠다는 약속을 불러온다.

　　나는 대안적인 대명사, 특히 젠더 정체성이 알려진 사람을 포함해서 구체적인 사람을 지칭할 때 'they'와 'their'를 점점 더 많이

사용하는 데 관심이 있으며, 이번 판에서 그런 대명사를 존중함으로써
나 자신의 실천도 변화시킬지 고민했다. 그러나 결과적으로 그런
변화에 반하는 결정을 했으며, 다시 한 번 젠더 대명사의 사용을
전적으로 피했다. 대신 다른 변화를 시도했는데, 가령 더 다양한
유형의 보충 자료를 제공하기 위해서 각 장에 관련된 "추가 자료"
목록을 확장했다. 학술논문, 웹사이트, 다큐멘터리, 장편 영화,
소설 등을 추천하고 교실이나 워크숍에서 활용 가능한 질문거리와
활동을 제공하는 "생각과 행동" 부분을 각 장에 추가했다. 여기에서
제시한 질문거리와 활동의 유형은 다양하다. 이는 아마도 과제,
에세이 길잡이, 조별 프로젝트를 고안하거나 단순히 토론을 촉진하는
데에도 도움이 될 것이다. 마지막으로 나는 전체에 걸쳐 업데이트와
수정을 했다. 가장 실질적으로 추가된 내용은 새로운 장인 "우리는
모두 퀴어하다"이다. 해당 장에서는 퀴어로 정체화하면서 동시에
레즈비언, 게이, 양성애자, 트랜스젠더로 정체화하지는 않는
사람들의 불안정한 정체성을 다룬다.

정말로 이상하게queerly 모인 일행이었다. 오즈에는 세상 그
어느 곳보다 진기하고 독특한 인물들이 있었기 때문이다.
오즈마는 너와 나 같은 평범한 사람들보다는 독특한
사람들에게 더 관심을 가졌다.
—라이먼 프랭크 바움, 『오즈의 마법사』

한때 불쾌한 말이었던 '퀴어queer'가 이제 '게이gay'에 대한 직접적
대안으로 일상적으로 사용되고 있다. 최근에 케이블 텔레비전 방송
HBO가 제작하여 크게 인기를 끌었던 남성 동성애자 집단 이야기의
제목인 「퀴어 애즈 포크Queer as Folk」는 이를 잘 보여준다. 남성
동성애자의 라이프 스타일과 패션을 다루는 텔레비전 프로그램 「퀴어
아이Queer Eye For The Straight Guy」도 마찬가지다. 나 역시 '퀴어'를 단
하나로 해석할 수 있다고 여길 만큼 순진하거나 오만하지는 않으며,
'게이'를 '퀴어'로 대체하려는 최근의 느슨한 경향이 '게이'의 재현적
한계들과 비교되는 '퀴어'의 재현적 풍부함을 드러내려는 중요한
이론적 연구를 무시한다는 사실 역시 알고 있다. 또한, 대중매체가
복잡한 개념을 지나치게 단순화하는 것은 대중문화가 적어도 그
개념을 모호하게 인식한다는 사실을 나타내는 확실한 신호임을
알고 있다. 이 책의 목표는 최근 들어 고상한 자국어에 '퀴어'가 끼워
넣어진 것에 궁금증을 갖는 사람들을 위해 그 배경과 맥락을 제공하는
것이다. 그리고 초보자에게는 전혀 의미 없는 기술적 전문 용어에
매몰된 학술적 글쓰기에서 '퀴어'를 맞닥뜨릴 사람들에게 배경과
맥락을 제공하는 것 역시 이 책의 목표다.

때로 여성학 또는 페미니즘 연구와 동일시되는 젠더 연구의

입문서들은 젠더 정체성을 다룬다. 때로 레즈비언, 게이, 양성애자 그리고 트랜스젠더 연구(혹은 LGBT 연구)와 동일시되는 섹슈얼리티 연구의 입문서들은 성 정체성을 다룬다. 그러나 안타깝게도 젠더 정체성과 성 정체성이 교차하는 지점을 다룬 입문서는 드물다. 이 책은 그 격차를 해소하려는 시도이며, 한편으로는 젠더, 섹슈얼리티, 섹스를 연구하려는 대학이나 독립 연구자들을 위한 것이기도 하다.

이 책의 구조는 각기 다른 수준 그리고 분야의 독자들에게 유용하다. 이 책의 각 장과 부분은 일관적 전체로 모이는 상호 연결된 구성 요소지만, 또한 각 장과 부분을 개별적으로 읽을 수도 있다. 문맥과 순서에서 벗어나 각각의 장을 읽으면서 필요에 따라 부록을 참조할 수 있다. 텍스트 전반에 등장하는 낯설 수도 있는 용어는 주에서 자세히 설명했고 이러한 설명은 "용어와 개념"이라는 제목의 부록으로 수록했다. 이 방식은 독자들을 최소한으로 방해하면서 동시에 필요한 이들에게는 유용한 해설을 제공함으로써 추가적 배경지식 없이도 책을 읽을 수 있도록 하기 위한 것이다. 기본적으로 학제 연구인 퀴어 이론을 가르치는 데 있어 가장 큰 모험 중 하나는 관련한 배경 개념에 익숙한 정도가 학생들마다 다르다는 것이다. 이 책은 특히 그 점을 해소하는 데 유용하다. 학생들은 흔히 사전을 보거나 강사에게 개념의 의미를 묻는다. 하지만 불행히도 사전적 정의는 용어가 놓인 구체적인 맥락과 분리되어, 학생이 전문 학술 용어를 이해하는 데 도움을 주지 못한다. 사실상 퀴어 이론은 주어진 그 어떤 범주에 대해서든, 해당 범주에 속할 필요충분조건을 완전하게 설명할 수 있다는 듯이 구는 환원주의적 관행에 저항한다. 그럼에도 불구하고 초심자가 진입할 틈을 제공할 필요가 있다. 논평과 토론의 형태로 맥락 있는 설명을 제시함으로써, 언제나 유동적인 상태를 고정적이고 최종적인 것으로 당연시하는 설명을 하지 않으면서도 이러한 진입의 간격을 제공할 수 있다.

이 책은 주된 세 개의 부와 좀 더 짧은 네 번째 부로 나뉜다. 1부 "섹슈얼리티"는 1장 "섹슈얼리티의 사회적 구성", 2장 "레즈비언과 게이 정체성의 사회적 역사", 3장 "퀴어한 대안들"이라는 세 개 장으로 나뉜다. 1장에서는 동시대 서양 문화에 존재하는 섹슈얼리티와 성 정체성에 관한 다양한 개념의 출현을 요약하고, 그것들을 역사와 문화 전반에 걸쳐 채택된 개념들과 비교한다. 2장은 상대적으로 최근에 출현한 게이 정체성을 기술한 후 레즈비언 정체성을 다룬다. 3장에서는 퀴어 정체성을 소개하는데 주로 성적 파트너의 선택에 집중하며, 성적 즐거움과 욕망을 둘러싼 다양하고 미묘한 지점들은 다루지 않는다. 2부 "섹스"는 4장 "반갑지 않은 개입"과 5장 "반가운 이행"으로 이루어져 있다. 4장은 여성과 남성의 신체 경계를 강화하는 의료 기술의 역할을 검토하고 5장에서는 이러한 경계의 강제가 트랜스젠더에게 어떤 함의를 지니는가를 다룬다. 3부 "젠더"는 6장 "변화하는 젠더", 7장 "역동하는 페미니즘"으로 구성된다. 6장에서는 젠더 개념, 특히 언어적 맥락에서 젠더 개념이 갖는 역할을 살펴본다. 7장은 젠더와 젠더 억압에 대한 페미니즘의 다양한 태도를 요약해 보여준다. 마지막으로 4부 "퀴어 페미니즘"은 "퀴어 페미니즘에 대한 기록"이라는 제목의 8장 한 장으로 되어 있다. 이 장에서는 페미니즘에 대한 퀴어적 접근과 관련되어 있으리라 여겨지는 것을 탐구한다. 이러한 내용을 섹슈얼리티, 섹스, 젠더라는 각 부로 구분한 것은 잠재적으로 압도적인 양의 내용을 조직하는 대략적인 방법으로서 유용하지만, 그럼에도 이러한 개념들 간의 밀접한 상호 관련성을 고려한다면 오히려 부정확하다는 것을 반드시 염두에 두어야 한다.

퀴어 이론, 페미니즘 또는 그것들 간의 관련성에 대해 간략한 소개만을 구하는 사람들에게는 이 책 또는 책의 각 부와 장만으로도 충분할 수 있다. 한편 이러한 아이디어와 쟁점에 대해 보다 자세한 설명을 원하는 사람들을 위해서, 각 장의 내용에 관련된 영상 자료 및 소설, 학술 도서와 기사를 비롯한 자료 목록을 수록했다. 일반 독자가 접근할 수 없는 애매한 자료 대신, 예를 들어 온라인 출처나 다양한 선집에서 널리 인용되는 자료를 추천하기 위해 가능한 한 노력했다. 새로운 자료를 다양한 형식으로 제시할 때 사람들이 때로는 더 잘 배울 수 있다는 사실을 인지하고, 관련 정보와 예시를 함께 제공하고자 영상 및 소설을 포함시켰다.

내가 다룰 수 있었을 모든 내용을 다루지는 않았다. 그리고 무엇을 포함하고 배제할 것인지에 대한 결정은 주로 이 문헌들에 대한 내 경험에서 비롯했다. 샌드라 하딩은 "인간의 사고가 그 생산 과정을 드러내는 지문을 완전히 지울 수 있다는 생각은 망상이다"[1] 라고 말한다. 이것은 퀴어 이론과 페미니즘 이론뿐만 아니라, 어떤 주제에서도 마찬가지다. 퀴어 이론과 페미니즘 이론은 모두 살아 있는 경험과 풀뿌리운동으로 알려졌지만, 이 이론들이 발전할 때 많은 부분이 학계의 상아탑 내부에서 이루어졌다. 퀴어 이론과 페미니즘 이론이 학술 프로젝트를 구성하는 한, 이론들은 필연적으로 인종 및 계급에서 특권을 지닌 측의 영향을 반영한다. 이 주제에 대한 나의 설명 역시 예외가 아니다. 내 설명은 종신 교수직을 보장받은 대학교수이자 철학 박사학위를 가진 백인 중산층 미국 여성으로서의 경험을 특징으로 하는 인종 및 계급 특권 조건을 반영한다.

비록 인종과 계급 문제를 깊이 있게 다루지는 않았지만, 이것이 퀴어 이론과 페미니즘 이론이 인종과 계급 문제에 아무런 영향을 미치지 않는다거나, 퀴어 이론과 페미니즘 이론에 인종과 계급의 문제가 관련이 없다는 의미는 아니다. 퀴어 이론과 적어도 일부 형태의 페미니즘 이론이 호소하는 많은 부분은 표면상 젠더, 섹스, 섹슈얼리티를 다룬다. 그러나 8장에서 논의되듯이, 그것들은 또한 캐런 워런[2]이 언급한 바 있는 "지배 논리", 즉 권력을 가진

---

[1]   Harding, 1993: 57.   [2]   Warren, 2000.

사람들이 권력이 결여된 사람들의 구조적 종속을 정당화하는 시도에 대한 비판을 포함한다. 인종주의, 자본주의, 세계화 또는 그 무엇에 대해서든 비판적 분석이 지배 논리를 이해하는 데 기여할 수 있는 한, 그것은 퀴어 이론과 페미니즘 이론에도 기여한다.

지배 논리를 미묘하지만 강력하게 담은 표현들이 영어의 일상적인 사용에 널리 퍼져 있지만, 불필요하게 억압적인 문구를 피하고자 본문 전체에서 주의를 기울였다. 가령 그 지점을 '보다', 이유를 '듣다'와 같은 시각적·청각적 은유를 피하여 대체로 장애차별적 언어라고 불리는 것에 저항한다. 그 대신, 시각이나 청각이 내가 실제로 표현하려는 아이디어와 관련이 있는 매우 드문 맥락에서는 시각적·청각적인 언급을 완전히 바꾸었다. 이는 6장에서 논의되듯이 '남성' 및 '남성들'과 같은 이른바 포괄적인 용어 사용을 피하면서, 섹스와 젠더가 어느 정도 관련 있는 맥락에서 이를 대신할 용어를 사용한 것과 비슷하다. 또한, '효력이 유지되다'`와 같이 불필요한 신체적 은유의 사용을 피했다. 덧붙여, '그' '그녀' 등의 젠더 대명사를 피하면서 이원론적 언어 사용에 저항하고, '우리' '우리의' 같은 복수 대명사를 피함으로써 일반화하는 언어의 사용에 저항한다. 나는 또한 '틀림없이' '이와 반대로'와 같은 표현을 피하여 대립적인 언어에 저항한다.

이어서 나는 이 책 전반에서, 재니스 몰턴이 적대 패러다임으로 언급하는 것을 피하고자 했다.

적대 패러다임에 따르면, 철학 연구를 평가하는 유일하거나 어쨌든 최고의 방법은 가장 극단적이고 강력한 반대자를 종속시키는 것이다. 그리고 철학 연구를 설명하는 최고의 방법은 상상 속 적대자에게 설명하고, 연구를 지지할 수 있는 모든 증거를 모으는 것이다.×

그러므로 나는 명확하게 표현된 결론을 뒷받침하는 전제를 제시하여 나의 진짜 적대자나 상상의 적대자가 제기할 법한 우려에 맞서 논쟁하고 결론을 방어하는 관례적인 실천을 하지 않았다. 이러한 설명 방식은 철학적 추론이 수반하는 안정적인 의미를 아마도 붕괴시킨다는 점에서 **퀴어링**의 예로 이해할 수 있다. 나중에 자세히 다루겠지만, 이는 퀴어 이론이 "쓸모없는 것의 복잡함Shit's complicated"에 대한 인식이라는 크리스타 벤슨의 단순하고 유쾌한 설명을 따른다.＊ 그러므로 퀴어링이란 무언가를 복잡하게 만드는 과정을 의미하며, 반드시 성적인 맥락에만 국한되는 것은 아니다. 사실, 논증을 하지 않고 철학을 하는 것은 퀴어한 일이다. 또한 젠더, 섹스, 섹슈얼리티에 대한 뿌리 깊은 전제들에 도전하는 방식으로 살아가는 것도 마찬가지로 퀴어한 일이다. 그러므로 퀴어는 동성애자(또는 레즈비언, 게이, 양성애자 혹은 트랜스젠더)로 정체화하지 않지만 그럼에도 불구하고 젠더, 섹스, 섹슈얼리티에 관한 우리의 문화적 규정이 할당한 좁은 공간을 차지하는 것의 불가능성을 깨달은 이들을 포함한다.

철학적 과정을 퀴어링하는 일에 관심을 가지고 있긴 하지만, 나는 학문적으로 엄격하며 철학적으로 중요한 작업을 하려고 한다. 이러한 목적을 위해 나는 8장에서 퀴어 페미니즘이라고 설명하는 위치에 내가 어떻게 도달하게 되었는지 독자들이 이해할 수 있기를 바라면서, 그 맥락과 배경을 확립하는 데 필요한 정보를 제공했다. 그러나 퀴어 페미니즘은 많은 형태의 페미니즘을 동시에 실행할 수 있기 때문에, 나는 이런 형태의 페미니즘을 다른 형태의 페미니즘들에 맞서 방어할 필요성을 느끼지 못했다. 나는 그 어떤 형태의 페미니즘에 대해서도 타당성을 인정하지 않는 상상 속 적대자를 상대로 논의를 전개하는 대신, 내게 최고의 독자가 되리라고 믿는 사람들을 위해 내

＼　원문은 stand up.—옮긴이.　　＊　Benson, 2010.
✕　Moulton, 1996:14.

비평을 다루기를 선택했다. 즉 젠더, 섹스, 섹슈얼리티 이론에 관심을 가진 사람들이다.

1부
섹슈얼리티

"나 자신아! 바로
지금 말이야, 조금
이상한queer 기분이
들지 않니?"
도로시가 누더기
소녀에게 물었다.

—라이먼 프랭크 바움, 『오즈의 누더기 소녀』

1장   섹슈얼리티의 사회적 구성

—라이먼 프랭크 바움, 『오즈의 에메랄드 도시』

"당신은 오즈의 나라에서 이상한queer 것을 많이 본 것 같네요. 하지만 당신이 놀라는 일에 익숙해진다면 요정의 나라는 완전히 흥미로울 거예요."

킨제이 보고서

레즈비언 여성과 게이 남성의 권익을 지지하는 많은 사람은 동성애가 보편적인 현상이라고 주장한다. 앨프리드 킨제이와 킨제이 연구소가 수행한 연구에 따르면, 동성애는 대략 인구의 10퍼센트에서 발생하는 것으로 흔히 추정된다. 수천 개의 구체적인 인터뷰에 근거하면, 킨제이의 연구 결과는 『인간 남성의 성적 행동』\과 『인간 여성의 성적 행동』ˣ이라는 두 권의 책으로 출간되었다. 이것들은 비공식적으로 흔히 "킨제이 보고서"라고 불린다. 킨제이 보고서는 금기시되는 실천들, 가령 자위, 난교, 동성애와 같은 실천들이 이전에 알려진 것보다 훨씬 더 만연했다고 주장함으로써 섹슈얼리티에 대한 보수적인 신념에 도전했다.

　　　동성애가 10퍼센트의 확률로 꾸준히 발생한다는 내용의 흔히 인용되는 통계는, 그것이 좋든 싫든, 킨제이 보고서의 간단한 결론이 아니다. 사실 킨제이는 "37퍼센트의 남성과 13퍼센트의 여성이 적어도 오르가즘에 이르는 어떤 공공연한 동성애적 경험을 했"으며 "16~55세 사이에 최소 3년간, 10퍼센트의 남성이 거의 오로지 동성애적이었고 8퍼센트의 남성이 오로지 동성애적이었다"라고 보고했다. 또한 킨제이는 여성 가운데 "2~6퍼센트가 거의 오로지 동성애적으로 경험/반응했다"라고 보고했다. 마지막으로 "4퍼센트의 남성과 1~3퍼센트의 여성이 청소년기가 시작된 이후로 인터뷰 시점까지 오로지 동성애적이었다"고 보고되었다(킨제이 연구소가 인용했듯이 시기는 미상). 만약 이러한 수치들이 동성애의 비율에 관해 무언가를 나타낸다고 한다면, 그것은 이 비율이 측정 방법에 크게 좌우된다는 점일 것이다. 게다가 킨제이의 연구 대상은 그 규모가 꽤 크기는 했지만, 주로 미국 중서부의 백인 대학생들로 구성되어 있었다. 20세기 상반기의 해당 인구집단 내 동성애의 비율이 반드시 다른 인구집단에서도 일반화되지는 않는다. 10퍼센트라는 통계에 대한 믿음이 널리 통용되는 것을 그럴듯하게 설명하자면 다음과 같다. 만약 10퍼센트가 발생한다면 이는 동성애가 불가피하며, 이것이 선택된 행동이나 학습된 반응이 아니므로 선택하지 않거나 배움을 취소할 수 없음을 암시한다.

킨제이의 "이성애적-동성애적 평가 척도"는 비공식적으로 킨제이 척도라고 불리며, 양성애와 동성애 모두가 이성애에 대한 자연스러운 대안이라는 증거로 흔히 인정된다.[1] 킨제이 척도는 0에서 6까지 번호가 매겨진 일곱 개의 범주에 따라 성적 지향을 분류하는데, 0은 경험과 흥미가 "오로지 이성애적인" 사람들을 나타내며 6은 경험과 흥미가 "오로지 동성애적인" 사람들을 나타낸다.[*] 킨제이 척도에 따르면, 모든 사람은 동성애적 표현과 이성애적 표현 둘 다에 대해서 최소한의 어떤 경향성을 가진다(그림 1.1 참조). 킨제이는 "동성애와 이성애가 상호 배타적인 두 현상이라는 가정"[*]을 거부하면서, '호모섹슈얼'을 명사로 사용하는 것을 피하고 그 대신 형용사로서 동성애적인 행동과 끌림을 지칭했다.

킨제이는 성적 다양성에 대한 사회적 의식과 수용을 장려했지만, 그것을 위해 더 많은 이성애적 인구로부터 구별되는 별개의 동성애적 인구가 보편적으로 존재한다는 점을 확립하려 하지 않았다. 오히려 킨제이는 성적 지향을 연속체로 특징지음으로써, 대부분 사람의 성적 욕망이 단지 하나의 섹스 범주에 속한 일원들에게 배타적으로 향한다는 널리 퍼진 신념에 도전했다. 게다가 킨제이는 동성애적 정체성 대신 동성애적 행동에 집중함으로써 때때로 **본질주의**라고 불리는 것에 암시적으로 도전했다. 본질주의란 동성애와 다른 정체성 범주들이 그러한 범주들에 속하는 사람들의

\   Kinsey, Pomeroy, Martin, 1948.

✕   Kinsey, Pomeroy, Martin, Gebhard, 1953.

✳   Kinsey et al., 1948: 638.

✴   Kinsey, 1941: 425.

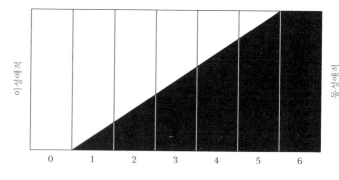

[그림 1.1] 킨제이의 이성애적-동성애적 평가 척도

이성애적

동성애적

| 0 | 1 | 2 | 3 | 4 | 5 | 6 |

0   오로지 이성애적이며 동성애적이지 않음

1   대체로 이성애적이며 부수적으로만 동성애적임

2   대체로 이성애적이나 부수적인 것 이상으로 동성애적임

3   같은 정도로 이성애적이고 동성애적임

4   대체로 동성애적이나 부수적인 것 이상으로 동성애적임

5   대체로 동성애적이나 부수적으로만 이성애적임

6   오로지 동성애적임

출처: Kinsey et al., 1948: 638(킨제이 연구소에서 1999년 온라인으로 발행).

근본적인 본성을 이루는 선천적 특징들을 반영한다는 신념이다.[2]
본질주의적 설명은 동성애를 사회적 우연성의 산물이라기보다는 인간
조건의 영속적인 특징으로 간주하기 때문에, 본질주의를 수용하는
사람들은 동성애가 역사적, 문화적으로 보편적이라고 흔히 가정한다.

사회적 구성주의

어떤 이론가들은 동성애에 대한 본질주의적 관점이 레즈비언
여성과 게이 남성의 권익에 가장 크게 기여한다는 대중적인 가정에
반대하면서, 그 대신 성적 쾌락과 욕망에 관한 범주들이 역사적,
문화적으로 발전된 것이라 제안한다. 이 명제는 흔히 "사회적
구성주의"[3]라고 불리며, 동성애자, 레즈비언, 게이, 양성애자,

무성애자 등 대안적인 성 정체성 범주들뿐 아니라 이성애자 정체성에도 적용된다. 이는 특정한 성적 행위가 그것이 발생하는 사회적 맥락에 유일하다는 것을 의미하지는 않는다. 성적 욕망과 관련되거나 성적 쾌락에 기여하는 광범위한 육체적 상호작용과 몸적 자극은 문화적이고 역사적인 경계들을 가로질러 발생한다. 그러나 이러한 상호작용과 자극이 사회적으로 확립된 섹슈얼리티의 개념들과 성 정체성의 범주들에 대해서 갖는 관계는 결코 보편적이지 않다. 제프리 윅스가 언급했듯이, "몸의 에로틱한 가능성을 형태 짓고 주조하는 힘은 사회에 따라 다르다".\

이는 「동성애자 역할The Homosexual Role」(1968)이라는 적절한 이름이 붙은 획기적인 글의 요점이었는데, 해당 글에서 메리 매킨토시는 동성애가 사람들에게 영향을 주는 조건이 아니라 오히려 사람들에게 지정되는 사회적 역할이라고 제안했다.

> '역할role'이라는 용어를 도입한 것은 이 영역의 행동이 대중적인 신념과는 일치하지 않는다는 사실을 잘 다루기 위함이다. 즉, 성적 행동 양식은 동성애자와 이성애자의 사회적 역할이 나뉘듯이 이분법적으로 나뉠 수 없다.×

매킨토시는 사회적 역할, 특히 동성애자 남성의 역할이 가진 영향력을 자아와 타자 양쪽의 관점에서 다루었다.

> 동성애자 역할이 별개로 인정되는 근대 사회에서는 동성애자가 그의 느낌과 행동에서 오로지 동성애적이거나 거의 대체로 동성애적일 것이라는 점이 그 역할을 수행하는 사람이나 다른 사람들에게 대표적으로 기대된다. 게다가

\   Weeks, 2003.
×   McIntosh, 1968 : 184.

동성애자가 아닌 사람들 중 일부에게 특히 빈번하게 존재하는 어떤 기대들은 자신을 동성애자라고 여기는 모든 사람의 자아 개념에 영향을 미친다. 이런 기대에는 그가 행동 양식, 인격, 또는 선호하는 성적 행위에서 여성적일 것이라는 기대, 그가 다른 남성과 갖는 모든 관계에서 섹슈얼리티가 일종의 역할을 수행할 것이라는 기대 그리고 그가 소년이나 아주 젊은 남성에게 끌릴 것이며 아마도 기꺼이 그들을 유혹할 것이라는 기대가 있다.`

정체성 범주는 우리가 자신을 이해하고 다른 사람들에게 이해받는 방식을 결정하며 또한 그것에 따라 결정된다. 다시 말해서, 정체성 개념은 사회적 존재를 구조화하고 그것에 의해 구조화되는 관습과 금지를 결정하며 또한 그러한 관습과 금지에 의해 결정된다. 게다가 정체성 범주는 흔히 **이분법적**이며, 지배 집단과 그 지배 집단에서 배제된 사람들을 대조함으로써 확립된다.⁴ 사실 '범주category'라는 용어는 '혐의'를 의미하는 고대 그리스 단어인 카테고리아kategoria에서 근본적으로 유래했다.×⁵ 성적 지향의 측면에서 지배 집단은 정상적인 섹슈얼리티와 비정상적인 섹슈얼리티를 구별함으로써 확립되며, 이는 섹슈얼리티의 특정한 형태들이 일탈적이라는 혐의와 짝을 이룬다. 나는 첫째로 동성애를 정의하며, 둘째로 그 동성애에 대한 정의를 나에게 적용하는 문화에서만 동성애적이다. 이와 마찬가지로, 나는 첫째로 동성애를 정의하며, 둘째로 그 동성애에 대한 정의를 나 이외의 사람들에게 적용하는 문화에서만 이성애적이다. 이성애 개념과 그에 따른 이성애자 정체성은 동성애 개념과 그에 따른 동성애자 정체성 없이는 존재할 수 없었다. 이는 이성애를 최초이거나 원형인 섹슈얼리티 형태로 간주하며 동성애를 이차적인, 오직 첫 번째 주제에 대한 변형으로만 간주하는 관습적인 사고방식을 뒤집는다.

이러한 이유로 적어도 개념적으로는 동성애가 이성애에 선행한다는 점이 제안되어왔다.[*] 동성애자 정체성과 이성애자 정체성은 아무리 못해도 동시적으로, 더 중요하게는 오직 동성애와 이성애를 구별하는 맥락에서만 나타난다.[C]

동성애와 이성애의 존재는 모두 필연적이라기보다는 우연적이다. 무언가가 우연적이라고 기술하는 것은 다른 상황이었다면 사물들이 다르게 나타날 수 있었다고 주장하는 것이다. 이를 성 정체성에 관한 의지론과 혼동해서는 안 된다. 이는 에드워드 스타인이 설명했듯이, "사회적 구성주의와 본질주의의 구별을 결정론과 의지론의 구별로 붕괴시키거나 혹은 그 역으로 붕괴시키는 실수"[*]다. 사회적 구성주의는 사람들이 동성애와 이성애 사이에서 자유롭게 선택한다고 제안하지 않는다. 그것은 동성애와 이성애가 발생하는 개념적 틀, 즉 **패러다임**이 역사적으로 발전된 것이라 제안한다. 사회적 구성주의를 완전히 이해하려면 패러다임이 어떻게 기능하는지 이해하는 것이 중요하다. 이런 이유로 패러다임 개념에 대한 배경지식이 있다면 유용할 것이다.

의미론적 전체론

패러다임 개념은 여기에서 사용되는 바와 같이 의미론적 전체론 개념이 확장된 것이며, 특히 1962년 토머스 쿤에 의해 과학 실천의 측면에서 발전했다. 의미론적 전체론에 따르면 다양한 과학 안에서 사용되는 전문 용어는 신념들이 뒤얽힌 망의 일부분이며, 따라서 모든 개별 용어의 의미는 더 많은 어휘와 그것에 상응하는 신념 체계를 직간접적으로 참조함으로써만 완전히 이해될 수 있다. 과학자들의

\   같은 글, 184-185.   ✳   Katz, 1996.

✕   Iannone, 2001: 93.   ✱   Stein, 1992: 329.

세뇌는 크게는 언어 습득의 문제이고, 습득된 언어는 증거의 기준을 결정하며, 따라서 어떤 경험적 사실들이 인정되고 설명될 것인지를 결정한다. 이러한 설명은 의미론적 **원자론**과 대조하기 위해서 때로 의미론적 **전체론**이라고 불린다. 전체론은 더 큰 전체를 참조함으로써 개별적인 부분들을 설명하는 반면, 원자론은 전체를 구성하는 부분들을 참조함으로써 전체를 설명한다.

　　이러한 차이는 모호한 이미지가 서로 구별되며 배타적인 두 개의 시각적 해석을 낳는 경우를 통해 쉽게 설명될 수 있다. 친숙한 예로는 어두운 배경에 놓인 꽃병 또는 두 사람의 얼굴 실루엣으로 인식되는 흑백 이미지가 있다(그림 1.2 참조).[7] 이 이미지를 꽃병이라 생각한다면 이마, 코, 턱과 같은 용어를 통해서는 그림을 묘사할 수 없다. 이 이미지를 두 개의 얼굴이라 생각한다면 받침대, 손잡이, 둥근 가장자리와 같은 용어로는 그림을 묘사할 수 없다. 가령 가까운 두 입술이 입맞춤을 연상시킨다는 추론은 전체적인 이미지가 두 사람의

[그림 1.2] 모호한 꽃병-얼굴 이미지

얼굴을 나타내는 것으로 이해될 때에만 성립한다. 사실 '립lip'이라는 용어는 꽃병에 적용될 때와 얼굴에 적용될 때 그 의미가 꽤 다르다.ˋ 쿤은 이와 마찬가지로 과학적 용어들의 의미도 그 용어들이 발생하는 전체적인 틀, 즉 패러다임에 의존적이라고 주장했다. 쿤은 또한 모호한 이미지가 하나보다 많은 해석 틀과 일치하듯이, 경험적 증거가 하나보다 많은 패러다임과 일치하는 경우가 흔하다고 주장했다.

이런 주장을 실재와 해석 간에 어떤 관련성도 인정하지 않고 사실과 허구 간에 어떤 구별도 인정하지 않는 전면적인 **상대주의**와 혼동해서는 안 된다.[8] 이 모호한 이미지가 꽃병이나 두 개의 얼굴로 유의미하게 해석될 수 있다는 주장이 이 이미지가 그 무엇으로든 유의미하게 해석될 수 있다는 주장에 이르지는 않으며, 또한 경험적 증거로 다양한 패러다임이 구성된다는 주장이 경험적 증거로 그 어떤 패러다임이든 구성될 것이라는 주장에 이르지는 않는다. 그것이 실제로 이르게 되는 주장은 패러다임이 때로는 경험적 증거에 의해서 **불충분하게 결정**된다는 것이다.[9] 패러다임이 증거에 대한 해석을 틀 짓기 때문에, 패러다임은 흔히 대안적 패러다임의 경험적 타당성을 흐리게 만든다. [그림 1.2]를 두 개의 얼굴이라고 본 사람들에게 만약 패러다임의 전환이 불가능하다면, 그들은 반박의 여지가 없는 증거들에 압도되어 이 이미지가 코와 입술 그리고 얼굴의 다양한 특징으로 이루어져 있다는 사실만을 받아들일 수 있다. 이와 유사하게 16세기의 천문학자들은 지구 중심적 패러다임에서 태양 중심적 패러다임으로 전환할 수 없었고, 행성의 움직임을 계속해서 지구에 관한 위치 변화로 정의했으며, 그리하여 지구가 태양 주위를 이동한다는 주장을 완전히 어리석은 것으로 일축했다.

ˋ 'lip'은 꽃병에 적용되면 '(그릇의) 가장자리'를, 얼굴에 적용되면 '입술'을 의미한다.—옮긴이.

문화적 차이

쿤은 패러다임 개념을 과학이라는 특별한 맥락에서 도입했지만,
그럼에도 그것은 더 폭넓게 적용될 수 있다. 몸들은 역사의 도처에서
그리고 여러 문화에서 다양한 방식으로 관계를 맺었다고 알려져왔다.
그러나 동시대 서구 문화에 특유한 성 정체성 범주를 적용하는 데
필요한 패러다임은 대개 존재하지 않았다. 가령 동성애가 역사의
도처에 존재해왔다는 증거로 자주 선전되며˚ 기록이 잘 남아 있는
사례인 고대 아테네 남성들 간 항문 삽입을 생각해볼 수 있다.˟
데이비드 홀퍼린에 따르면, 고대 아테네에서 섹스는 아테네 정치의
위계화된 구조 안에서 사회적 행위자를 그들의 정치적 지위가 가진
미덕에 따라 그들에게 지정된 장소에 위치시키는 데 기여했다.
성인 남성인 시민은 더 어린 남성과 여성 그리고 노예보다 더 높은
사회적 위치를 차지했다. "성적 삽입이 지배를 테마로 삼았기"˟
때문에 그것은 성인 남성 시민의 사회적 역할과 일치했으며, 성인
남성 시민은 여성뿐 아니라 더 어린 남성이나 그 어떤 나이와 성별의
노예로부터도 성적 만족을 추구했다. 나이가 더 많은 남성과 더
적은 남성 간의 성적 관계는 흔히 **남색**이라고 불린다.[10] 여기서는
지배적 남성이 지배적 역할을 맡았기 때문에 남색은 사회적 위계를
약화시키기보다는 강화시키는 데 기여했다. 그러나 이러한 위계
안에서, 사회적으로 동등한 사람들 간의 성적 파트너십이라 생각되는
동성애의 가능성이란 터무니없어 보였을 것이다. 섹스가 삽입을 통한
지배의 행위로 정의되는 곳에서 동등한 성적 파트너라는 개념은 용어
자체에 모순이 있다.

비록 고대 그리스의 사회 구조가 남성들 간의 성적 삽입 행위
일부를 승인하긴 했지만, 그 때문에 해당 사회 구조가 동시대의
동성애와 비슷한 무언가를 용납하거나 나아가 이해한 것은 아니었다.

이와 유사하게, 비서구 및 아메리카 원주민 문화에 다양한 실천이 존재했다는 점은 동성애가 문화를 가로질러 존재했다는 증거로서 흔히 선전된다.[＊] 해리엇 화이트헤드는 다음과 같이 언급한다.

> 다른 사회가 규정하거나 용납하는 동성애는 근대 서구에 익숙한 동성애 형태들 중 하나와 굉장히 닮은 것으로 즉시 받아들여진다. 그리고 외국 문화가 어떤 제도를 통해 반응하는지 설명할 때, 그 설명은 우리 자신의 문화가 그 행동에 대해 선택한 의미에 부합하게 진행된다.[＊]

인도에서 **히즈라**hijras로 정체화된 사람들은 그러한 사례들 중 하나다. '히즈라'라는 용어는 여성처럼 옷을 입고 중간적 젠더 역할을 하면서 살기 위해 외과적 거세 수술을 받은, 남성이나 인터섹스[11]로 태어난 사람들에게 적용된다. 아메리카 원주민 문화에서 때때로 **두 영혼**이라고 정체화되는 사람들은 또 다른 사례다.[12] 가령 주니 족은 출생 시에는 남성으로 정체화했으나 성인이 된 이후 여성으로 사는 사람들을 부르기 위해 '라마나lhamana'라는 용어를 사용한다.[＊] 나바호 족은 남성의 몸과 여성의 영혼을 가진 사람들에게 '나드리히nadleehi'라는 용어를 사용한다.[＊] 하와이에서는 정신적으로 남성적이면서도 여성적인 사람들을 부를 때 '마후mahu'라는 용어를 사용한다.[＊] 전통적으로 두 영혼 사람들은 흔히 치료사로 일했으며 종교적인 의례를 수행했다. 이와 같은 사례들은 문화를 가로지르는 사회적 역할에 대한 분석과 관련되지만, 그럼에도 동성애가 오늘날

＼ Dover, 1978; Hubbard, 2003.

× Dover, 1978; Hubbard, 2003; Percy, 1996.

＊ Halperin, 1989: 260.

＊ Nanda, 1990; Roscoe, 1991; Whitehead, 1981; Williams, 1986.

＊ Whitehead, 1981: 80.

＊ Roscoe, 1991.

＊ Nibley, 2009.

＊ Hamer, Wilson, 2015.

주류 미국 문화에 존재하듯이 아메리카 원주민에게 존재했다는 점을 확립하지는 않는다. 결국, 사회적 삶의 모든 측면에서 젠더 경계를 가로지르는 것은 동시대 동성애자의 존재에 필연적인 특성도, 심지어 전형적인 특성도 아니다. 이러한 이유로 아마 어떤 이들은 아메리카 원주민의 이런 사례를 동성애자 정체성보다는 오히려 트랜스젠더 정체성과 동일시하고 싶을 것이다.[13] 이러한 얼버무리기는 중대한 문화적 차이들에 의해 누그러진다. 주니 족의 '라마나'와 다른 아메리카 원주민 종족에 속한 유사한 사람들이 성스러운 존재로 숭배되었던 반면에, 동시대 미국 문화에서 트랜스젠더 정체성은 흔히 동정, 두려움, 조롱, 경멸, 심지어는 폭력과 같은 광범위한 반응을 마주친다.

패러다임을 넘어서

성 정체성의 범주는 그것이 정의되는 문화적 맥락에 고유하다. 성 정체성에 대한 동시대 서양의 범주는 사람들이 성적 욕망과 쾌락의 측면에서 자신을 정의하거나 다른 사람들에 의해 정의되는 사회적 맥락에 적용될 때만 유용하다. 이때의 정의는 성 정체성에 대해 동시대 미국의 범주가 제공하는 정의와 유사하며, 동시대 미국의 범주와 관련된 경험 및 기대와 유사한 것을 발생시킨다. 고대 그리스의 남색, 아메리카 원주민의 젠더 가로지르기gender-crossing와 같은 현상은 동성애가 역사적, 문화적으로 보편적이라는 점보다는 오히려 성 정체성의 범주가 역사적, 문화적으로 특정하다는 점을 시사한다. 다시 말해서, 이러한 사례들은 성 정체성의 범주가 아마도 사회적 구성의 산물임을 드러낸다.

　　사회적 구성은 또한 다양한 문화가 성적 지향에 명명법을 적용하는 다양한 방식을 설명할 수 있다. 가령 주류 미국 문화에서 다른 남성과 구강 또는 항문 섹스를 하는 남성은 일반적으로 게이라고—또는 그들이 여성과도 성적으로 관계하는지에 따라 아마도 양성애자라고—이름 붙여진다. 그러나 로저 랭커스터와 몇몇\에 따르면 라틴 아메리카에서는 그렇지 않은데, 여기서 다른 남성과 구강 또는 항문 섹스를 할 때 삽입하는 역할을 맡는 남성은 항상 게이로 정체화하지는 않는다. 삽입을 받는 파트너는 수동적, 여성적, 그러므로 동성애적이라고 낙인찍히는 반면 삽입하는 파트너는 동성애가 문화적으로 심하게 비난받음에도 불구하고 "전혀 낙인찍히지 않으며"×그를 묘사하는 범주도 특별히 없다. 이와 유사한 성적 행동과 성 정체성 간의 불연속성은 일부 미국 라틴계 및 흑인 하위문화와 관련해서 기록되어왔다.✶

　　　많은 사람이 성적 행위와 성 정체성 간의 그러한 비일관성을 처음에는prima facie[14] 기만의 증거로 간주한다. 동성애자 정체성에 사회적 낙인이 있는 상황에서 어떤 사람들이 자신의 동성애적 욕망을 다른 이들에게, 심지어 어떤 경우에는 자기 자신에게조차 숨기는 것은 놀랍지 않다. 때로는 스스로가 동성애적임에도 불구하고 공적으로는 동성애를 맹렬히 비난함으로써 권력 있는 지위를 성취하거나 유지하는 것은 특히 불행한 일이다. 이처럼 노골적인 이중성의 사례에도 불구하고 자신의 섹슈얼리티를 사용 가능한 정체성 범주들 중 어느 것으로도 적절하게 혹은 정확하게 표현하지 못하는 사람들이 있으며, 양성애라는 중간적인 세 번째 범주를 도입한다고 해서 그 불일치가 항상 해결되지는 않는다. 표면적으로는 이성애적이지만 다른 여성에 대한 판타지에 흥분을 느끼는 여성, 혹은 표면적으로는 이성애적이지만 여성적인 속옷을 입는 것에 흥분을 느끼는 남성을

\　　　Lancaster, 1987; Almaguer, 1991;　✶　　Hammonds, 1986; King, 2005.
　　　　Carrier, 1976.

×　　　Lancaster, 1987: 113.

생각해보라. 외관상으로는 이성애적이지만 남성과의 관계에서는 쾌감을 거의 얻지 못하고 경제적 또는 사회적 이유로 남성에게 굴복하는 여성, 혹은 외관상으로는 동성애적이지만 남성과의 성적 관계에서 쾌감을 더 많이 얻으며 그럼에도 개인적이거나 정치적인 이유로 남성에게 저항하는 여성을 생각해보라. 또한, 아마도 이성애적이지만 여성, 남성, 아이, 사람이 아닌 동물, 무생물인 물건에 삽입할 때에도 같은 쾌감을 얻는, 하지만 도덕적이거나 법적인 이유로 오직 여성과만 성적 관계를 갖는 남성을 생각해보라. 마찬가지로 이른바 양성애적인 여성이지만 다른 여성과의 성적 관계에서 그들의 주된 파트너인 남성의 관음증적 욕망을 충족시키는 간접적인 쾌감만을 얻는 경우를 생각해보라. 레즈비언이나 게이로 '커밍아웃'하기 전에 서로 만족하는 이성애규범적인[15] 성적 경험을 한 적이 있다고 인정하는 사람들을 생각해보라. 남성적인 여성이나 여성적인 남성, 트랜스젠더 여성이나 트랜스젠더 남성, 또는 인터섹스인 파트너를 성적으로 분명하게 선호하는 사람들을 생각해보라. 마지막으로, 파트너의 섹스보다는 신체 결박 관계에서 지배의 역할인지 굴복의 역할인지가 더 중요한 관심사인 사람들을 생각해보라.

양성애, 동성애, 이성애라는 정체성 범주는 이러한 사례들에 나타난 사람들의 섹슈얼리티에 대해서 중요한 어떤 것을 간과한다. 사람들이 자신의 정체성을 고의로 속이는 모든 경우보다, 단지 더 적합한 범주를 사용할 수 없어서 자기 자신이나 다른 이들에게 동성애자, 양성애자, 이성애자로 정체화하는 경우가 아마도 훨씬 더 많을 것이다. 성적 행위와 성 정체성 간에 인지된 모든 부조화가 기만의 사례라는 가정은, 현존하는 정체성 범주의 목록이 성적 가능성에 대해서 완전하고 독점적인 일람표를 제공한다고 여김으로써 본질주의적 논지를 반영하고 강화한다. 이 문제에 대한 대안적인 접근법은 이 같은 부조화를 확립된 패러다임의 틈새로 여기는 것, 그리하여 그러한 틈새를 해당 패러다임에 대한 사회적 구성을 조사할 시작점으로 활용하는 것이다.

생각과 행동

✦   킨제이는 동성애가 10퍼센트의 확률로 꾸준히 발생한다는 것을 증명하지 않았으나(그리고 증명할 것을 주장하지도 않았으나) 흔히 이러한 발견을 한 것으로 명성이 높다. 사람들이 이러한 통계를 믿고 싶어하는 이유는 무엇일까? 사람들이 이러한 통계를 믿지 않고 싶어하는 이유는 무엇일까?

✦   본문에 기초하여, 동성애가 사회적 역할이라는 제안이 가진 의미를 자신의 언어로 설명해보자. 동성애를 이런 방식으로 특징짓는 것의 장점과 단점은 무엇인가? 만약 동성애가 사회적 역할이라면 이성애 또한 필연적으로 사회적 역할인가? 왜 그런가? 혹은 왜 그렇지 않은가?

✦   본문에 기초하여, 본질주의와 사회적 구성주의의 차이점을 자신의 언어로 설명해보자. 당신은 섹슈얼리티가 본질적이라고 또는 구성된다고 믿는가? 젠더, 섹스, 인종에 대해서는 어떠한가?

✦   본문에 기초하여, 패러다임이 물질적인 증거로 불충분하게 결정된다는 논의에 대해 그리고 나아가 패러다임 개념에 대해 자신의 언어로 설명해보자. 당신은 동시대 서구의 성적 패러다임에 존재하는 레즈비언, 게이, 양성애자와 같은 정체성 범주들이

물질적인 증거로 불충분하게 결정된다고 믿는가? 왜 그런가? 혹은
왜 그렇지 않은가?

✦ 성 정체성과 젠더 표현에 대해서 대안적인 형태들을 수용해온
   문화의 사례를 역사의 도처에서 찾아보자. 고대 그리스의 남색,
   인도의 히즈라 같은 사례가 동시대 서구의 섹슈얼리티에 대해서
   무언가를 말해줄 수 있다면, 그것은 무엇인가?

✦ 영화 「쿠마 히나Kuma Hina」와 「두 영혼Two-spirits」에서 대안적인
   성 정체성과 젠더 표현을 어떻게 재현하는지 비교, 대조해보라.
   각 문화가 영화에서 묘사된 개인들을 다루는 방식에 어떤 장점과
   단점이 있는가?

✦ 킨제이 연구소의 웹사이트와 연구 결과들을 살펴본 뒤, 이러한
   연구를 개선하거나 확장할 방법을 찾아보자. 당신은 어떤 연구
   물음을 던지고 싶은가? 누구에게 던지고 싶은가? 어떤 후속
   물음을 던지고 싶은가? 당신이 윤곽을 잡은, 개선되고 확장된 연구
   계획서를 작성해보라.

✦ 당신의 상상력뿐 아니라 본문, 추가 자료, 인터넷 그리고 다른
   사람들과의 대화를 통해서, 어떤 성 정체성의 범주가 사람들이
   하는 (또는 하지 않는) 것이나 욕망하는 (또는 욕망하지 않는)
   것에 따라 다양한 사람에게 실제로 의미 있게 적용될 수 있는지 그
   목록을 작성해보라.

2장 레즈비언과 게이 정체성의 사회적 역사

그 숲에는 야생 짐승이 있고, 낯선 사람들이
그들의 나라를 지나가는 것을 좋아하지 않는
이상한queer 남자들로 이루어진 종족이 있다.

동성애자 정체성의 사회적 역사들

남성들 간 친밀함에 대해서는 역사를 통틀어 충분한 증거가 있다.[1] 그러나 남성들 간 친밀함은, 심지어 남성들 간 육체적인 친밀함조차도 남성들의 게이 정체성과 필연적으로 동일하지 않다. 1968년에 작성된 글인 「동성애자 역할The Homosexual Role」에서 메리 매킨토시는 동성애가 사회적 범주라는 제안을 진전시켰으며, 이러한 아이디어는 또한 1982년에 처음 출판된 앨런 브레이의 『르네상스 잉글랜드의 동성애Homosexuality in Renaissance England』에서도 발전되었다. 매킨토시와 브레이는 남성들 가운데 동성애자 정체성이 출현한 것을 시설의 급증, 특히 가벼운 사회적 만남을 갖기에 좋은 주점이 급증한 것과 연관시킨다.[2] 매킨토시는 다른 남성과의 성적 교류에 관심을 가진 남성들이 주점이나 개인 주택에 모이면서, 17세기 말 무렵의 잉글랜드에서 "가장 기초적인 동성애자 하위문화"`가 발전하기 시작했다는 점에 주목한다. 이러한 남성들은 '몰리'로, 그들이 모였던 공간은 '몰리 하우스'로 알려지게 되었다. 브레이에 따르면 "몰리 하우스는 템스강 북쪽의 기성 시가지 전역에 흩어져 있었으며" 그것들은 "하나의 응집적인 사회적 환경으로 합쳐졌다".^X 결국 몰리와 몰리 하우스는 풍속개선협회의 주목을 받게 되었는데, 해당 협회는 "안식일을 지키지 않는 사람, 술에 취하는 것과 방탕함에 맞서 치안 판사에게 정보를 제공"*하기 위해 존재하는 종교적인 조직이었다. 이러한 주목은 1726년에 일련의 급습, 체포와 재판을 초래했으며 이는 결국 남색이나 항문 성교에 대한 유죄 판결 및 사형으로 귀결되었다.[3]

남색에 대한 종교적 비난은 새로운 것이 아니었다. 그러나 브레이에 따르면, 몰리 하우스와 관련된 뚜렷한 하위문화는 이미 존재하고 있던 적대 행위에 특정 가능한 표적을 제공했다.

이제는 고정될 수 있는 연속적인 문화가 있었고, 동성애가
표현됨으로써 인식될 수 있는 지역이 확대되었다. 그러므로
의복, 몸짓, 언어, 특정한 건물과 특정한 공적 공간, 이 모든
것이 명확히 동성애를 암시하는 것으로 식별될 수 있었다. 이와
대조적으로 17세기 초반에 사회적으로 확산되었던 동성애는
눈에 훨씬 덜 띄었다. (…) 그 계승자는 몰리 하우스 세계에서
쉽게 보이는 무엇이었으며, 바로 이러한 점이 오랫동안 대개는
실현되지 않은 잠재력에 불과했던 동성애 박해를 불러왔다.
동성애의 가시성이 동성애의 골칫거리였다.*

이러한 새로운 하위문화가 등장하기 전, 남색은 "적어도 원칙적으로는
어디에서든 발생할 수 있는 성적 관계에서의 장애"라고 여겨졌다.*
남색에 관한 부정적인 태도가 이러한 하위문화로 이동한 것은
동성애가 사회적 역할로 진화했음을 드러낸다.

　　매킨토시의 「동성애자 역할」은 동성애자 정체성의 사회적
구성에 관해 설명한 가장 초기의 출판물 중 하나지만, 이러한 논지가
탄력을 얻기까지는 거의 10년의 시간이 걸렸으며 미셸 푸코의 『성의
역사』 제1권의 출판(1976년 프랑스에서 출간, 1977년 영어로 처음
번역)이 필요했다. 동성애를 18세기의 혁신으로 간주했던 매킨토시와
달리, 푸코는 더 늦은 시기와 다른 인과 기제를 제기했다. 푸코에
따르면, 동성애자 정체성은 19세기 후반의 과학 연구와 관련하여
출현했다.[4] 매킨토시와 푸코 둘 다를 참조한 브레이는 동성애가
18세기 초반에 몰리 하우스와 함께 출현했다는 매킨토시의 제안을
따랐으며, 이는 동성애자 정체성의 기원에 관해서 점차 인기를 얻고
있던 푸코의 설명에 대안을 제공했다.

＼　　McIntosh, 1968: 187.　　　*　　같은 책, 92.

×　　Bray, 1995: 84-85.　　　　*　　같은 책, 25.

*　　같은 책, 89.

푸코가 빅토리아 시대[5]부터 20세기까지의 섹슈얼리티를 둘러싼 담론들을 분석한 것[6]은 동성애의 사회적 구성에 대한 최초의 명확한 표현으로 널리 알려져 있다. 일상적인 맥락에서 담론이란 그저 구술되거나 글로 표현되는 대화 또는 논의를 지칭한다. 그러나 푸코가 사용했을 때 이 용어는 더 광범위하게 지식이 사회적으로 생산되고 재생산되는 과정을 지칭하게 된다. 푸코에 따르면, 담론은 "지식을 구성하는 방식"을 "그러한 지식과 지식들 간의 관계에 내재하는 사회적 실천, 주체성의 형식 그리고 권력관계"와 동일시한다.[×] 일반적으로 빅토리아 시대의 사람들이 성적으로 억압되었다고 묘사됨에도 불구하고, 푸코는 섹슈얼리티에 대한 다양한 담론이 19세기 동안에 출현하고 크게 증가하기 시작했다는 점에 주목했다. 푸코는 해당 시기를 섹슈얼리티에 대한 집착이 증대되었다는 측면에서 묘사하면서, 흔히 수용되는 "억압 가설repressive hypothesis" 즉 섹슈얼리티에 대한 점진적인 억압이 17세기에 시작되어 빅토리아 시대에 그 정점에 달하며 마침내 보다 합리적인 태도로 대체되기 시작한다는 가설에 도전했다.

푸코는 억압 가설에 의구심을 제기하고자 일련의 질문을 던진다. 먼저 이렇게 묻는다.

성적 억압은 진정으로 확립된 역사적 사실인가? 성적 억압 체제에 대한 강조나 심지어는 확립이 정말로 17세기에 시작되며, 우리의 시야에 처음으로 들어와 초기 가설을 진전시키도록 허용하는가?

다음으로 이렇게 묻는다.

정말로 권력의 작동, 특히 우리의 행위와 같은 사회 내 행위에 적용되는 기제는 주로 억압의 범주에 속하는가? 진정으로 금지, 검열 그리고 부정이 만약 모든 사회에서가 아니라면 우리의 사회에서는 거의 확실하게, 권력이 일반적으로 행사되는 형태인가?

그리고 마지막으로 묻는다.

비판 담론은 억압에 대해 고심한다. 그것은 어느 정도까지는 도전받지 않고 작동했던 권력 기제에 대해 방어벽 역할을 수행하게 되었는가? 그렇지 않다면 비판 담론은 사실상 그것이 '억압'이라고 부르면서 맹렬히 비난하는 (그리고 의심할 여지 없이 잘못 재현하는) 것과 동일한 역사적 연결망의 일부는 아닌가? 억압의 시대와 억압에 대한 비판적 분석 사이에, 정말로 역사적 파열은 있었는가?*

억압 가설은 푸코(1990)가 스티븐 마커스(1966)의 표현을 빌려 "빅토리아 시대의 다른 사람들"이라고 불렀던 것을 무시한다. 매춘부들, 포주들 그리고 그 손님들뿐 아니라, 정신과 의사들과 그 환자들, 또한 섹슈얼리티에 틀림없이 흥미를 가진 다른 많은 사람이 빅토리아 시대의 사람들에게 억압이 편재했다는 주장에 반례를 제시한다. 그러나 푸코가 재빠르게 설명했듯이, 이에 관한 쟁점은 섹슈얼리티가 긍정되는지 혹은 부정되는지, 고무되는지 혹은 좌절되는지 여부를 결정하는 것이 아니다. 오히려 쟁점은 다음이다.

그것이 말해졌다는 사실에 대해서 설명하는 것 그리고 누가 그것을 말했는지, 그들은 어떤 위치와 관점에서 말했는지,

---

\   Foucault, 1990.   ＊   Foucault, 1990: 10.
×   Weedon, 1987: 108.

사람들이 그것에 대해 말하도록 촉발하면서 말해진 것을
모으고 유통한 제도는 무엇인지 발견하는 것이다.`

밝혀지고 있는 것처럼, 섹슈얼리티를 둘러싼 19세기 담론 중에서 많은
부분은 과학적이고 사이비 과학적인 다양한 규율에 의해서 형성되고
통제되었다. 그리고 그 규율은 수용 가능한(정상적인, 자연스러운)
섹슈얼리티 형태와 수용 불가능한(주변적인, 그릇된) 섹슈얼리티
형태 간에 경계를 기술하는 것에 관심이 있었다.

> 다양한 담론을 통해서 가벼운 도착에 대한 법적 제재가
> 크게 증가했다. 성적 불규칙성이 정신 질환에 추가되었다.
> 아동기부터 노년기까지 성적 발달의 표준이 규정되었고,
> 가능한 모든 일탈이 신중하게 기술되었다. 교육학적 통제와
> 의학적 처치가 체계화되었다. 도덕주의자들, 그러나 특히
> 의사들이 최소한의 판타지에 대해서 완전히 단호한 혐오의
> 용어를 휘둘렀다.[×]

"주변적인 섹슈얼리티에 대한 박해"는 "**개인에 대한** 새로운
종별화specification"를 확립했다.[＊] 개인에 대한 새로운 종별화는
사람들이 그들의 성적 욕망과 쾌락의 측면에서 정의 내려지게
되었음을 의미했다. 이러한 새로운 국면 이전에는 특히 남색을
비롯해 다양한 성적 표현의 형태가 법과 종교에 의해 금지되었다.
그러나 그것은 난교나 간통처럼 누구라도 맞서 싸울 수 있는 평범한
유혹으로 간주되었으며, 개인적이거나 사회적인 정체성의 범주를
구성하지는 않았다. 개인에 대한 새로운 종별화와 더불어 성도착자,
더 정확하게는 방대한 성도착자의 범위가 존재하게 되었다.[6]

무분별한 해부학 그리고 아마도 불가사의한 생리학과 함께,
19세기의 동성애는 삶의 유형, 삶의 형태 그리고 형태학이
되었을 뿐 아니라 인물, 과거, 병력 그리고 아동기가 되었다.
그를 이루는 전체적인 요소들 중에서 그의 섹슈얼리티로부터
영향을 받지 않는 것은 없었다. 그것은 그 안의 모든 곳에
있었다. 그것은 은밀하면서도 무기한으로 활동적인 행동
원리였기에, 그의 모든 행동의 뿌리에 있었다. 그것은
항상 자신을 누설하는 비밀이었기에, 그의 얼굴과 몸 위에
천박하게 쓰여 있었다. 그것은 그와 동체였으며, 습관화된
죄악이라기보다는 특이한 본성이었다.＊

그렇다면 푸코에게 동성애에 대한 동시대 서양의 관념은
모순적이게도 섹슈얼리티 억압과 관련된 시기에 섹슈얼리티 담론들,
특히 의학적 담론들이 정식화되고 확산되면서 출현한 것이었다.

　　　푸코에 따르면, 존 데밀리오는 "'영원한 동성애자' 신화"＊를
거부했으며 동성애자 정체성의 출현을 19세기 후반과 연관시켰다.
그러나 푸코와 달리 데밀리오는 이러한 발전을, 사람들을 더 전통적인
확대가족 가정으로부터 독립하도록 만든 자본주의와 임금노동이
등장한 결과라고 보았다.

　　　나는 게이 남성과 레즈비언이 항상 존재해왔던 것은 아니라고
주장하고 싶다. 그들은 역사의 산물이며 특정한 역사적 시기에
존재했다. 그들의 등장은 자본주의의 관계들과 관련되어 있다.
자본주의, 더 특정하게는 자본주의적 자유 노동 체계의 역사적
발전이 20세기 후반의 상당수 남성과 여성으로 하여금 자신을

＼　　같은 책, 11.　　　　　　　　　＊　　같은 책, 43.
×　　같은 책, 36.　　　　　　　　　＊　　D'Emilio, 1983: 101.
＊　　같은 책, 42-43.

게이라고 부르고, 자신을 비슷한 남성과 여성으로 구성된
공동체의 일원으로 여기며, 그 정체성에 기초해 정치 조직을
형성하도록 허용했다.`

자본주의와 더불어 생산 단위로서의 가족 농장에 점진적인 변화가
생겼다. 더 많은 사람이, 특히 남성들이 집 밖에서 임금노동에
종사하게 되면서 "가족은 정서적인 단위로서, 즉 재화가 아니라
정서적 만족감과 행복을 생산하는 제도로서 새로운 중요성을
부여받았다". 가족은 더 이상 경제적 필요의 문제가 아니었고 "일과
생산의 공적 세계"로부터의 도피처가 되었다.×

이에 더하여 출산의 중요성이 감소했는데, 이는 아이들의
노동력이 더 이상 중요하지 않았기 때문이다. 데밀리오에 따르면,
이는 결혼이 내포한 성적 관계의 역할에 대해서도 태도의 변화를
야기했다.

> 이성애적 관계의 의미 또한 변화했다. 식민지 시기의
> 뉴잉글랜드에서 출산율은 평균적으로 가임기 여성 일인당
> 아이 일곱 명을 초과했다. 남성과 여성은 어린이의 노동력을
> 필요로 했다. 자식을 낳는 것은 곡식을 생산하는 것만큼 생존을
> 위해 중요했다. 섹스는 출산에 이용되었다. 청교도인들은
> **이성애**보다는 오히려 결혼을 찬양했다. 그들은 결혼이라는
> 형태를 벗어난 **모든** 성적 표현을 비난했으며, 남색과 이성 간
> 간음을 뚜렷하게 구분하지 않았다.＊

더 이상 경제적 기능을 필수적으로 수행하지 않게 된 성적 관계는
명백히 공적 세계로부터 묘사된 사적 공간에서, 친밀함의 원천으로서
가족 단위에 결합했다. 동성애와 관련된 다양한 형태의 성적 표현이

더 이른 시기에 발생했다는 증거가 있다.✻ 그러나 개인들이 고립된 경제적 행위자로 나타나게 되었을 때 비로소 "이성애적 가족의 밖에 남는 것과 한 사람의 고유한 섹스에 대한 끌림을 바탕으로 사생활을 구성하는 것"✻이 가능해졌다.

매킨토시, 브레이, 푸코처럼, 데밀리오는 성적 행위와 성 정체성을 구분했다. 다시, 매킨토시와 브레이, 푸코처럼, 데밀리오는 비록 동성애적인 행위가 명백하게 동성애적인 정체성이 발전하기 전에도 용납되지는 않았으나, 그럼에도 그것이 난교, 간통과 같은 다른 위반들에 비해 더 거세게 비난받지는 않았다는 점에 주목했다. 브레이의 표현에 따르면, "방탕함에의 유혹은 동성애와 구분되지 않았으며, 평범한 다수의 일부분으로 받아들여졌다".✻ 다르게 말하면, 동성애는 일탈의 한 형태가 아니라 방종의 한 형태로 간주되었다. 정체성의 범주로서 동성애의 등장은, 그것의 기원과는 상관없이, 정상이거나 자연스러운 것으로서 이성애적 욕망과 비정상이거나 부자연스러운 것으로서 동성애적 욕망이라는 대조를 낳았다.

매킨토시와 브레이, 푸코 그리고 데밀리오는 외견상 서로 다른 인과적 요소들을 열거했지만, 이것이 그들의 분석을 양립 불가능하게 만들지는 않는다. 데밀리오는 동성애자 정체성이 나타난 원인을 사회 구조의 변화로 보았고 푸코는 의학 담론의 부상으로 보았지만, 그럼에도 데밀리오가 제시한 동성애자 정체성의 등장 시기는 푸코의 제안과 일치한다. 그러나 19세기의 의학 담론이 당시의 사회적 변화로부터 그 어떤 정보도 받지 않았을 것 같지는 않다. 사실상 가족 농업에서 임금노동으로 이동했던 배경인 산업혁명은 인간의 조건을 향상시키기 위해 과학과 기술을 사용하는 것에 대한 낙관주의적

\   같은 책, 102.   ✻   같은 곳.
×   같은 책, 103.   ✻   같은 책, 105.
✻   같은 책, 104.   ✻   Bray, 1995: 16.

감각으로 특징지어진다. 그러므로 산업화, 임금노동 체계와 동시에
진행되었던 의학 담론의 확산을 단지 우연의 일치라고 하기는 어렵다.
매킨토시와 브레이에 따르면 동성애자 정체성은 훨씬 더 일찍, 그러나
도시가 발달하던 시기에 런던의 발달된 지역에서만 등장했다. 만약
동성애자 정체성이 발전하는 데 산업화와 연관된 도시적인 삶의
양식이 기여했다면, 그것이 잉글랜드의 다른 지역이나 미국에 닿기
전에 이러한 특정 지역에 먼저 나타났을 것이라는 지적은 타당하다.
브레이와 데밀리오 중 누구도 빈곤한 남성들이나 시골 지역 남성들
사이에서 어떻게 동성애자 정체성이 등장했는지를 설명하지는
않았지만, 그들은 최소한 그 시기의 일부 남성들에게서 어떻게
집합적인 게이 정체성이 등장했는지 그럴듯한 설명을 제공한다.

레즈비언 정체성의 사회적 역사들

동성애는 원칙적으로 젠더화된 개념은 아니다. 그것은 이론적으로
여성 동성애와 남성 동성애를 동등하게 지칭한다. 그럼에도
불구하고 매킨토시, 브레이, 푸코가 제시한 사회적 역사들은 남성
동성애자 정체성에만 거의 독점적으로 집중되어 있다. 데밀리오의
논의(1983)만이 예외적인데, 데밀리오는 여성과 남성을 모두
지칭하는 포괄적 용어 '동성애자'를 유보하고 대신 둘을 구별하는
젠더화된 용어인 '레즈비언'과 '게이'[7]를 사용한다. 또한 데밀리오는
간단하게나마 레즈비언 정체성의 발전을 직접적으로 다루었다.
데밀리오에 따르면, 레즈비언 정체성은 게이 남성의 정체성과 같이
오직 전통적인 가족 구조로부터의 경제적 독립과 함께 발전할 수
있었다. 그러나 임금노동 체계로의 변화에도 불구하고, 많은 여성은
20세기까지 남성에게 재정적으로 의존하고 있었다. 여성들은 여전히

가정과 가족이라는 사적 세계에 귀속된 채, 남성 동성애자 역할의 범위가 협상되었던 것으로 보이는 주점과 여관이라는 사회적 세계에 접근할 수 없었다.

이런 점에서 여성 동성애가 상당히 최근까지도 남성 동성애만큼 많이 주목받지 못한 것은 놀랍지 않다. 애너매리 야고스에 따르면, "여성 동성애는 법이나 의학 담론에서 남성 동성애와 같은 위치를 점하지 않는다".` 남성 동성애가 공적으로 비난받을 때, 여성 동성애는 흔히 그 가능성이 무시되었다.

> 가령 국제적으로 영향력을 가진 영국의 사법 체계는 영국 식민 통치 시기에 다른 많은 국가에서 법적 견본으로 채택되거나 강제되었고, 이 법은 여성 동성애의 가능성을 무시한 반면에 남성의 동성애적 행위들을 불법화했다. 현재 서양의 많은 반동성애적 제정법이 토대를 두고 있는 1885 라바우처 개정안은 "남성 개인들" 간의 "중대한 외설" 행위들을 명확히 불법화하지만, 여성 개인들 간의 비슷한 행위들은 자연스럽게 합법으로 남겨둔다. 여성 동성애는 이와 유사하게 그리고 부분적으로는 그것이 불법화와 다른 관계를 맺은 결과로서, 공동의 하위문화적 정체성 기반을 이루기까지 훨씬 오랜 시간이 걸렸다.×

의료계는 19세기 후반까지 여성 동성애를 인정하지 않았고, 성과학자들은 20세기 초반에 그들이 '성전환'이라고 불렀던 상태, 즉 동성인 사람에게 성적으로 끌리는 것을 포함해 젠더가 완전히 뒤바뀌는 특징을 가진다고 믿었던 상태에 대해서 다루었다. 특히 리하르트 폰 크라프트에빙의 『성적 정신병질Psychopathia Sexualis』이

`   Jagose, 1996: 13.
×   같은 곳.

1886년 독일어로, 1892년 영어로 출판되었으며` 헤이브록 엘리스의
『성전환Sexual Inversion』이 1987년에 출판되었다.× 이후 크라프트에빙과
엘리스의 아이디어는 엘리스가 서문을 썼던 래드클리프 홀의 1928년
소설인『고독의 우물The Well of Loneliness』(1990)에서 대중화되었다.
해당 소설의 주인공 스티븐은 다른 여성에게 성적 사랑을 경험하는
남성적인 여성이다. 스티븐이 느끼는 혼란은 의료계의 바깥에,
명확하게 정의된 여성 동성애자의 사회적 역할이 부재함을 반영한다.
해당 소설은 영국과 미국 모두에서 금지되었는데, 이런 결정은 일부
사람들이 여성 동성애 개념을 받아들이기 꺼려했음을 드러낸다.
한편 1928년 잉글랜드에서는 세 권의 또 다른 레즈비언 소설[8]이
출판되었다. 이는 어떤 사람들은 동성애와 이성애 간의 구별을 여성의
섹슈얼리티로 이미 확장하기 시작했음을 보여준다.

　　　낡은 패러다임에 여성 동성애 개념은 없었다. 그러나
비시너스가 서술한 것처럼, 18세기 유럽과 북아메리카에서 전통적인
여성의 역할을 벗어났던 여성들에게는 적어도 네 가지의 구별되는
특징이 있었다. 첫째, 남성처럼 옷을 입고, 흔히 일자리, 자유 혹은 군
복무 기회를 얻을 만큼 충분히 믿음직스러웠던 '패싱 여성'이 있었다.

> 18세기의 통속 시들은 자신의 연인을 되찾기 위해 전투에
> 참가했던 '여성 전사'에게 찬사를 보냈다. 대부분의 시가
> 성적 위반의 가능성을 제기했지만, 마지막 연에서는 행복한
> 결혼이나 여성에게 적절한 다른 운명으로 문제를 해결했다.*

이러한 여성은 손쉽게 이성애자 배역으로 만들 수 있었기에 문제가
없었다. 그러나 둘째, 더 문제가 된 것은 '남자 같은 여성'이었다.
해당 범주에는 심지어 전쟁이 끝난 후에도 계속 남성처럼 옷을
입었던 여성들이 포함되었다. 셋째, 성적으로 '자유로운 여성'이

있었다. "그의 외모와 행동은 여성에 대한 에로틱한 관심을 암시할 수 있었지만, 다른 경우에 그는 매춘부나 창녀 혹은 정부로서 남성을 선택했다."✳ 마지막으로, 릴리언 페이더먼의 『남자의 사랑을 능가하기Surpassing the Love of Men』(1981)에 기술된 것처럼 "로맨틱한 우정"에 이끌렸던 여성들이 있었다. 비시너스에 따르면, 이러한 네 가지 특징은 "여성의 행동이나 태도보다는 남성이 동성에 대한 여성의 욕망을 해석한 방식에 따라 추출되었다".✳

　　릴리언 페이더먼은 성적 친밀함을 포함할 수도 아닐 수도 있는 여성의 로맨틱한 우정이 20세기 이전에는 무시되었을 뿐 아니라 실제로는 장려되었다는 점에 주목했다. 페이더먼은 여성의 로맨틱한 우정에서 성적인 친밀함이 가능하다는 공적인 인식과 그러한 우정에 상응하는 비난이, 페미니즘 제1물결이 사회 변화를 요구하고 나서야 그 반응으로서 발생했다고 주장했다.³ 이는 만약 여성 동성애에 대한 비난이 발생한다면 그것은 남성이 느끼는 불안의 직접적 결과라는 마사 비시너스의 주장과 일치한다. "오직 여성이 남성의 우선권과 특권을 직접적으로 위배한 것으로 보일 때에만 그 여성은 처벌되었다."✳

　　페이더먼과 비시너스에게 레즈비언 정체성에 대한 공적인 인식과 비난은 남성의 권위와 특권에 대한 실제이거나 인지된 위협에 맞서는 적대적인 반응이나 **반동**backlash을 나타냈다. 데밀리오가 보기에 레즈비언 정체성은 게이 남성 정체성처럼 전통적인 가족 구조로부터의 독립이 증가하면서 형성될 수 있었다. 여성이 전통적인 가족 구조로부터 독립한 것은 가족 농업에서 임금 경제로 변화한 것의 즉각적이거나 필연적인 결과는 아니었다. 그러나 만약 20세기 초반의 여성들이 전통적인 결혼 대신 레즈비언이라는 대안을 가질 자유를

\　　Krafft-Ebing, 2007.　　　　✳　같은 글, 475.

✕　　Ellis, 2007.　　　　　　　　✳　같은 글, 477.

✳　　Vicinus, 1992: 473-474.　　✳　같은 곳.

충분히 누렸다면, 이는 틀림없이, 적어도 부분적으로는 여성운동이 이루어낸 진보 덕분이었다.

　　　여성의 권리에 대한 최초의 대회는 1848년 뉴욕의 세니커폴스에서 열렸으며, 이는 같은 해에 뉴욕 기혼여성재산법을 통과시키고자 성공적으로 투쟁했던 여성들 중 일부[10]에 의해 조직되었다. 기혼여성재산법은 여성들이 결혼 후에 그들의 고유한 재산에 대해 통제력을 갖도록 허용했고, 따라서 적어도 일부 남성의 권위와 특권을 위협함과 동시에 적어도 일부 여성이 남성으로부터 경제적으로 좀 더 독립할 수 있도록 했다. 1869년 전국여성참정권협회가 설립되고, 그 뒤를 이어 미국여성참정권협회가 설립되었다. 두 단체는 1890년 전미여성참정권협회로 통합되었고 1900년경 뉴욕에 전국본부를 설립했다. 여성의 투표권 획득을 위한 제19조 개정안이 성공적으로 통과된 것은 비록 이로부터 20년이 더 지난 1920년이었지만, 남성의 권위와 특권 체계에 대한 페미니스트의 위협은 세기가 바뀌던 무렵에 확실히 자리를 잡았다.[11]

　　　여성의 독립과 남성의 권위 및 특권에 대한 위협 간에 이러한 연결성이 있다면 데밀리오, 페이더먼, 비시너스가 레즈비언 정체성의 등장에 대해 제시한 설명들은 실제로 양립 가능하다. 그러나 데밀리오와 달리 페이더먼과 비시너스는 수잰 파(1988)가 **레즈비언베이팅**lesbian-baiting이라고 언급한 것의 역할에 주목했다. 레즈비언베이팅은 여성이 다른 여성과 성적인 관계를 가져서가 아니라, 지정된 젠더 역할을 위반했다는 이유로 레즈비언이라는 딱지가 붙을 때 나타난다. 특히 페미니스트 원리를 체현한 여성들이 흔히 레즈비언이라고 특징지어진다. 레즈비언베이팅은 여성들이 페미니스트로 정체화하는 것을 막기 위해서 페미니스트 정체성을 레즈비언 정체성과 동일시함으로써 동성애에 대한 부정적인 태도를 이용하려는 시도이며, 흔히 성공적이다.

　　　레즈비언 정체성에 대한 공적 인식과 비난이 대체로 레즈비언베이팅과 반동의 문제였음에도 불구하고, 점점 더 많은 여성이 다른 여성들과 모이는 데 그리고 어떤 경우에는 이전 세대들에게는 불가능했을 레즈비언 정체성을 구축하는 데 필요한 독립성을 누리고 있었다. 다른 사람들에 의해 동성애자로 정체화된 여성들은 존재했지만 그럼에도 그들은 게이 남성의 응집적이고 인식 가능한 하위문화를 형성하는 데 참여했던 남성들에 비해 고립되고 분산되어 있었다. 이처럼 레즈비언 여성들에게 응집성이 부족하다는 점은 여성의 로맨틱한 우정에 관한 페이더먼의 논의를 제외하고는 여성 동성애자 정체성의 사회적 구성에 대해 단일한 설명을 제공하려는 시도가 거의 없었다는 사실에도 반영되어 있다. 그 대신, 수많은 민족지적 연구는 레즈비언 정체성의 발전을 특정한 지역적 맥락에서 다루어왔다. 가령 엘리자베스 케네디와 매들린 데이비스는 『가죽 부츠, 금 슬리퍼Boots of Leather, Slippers of Gold』(1993)에서 1940년대와 1950년대 뉴욕 버펄로의 여성들이 노동자 계급 레즈비언의 하위문화에서 어떤 경험을 했는지 상세히 서술한다. 이와 비슷하게 에스터 뉴턴은『체리그로브, 파이어아일랜드Cherry Grove, Fire Island』(1993)에서 아마도 미국 최초였던 레즈비언과 게이 휴양지 마을에서의 삶을 서술한다. 민족지적 연구들뿐 아니라, 특정 여성들의 삶으로부터 레즈비언 정체성의 발전을 추적하는 자전적인 설명도 많이 있다.

　　　레즈비언 정체성에 대해 고립된 표현들은 응집적이고 인식 가능한 하위문화로 통합되지 않았으며, 레즈비언 정체성에 대해 출현한 문화 관념들은 단일한 기대 집합으로 통합되지 않았다. 비시너스가 표현했듯이 "레즈비언 욕망은 그것이 어디에도 없을지 모르는 때에조차 모든 곳에 있었다. 직설적으로 말해서, 우리에게는 무엇이 레즈비언을 구성하는지에 대한 그 어떤 합의도 없다."` 심지어 오늘날에도 레즈비언 정체성에 대해서는 의견 일치가 거의 없는 듯 보인다. 가령 어떤 맥락에서, 특히 주류 포르노그래피에서[12] 레즈비언 섹슈얼리티가 흔히 이성애자 남성의 판타지에 필수적인 것으로 묘사되는 반면에 다른 맥락, 특히 페미니즘에 대한 반동에서는 페미니스트와 레즈비언이 이성애자 남성에게 성적 매력이 없는 여성으로 특징지어진다는 점을 생각해보라. 게이 남성 정체성에 대해서는 단일한 고정관념이 주류 문화를 지배하며, 이러한 고정관념은 동성애자 남성을 '몰리'라고 묘사했던 17세기 이래 적어도 아주 조금은 변화해왔다. 많은 게이 남성은 이러한 고정관념으로부터 스스로 거리를 두려 한다. 반면, 레즈비언 여성과 페미니스트 여성은 어떤 고정관념들—가령 이성애자 남성의 판타지 대상으로서의 레즈비언 여성—로부터 거리를 두려고 하지만, 그들 자신이 불가피하게 다른 고정관념—가령 이성애자 남성의 욕망에 반대되는 페미니스트 여성—에 더 가깝게 위치해 있음을 발견한다. 이는 페미니스트로 정체화하는 것과는 상관없이 레즈비언 여성들에게, 그리고 레즈비언으로 정체화하는 것과는 상관없이 페미니스트 여성들에게 중요한 관심사다.

　　　이러한 관찰로써 말하고자 하는 요점은 레즈비언 정체성에 대한 기대가 게이 남성의 정체성에 대한 기대보다 더 혹은 덜 구속적이라는 것이 아니다. 단지 그것이 덜 일관적이고 덜 응집적이라는 점에 주목하자는 것이다. 그러나 그것이 일관적이지도 응집적이지도 않다는 바로 그 점은 레즈비언 정체성과 아마도 다른 성 정체성들에 대해서 다양한 해석이 수용될 여지가 동시대 서양 문화에 있음을 입증한다. 이는 이성애 규범의 바깥에 놓여 있는 성 정체성에 대해 대안적인 해석, 특히 이성애 규범에 순응하지 않는 사람들의 권익에 더 기여하는 해석을 도입하도록 요청한다. 다시 말해 그것은 섹슈얼리티에 대해 대안적인 패러다임을 구성하도록 요청한다. 더 구체적으로 말하면, 그것은 레즈비언, 게이, 양성애자 그리고 이성애자로 정체화하는 사람들이 자신의 섹슈얼리티를 다른 용어로 정의하거나 아예 정의하지 않는 사람들과 마찬가지로—그들이 트랜스젠더 남성이든 여성이든, 생물학적 여성이든 남성이든 또는 인터섹스이든 아니든 상관없이—여성적이거나 남성적이거나 둘 다이거나 둘 다 아닐지도 모르는 방식으로 자신의 특징을 드러내고 자신을 표현할 수 있는 패러다임을 구성하도록 요청하는 것이다.

생각과 행동

✦ 주류 사회는 여성 동성애의 존재를 인정하기 오래 전부터 남성 동성애에 대한 우려를 표했다. 이러한 차이는 무엇 때문에 생겼을까? 여성의 섹슈얼리티를 무시할 때 어떤 이득과 손실이 있을까?

✦ 다양한 이론가가 동성애자 정체성의 출현에 대해 제시한 조건에 해당하는 사례를 찾아보라. 매킨토시, 브레이, 푸코, 데밀리오가 동성애자 정체성의 출현에 대해 제공한 설명 중 당신에게 가장 설득력 있는 것은 무엇인가? 그 이유는 무엇인가?

✦ 본문의 내용을 토대로, 독립적인 여성의 증가가 흔히 레즈비언베이팅을 초래한다는 주장 그리고 레즈비언베이팅이라는 개념을 당신만의 언어로 설명해보라. 그리고 자신 혹은 지인들의 경험에서 이러한 연결성에 대한 사례를 찾아보라.

＼ 같은 글, 468.

✦ 게이 남성에 대한 서양의 주류 고정관념은 17세기에 동성애자 남성을 '몰리'라고 특징짓는 현상이 출현한 이래 아주 조금씩 변화해왔다. 한편, 레즈비언 여성은 이성애자 남성에게 성적으로 매력적이거나 매력적이지 않은, 두 가지 특징을 번갈아가며 부여받는다. 게이 남성과 레즈비언 여성에 대한 고정관념을 영속시키는 사례를 주류 매체와 대중문화에서 찾아보고, 그 낡은 고정관념들이 변화하고 있는지 아닌지 논평해보라.

✦ 1928년 소설인 『고독의 우물』과 『올랜도Orlando』에서 대안적인 성 정체성과 젠더 표현이 어떻게 재현되고 있는지 비교하고 대조해보자. 각각의 묘사가 갖는 장점과 단점은 무엇인가? 어떤 묘사가 당신에게 더 설득력 있는가? 그 이유는 무엇인가?

✦ 게이 연애편지를 엮은 『마이 디어 보이My Dear Boy』(1998) 또는 웹사이트에서 편지들을 분석해보고, 편지·작성자·시대에 따라 문체와 구조가 어떻게 변화하는지 비교하고 대조해보자. 이것들을 사실상 연애편지라고 평가할 수 있는 근거는 무엇인가? 당신은 각 경우에 대한 평가 기준 및 결과에 동의하는가? 동의하거나 동의하지 않는 이유는 무엇인가?

✦ 당신의 상상력, 이 장의 논의, 추가 자료, 인터넷, 다른 사람들과의 대화를 바탕으로, 사람들이 레즈비언·게이·양성애자·트랜스젠더 등으로 정체화하는 데 당신이 필수적이라고 믿는 사회적 조건들의 목록을 만들어보라.

3장 퀴어한 대안들

마르쿠제 드랭크피 펭수, 『어즈이 마법사』

마법사는 그 이상한queer 야수가 얼마나
강력해질 것인지 몰랐기에 기회를 잡을 결심을
하지 못했다.

패러다임과 위기

과학에서 패러다임이 갖는 역할에 대한 쿤의 논의(1970)는
패러다임의 변화, 또는 하나의 개념적 틀에서 다른 개념적 틀로
이행하는 것에 대한 설명을 포함한다. 섹슈얼리티도 과학처럼 인간의
실천이라는 점을 인정한다면, 과학적 맥락에서의 패러다임 변화와
섹슈얼리티 맥락에서의 패러다임 변화 간에는 유용한 유추가 도출될
수 있다. 여기에서 '실천'이라는 용어는 반복이나 연습이 아니라,
사회적 행동 및 상호작용 양식과 관련이 있다. 가령 카를 마르크스는
실천을 "감각적인 인간 활동"이라고 기술했으며, "환경의 변혁과
인간 활동의 변혁 또는 자기변혁 간의 일치는 오직 **혁명적 실천**으로만
상상되고 합리적으로 이해될 수 있다"고 언급했다.`마르크스가
혁명적 실천에 대해 말한 것처럼, 쿤은 혁명적 과학에 대해 말했다.
쿤에게 확립된 패러다임을 둘러싼 의견 일치를 특징으로 하는
정상과학 실천은 위기와 갈등을 특징으로 하는 혁명과학 실천과
대조를 이룬다.

　　과학적 실천 맥락에서의 패러다임 변화 또는 혁명, 그리고
정치적 실천이라는 보다 넓은 맥락에서의 패러다임 변화 또는 혁명
간에는 유사점이 존재한다.

　　　현존하는 제도가 스스로 그 일부를 조성한 환경으로부터
　　　제기되는 문제들에 적절히 대처하기를 중단해왔다는 의식은
　　　흔히 정치 공동체의 일부분에 국한되는데, 이러한 의식이
　　　성장함으로써 정치 혁명은 그 시작을 알린다. 이러한 방식과
　　　상당히 동일하게, 현존하는 패러다임이 그 자체로서 미리
　　　방식을 유도했던 자연 세계의 탐색에 적절히 대처하기를
　　　중단해왔다는 의식은 또다시 흔히 과학 공동체의 좁은

구역에만 국한되는데, 이러한 의식이 성장함으로써 과학
혁명은 그 시작을 알린다.[×]

과학 실천과 정치 실천에서 위기는 그에 상응하는 혁명의 잠재력과
함께 발생하며, 확립된 패러다임이 스스로 그 창조를 도왔던 세계에
협조하기를 중단할 때 발생한다. 이처럼, 섹슈얼리티의 확립된
패러다임은 처음에 일탈로서의 동성애와 정상으로서의 이성애
간에 깔끔한 구분을 제공하면서 섹슈얼리티가 이성애 규범을
벗어나는 다양하고 흔히 미묘한 방식들을 수용하기를 중단해왔다.
이는 트랜스젠더 정체성을 보면 특히 명확하다. 가령 홀의 『고독의
우물』의 주인공이 트랜스젠더로 선뜻 특징지어질 수 있는 정체성을
드러냄에도 불구하고 해당 소설이 '레즈비언 소설'로 분류되는 경향을
생각해보라. 트랜스젠더 정체성과 동성애자 정체성을 융합시키는
것은 19세기 후반과 20세기 초의 '성전환'에 관한 설명과는 일관성이
있다. 그러나 이는 젠더 표현이 전형적인 레즈비언 여성과 게이
남성이 존재한다는 점이나, 본인이 이행한 젠더 범주와 동일한 젠더
범주의 구성원에게 성적으로 끌리는 트랜스젠더 남성과 여성의
존재와는 모순된다.

　　　과학의 맥락에서 쿤은 "패러다임과 자연 세계가 조화를 이루는
데는 항상 어려움이 있다"라고 언급했지만, 이러한 어려움은 주로
정상과학 실천 과정에서 해결된다.[＊] 패러다임과 자연 세계의 조화
또는 이론과 사실의 조화는 결코 완벽하지 않다. 그리고 정상과학
실천의 다수와 아마도 다른 맥락들에서의 정상 실천의 다수는 쿤이
"마무리 작업mop-up work"[＊]이라고 불렀던 것, 즉 수용된 패러다임을
확장하면서 명료화하는 것으로 구성된다. 그러나 난잡한 모든 것이
손쉽게 해치워지지는 않으며, 패러다임과 자연 세계 간의 모든

\　　　Marx, 1970: 121.　　　　　＊　　　같은 책, 82.

×　　　Kuhn, 1970: 92.　　　　　　＊　　　같은 책, 24.

불일치가 쉽게 조화를 이룰 수도 없다. 쿤에 따르면 패러다임과 자연 세계 간에 존재하는 특히 완강한 불일치가 "정상과학의 그저 또 다른 퍼즐 그 이상으로 보일 때, 위기와 비상과학으로의 이행이 시작된다". 쿤은 "모든 위기는 패러다임이 약화되고 그에 따라 정상 연구를 위한 규칙들이 완화되면서 시작된다"고 주장했다.` 아마도, 성 정체성과 성적 행동 간에 인지되는 불일치 중 적어도 일부는 패러다임과 자연 세계 간에 존재하는 특히 완강한 불일치를 나타낸다. 아마도, 그러한 불일치는 섹슈얼리티 패러다임이 약화되고 그에 따라 성 정체성의 범주들에 적용하기 위한 규칙들이 완화됨을 나타낸다. 그렇다면 아마도, 동시대 서양 문화는 성적 실천을 특징짓는 패러다임에 대해 위기의 시기에 접어들었다.

쿤은 과학 실천에서 그러한 위기의 종결은 필연적으로 세 가지 길 중 하나를 따른다고 주장했다. 첫째, 위기를 일으킨 문제는 흔히 패러다임을 미묘하게 개선함으로써 정상과학의 과정 안에서 해결될 수 있다. 둘째, 해결되지 못한 문제는 그것이 결국에는 정상과학의 노력에 굴복할 것이라는 기대와 함께 남겨질 수 있다. 마지막으로, 대안적인 패러다임이 "그것이 수용되기까지의 투쟁"ˣ과 함께 등장할 수 있다. 첫 번째 경우에, 문제는 현존하는 패러다임을 수정함으로써 해결된다. 세 번째 경우에, 문제는 현존하는 패러다임을 대체함으로써 해결된다. 문제를 그저 연기했던 두 번째 경우에, 만약 결국 해결이 이뤄진다면 이는 첫 번째 경우가 확장된 것이며, 만약 패러다임이 대체되기 전에 해결이 이뤄지지 않았다면 이는 세 번째 경우가 확장된 것으로 보인다. 그렇다면 궁극적으로 위기 해결을 위해서는 현존하는 패러다임 내부의 변화, 또는 대안적인 패러다임으로의 보다 혁명적인 이행 중 하나가 필요하다.

섹슈얼리티에 대해 수용된 패러다임은 이성애 규범을 따르지 않는 광범위한 사람들의 존재를 설명하려는 노력 속에서 실로 일련의

수정을 거쳐왔다. 성적 표현의 자유를 획득하기 위해 집단적으로
고심한 결과, 확장되었으며 지금도 확장 중인 정체성 목록을
생각해보라.[1] 그러한 노력의 초기 사례는 19세기 후반과 20세기
초의 동성애 옹호운동에서 발견된다. 동성애 옹호운동은 "동성애가
하나의 정체성으로서 확고해졌던 시기, 즉 처음으로 동성애자가 되는
것이 가능했던 시기와 동일한 시기에" 유럽에서 발전했다. 동성애
옹호운동은 특히 1950년대 유럽과 미국에서, 동성애가 선천적이거나
출생 시 주어진 조건이라는 의료계의 합의에 주목함으로써
동성애자들의 권리를 방어했던 사람들과 조직들을 말한다.[*] 그러나
일각에서는 동성애 옹호운동이 가진 미안해하는 태도[*] 그리고
'동성애자'라는 용어가 의학적으로 함축하는 바에 분개했다. 이에
게이 정체성이 동성애자 정체성에 대한 대안으로 부상했으며, 게이
해방운동이 동성애 옹호운동에 대한 대안으로 부상했다.

　　　1969년의 스톤월 항쟁은, 비록 지나치게 단순화된 것이긴
하지만, 게이 해방운동의 시작점으로 흔히 인용된다. 스톤월은
대부분의 고객이 흑인과 라틴계인 뉴욕의 게이 및 드래그 바로, 당시의
많은 다른 게이 바처럼 가끔 경찰의 급습을 당했다. 이러한 급습은
주로 춤추기, 키스, 크로스드레싱 같은 형태의 '외설' 죄에 대한 체포로
이어졌다. 그러나 스톤월이 1969년 6월 28일 이른 아침 급습당했을
때 고객들은 저항했으며, 그들은 주말 내내 투쟁을 이어갔다. 이처럼
갑작스러운 만장일치로 격분이 표출된 것은 1969년 6월 27일 그
장례식이 진행되었던, 게이들의 우상 주디 갈런드[2]의 죽음에서
기인한 것으로 여겨지기도 한다. 그러나 보다 그럴듯한 설명은 게이
해방운동, 여성 해방운동과 흑인 민권운동을 포함하는 동시대의 다른
운동들과 마찬가지로 이러한 항쟁 또한 차별을 부정의로 받아들이는
의식이 성장했음을 보여주는 증거라는 것이다.[3]

＼　　같은 책, 82-84.　　　　＊　　Jagose, 1996: 22.

✕　　같은 책, 84.　　　　　＊　　같은 책, 27.

이처럼 부정의에 대한 동일한 의식은 결국 동성애자 정체성에 관한 전문 용어를 추가할 동기를 부여했다. 비록 게이라는 용어가 남성뿐 아니라 여성에게도 사용될 수 있었지만 게이 해방운동은 주로 게이 남성들에게 집중하며 그들을 향했고, 많은 레즈비언 여성이 레즈비언의 정체성을 보다 명백하게 인지하고 포함하는 운동을 원했다. 이러한 요구의 결과로서, 동성애자 정체성은 대개 레즈비언 여성과 게이 남성 모두를 지칭한다. 레즈비언 여성을 때로 포함하여 게이라고 지칭하는 것에 비하면 게이 남성과 레즈비언 여성으로 지칭하는 것이 명백히 포괄적이다.

게이보다는 게이와 레즈비언 정체성이라 언급하는 것이 더 포괄적이지만, 이것이 이성애에 대한 대안들의 범위 전체를 반영하지는 못한다. 양성애가 동성애 혹은 이성애에 전념하다 보면 결국에는 극복할 수 있는 일시적인 정체성이라는 대중적인 오해를 고려하면, 이성애와 동성애로부터 구별되는 성 정체성으로서 양성애를 확고히 하는 것은 특히 중요하다. 더 넓은 범위의 정체성과 사안을 망라하기 위해서, 대안적인 섹슈얼리티의 목록은 양성애 정체성을 포함하도록 확장되었다. 이처럼 확장된 용어가 갖는 결점은 그것이 게이 정체성이나 심지어는 게이와 레즈비언 정체성에 대해 말하는 것보다 좀 더 길고 불편하다는 것이다. 이러한 이유로, 게이와 레즈비언 그리고 양성애자 정체성을 지칭하기 위해 GLB라는 축약형이 도입되었다. 일각에서는 여성이 늘 두 번째 자리에 오는 것 같다는 점을 인정하면서, 상징적으로 여성이 남성의 앞에 오도록 글자 순서를 재배치한 LGB를 선호했다.

여기에 최근 트랜스젠더 정체성을 추가해 이제는 친숙한 조합인 GLBT 혹은 LGBT를 완성했다. 레즈비언, 게이, 양성애자와 달리, 트랜스젠더 범주는 성적 파트너의 선택에 대한 것이 아니다. 그 대신 트랜스젠더 범주는 어떤 사람들이 자신에게 지정된 생물학적 섹스 범주와 여성 또는 남성으로 정체화하는 것 사이에서 경험하는 불일치를 다룬다. 그러나 대안적인 섹슈얼리티를 설명할 때 트랜스젠더를 포함시키는 것이 완전히 임의적이지는 않다. 레즈비언, 게이, 양성애자로 정체화하는 많은 사람이 이성애 규범 바깥에 있기 때문에 차별과 폭력을 경험하며, 이는 트랜스젠더로 정체화하는 사람들 또한 마찬가지다. 레즈비언, 게이, 양성애자, 트랜스젠더 정체성은 모두 널리 퍼진 기대에 대해서, 즉 생물학적 여성과 생물학적 남성은 반드시 각 섹스 범주에 지정된 특정한 태도와 행동을 나타내야 하며 또한 반드시 생물학적으로 반대의 섹스에 속하면서 젠더 범주들에 부합하는 사람들과 성적 파트너가 되어야 한다는 기대에 도전한다.

처음에는 단순하게 동성애와 이성애만을 기만적으로 구별했던 패러다임은 이성애 규범을 벗어나는 광범위한 이들을 망라하도록 확장되어왔다. 만약 이로써 충분히 확립된 패러다임을 지킬 수 있다면, 이는 쿤의 주장에서 패러다임을 수정함으로써 일부 위기를 해결하는 사례가 될 것이다. 이는 또한 "위기의 중요성은〔확립된 패러다임을〕개선할 때가 다가왔다는 암시를 준다는 데 있다"〉는 주장을 상기시킬 것이다. 그러나 위기를 부르는 것이 아마도 이성애 규범을 벗어난 다양한 형태에 이름을 붙임으로써 손쉽게 시정될 실패가 아니라 이성애 규범의 존재 자체에 대해서 커져가는 분개라면 그리고 이런 이유로 개선만으로는 확립된 패러다임을 지키는 것이 역부족이라면, 이는 어떤 위기들은 오직 현존하는 패러다임을 대안적인 패러다임으로 대체하는 전면적인 혁명에 의해서만 해결될 수 있다는 쿤의 주장에 대한 사례가 될 것이다. 비록 현재의 관점에서는 지금의 위기가 어떤 결과를 불러올지 알 수 없지만, 확립된 패러다임을 수정하는 것은 지금까지 위기를 해결하는 데 실패해왔으며 해결이나 해결에 대한 약속이 아니라 더 많은 수정만을

〉   Kuhn, 1970: 76.

초래했다.

　　　일각에서는 레즈비언, 게이, 양성애자, 트랜스젠더 정체성 혹은 LGBT 정체성이 이성애 규범의 대안에 대해서 완전하거나 독점적인 목록을 구성하지는 않는다는 점을 인정하면서, '퀘스처닝questioning'이나 '다른other' 혹은 그저 '+' 기호와 같은 추가 범주를 더함으로써 그 목록을 수정한다. '퀘스처닝'을 추가하는 것은 성 정체성이 아마도 실험이나 탐색의 결과로서 시간이 지남에 따라 발전할 수 있음을 시사한다. '다른'이나 '+'를 덧붙이는 것은 이 항목들의 조합에서 의도치 않게 누락된, 남아 있는 성 정체성들도 포함하려는 마지막 시도로 기능한다. 확립된 패러다임을 구해내려는 또 다른 노력 속에서, 대안적인 섹슈얼리티를 지칭하는 사람들은 때때로 LGBTQ,[4] LGBTO 또는 LGBT+를 사용한다. 그러나 쿤이 말하는 위기는 패러다임에 대한 수정이 이뤄질 수 있는 것만큼이나 빠르게 펼쳐지는 것으로 보인다. 패러다임과 인간 세계 간의 또 다른 불일치는 이번에는 인터섹스 정체성의 형태로 드러난다. 인터섹스는 트랜스젠더와 마찬가지로 성적 파트너 선택에 관한 것이 아니며, 엄격한 의미에서 성적 지향이 아니다. 그럼에도 불구하고 인터섹스인 사람들과 트랜스젠더인 사람들은 레즈비언, 게이, 양성애자로 정체화하는 사람들처럼 이성애 규범을 위반한다. 이성애 규범이 생물학적으로 복잡하지 않은 여성과 생물학적으로 복잡하지 않은 남성 간의 구별을 상정하는 반면, 트랜스젠더인 사람들은 생물학이 지정한 것과는 다른 범주에 속하는 일원으로 자신을 정체화함으로써 그러한 구별을 문제 있는 것으로 만든다. 또한 인터섹스인 사람들은 생물학이 그들을 어느 하나의 성별 범주로 명확하게 지정하지 못하므로 역시 그 구별을 문제 있는 것으로 만든다. 그러므로 대안적인 성 정체성의 확장된 목록에 인터섹스를 포함시키는 것은 트랜스젠더를 포함시키는 것만큼 타당해 보인다.

이와 유사하게, **무성애자**asexual로 정체화하는 사람들을 포함시키는 것도 관련이 있어 보인다. 무성애자인 사람들은 성적 욕망이 없거나 거의 없다. **범성애자**pansexual로 정체화하는 사람들을 포함시키는 것도 마찬가지다. 범성애자인 사람들은 두 가지보다 많은 젠더 범주의 존재를 인정하며, 그들의 성적 욕망은 그 어떤 젠더 범주의 혹은 모든 젠더 범주의 사람들에게 향할 수 있다. 확립된 패러다임을 구해내려는 이런 가장 최근의 시도를 수용하는 사람들은 때로, 다른 이들이 더 이상 다른 문자를 추가할 필요가 없을 만큼 충분히 모호하기를 바라며 LGBTO나 LGBT+를 사용할 때에 LGBTQI, LGBTQIA, LGBTQIAP와 같은 축약형들이나 이와 비슷한 것들을 사용한다.

퀴어 이론: 패러다임의 혁명

이처럼 추가와 수정이 계속 필요하다는 사실은 확립된 패러다임을 더 이상 구해낼 수 없음을 암시한다. 패러다임을 구해내려는 최근의 시도는 규범적 이성애에 대해 인식된 대안들의 범위를 확장하지만, 그럼에도 궁극적으로 인간의 섹슈얼리티에 대한 이분법적 모델을 강화한다. 그 모델은 최소한 두 가지의 상호 관련된 방식으로 이분법적이다. 첫째, 여성과 남성, 여성적인 것과 남성적인 것 간에 사회적이고 성적인 대립을 상정한다.[5] 둘째, 여성과 남성, 여성적인 것과 남성적인 것의 이른바 상호보완적인 대립을 강화하는 성적 표현의 형태와, 이러한 대립을 붕괴시키는 성적 표현의 형태 간에 사회적이고 성적인 대립을 상정한다. 확립된 패러다임에 대해서 보다 완전하게 혁명적인 대안인 **퀴어 이론**은 전반적으로 그리고 보다 특수하게는 젠더, 섹스, 섹슈얼리티에 관해서 이분법적이고 위계적인 추론을 피한다.[6] 이는 퀴어 이론이 정의하기 어렵다고 악명이 높은 이유이기도 하다. 철학에서 성공적인 정의란, 정의되는 용어가 유의미하고 정확하게 적용될 수 있는 필요충분조건에 대한 명확한 설명이라고 흔히 이해된다. 달리 말하면 정의는 주어진 범주에 속한 것과 모든 것 사이에 문제가 없는 경계를 설정하며, 그렇게 함으로써 이분법적 추론을 초월하기보다는 이분법적 추론에 참여한다. 본질주의와 의미론적 원자론을 사회적 구성주의와 의미론적 전체론으로 바꾸는 퀴어 이론은, 의미가 개별적인 용어들의 정의에 따라서가 아니라 다양한 단어와 단어 간의 그리고 단어들 간의 맥락적인 관계에 의해 전달되는 것임을 인정한다. 야고스에 따르면 "퀴어란 대체로 염색체적 섹스, 젠더, 성적 욕망 간의 이른바 안정된 관계들 안에서 비일관성을 극적으로 나타내는 몸짓들 또는 분석적 모델들을 말한다". 비록 이것이 관례적인 의미에서 정의는 아니지만, 그럼에도 불구하고 이는 유용한 표현이다.[7]

 퀴어는 말 그대로 특이하거나 예상 밖인 무언가를 말하지만, 또한 이성애 규범을 위반하거나 위반하는 것으로 여겨지는 사람들에 대한 경멸적 비방으로서 사용된 역사를 갖고 있다. 홀퍼린에 따르면, '퀴어'와 '이론'이라는 용어가 한 쌍을 이룬 것은 테레사 데 라우레티스 덕분이다.

 퀴어 이론은 원래 하나의 농담처럼 생겨났다. 테레사 데 라우레티스는 1990년 2월에, 그가 의식사 교수로 있던 샌타크루즈 캘리포니아 대학에서 개최한 학술대회의 제목으로 쓰기 위해서 "퀴어 이론"이라는 구절을 만들었다. 그는 1980년대 말에 활동가들, 거리의 아이들 그리고 뉴욕 예술계의 일원들이 게이를 긍정하는 의미에서 '퀴어'라는 말을 사용하는 것을 들었다. 그는 그 악의적인 용어를 학계의 신성한 단어인 '이론'과 한 쌍으로 만드는 데 용기와 신념이 있었다.

그의 어법은 쾌씸할 만큼 모욕적이었다. 대학의 동정심 많은 교수진들은 상처 입은 듯한 말투로 "왜 꼭 그렇게 불러야 하는 건가요?"라고 물었다. 그러나 그 결합은 단지 장난스러운 것 이상이었다. 그것은 의도적으로 파괴적이었다.[×]

이런 방식으로 퀴어 이론이 만들어지자, 이제 그것은 실제로 지칭할 수 있는 무언가를 필요로 했다. 1970년대에 처음 출판된 푸코의 『성의 역사』 1권, 데 라우레티스가 최초로 퀴어 이론 학술대회를 조직했던 그 해에 출판된 주디스 버틀러의 『젠더 트러블Gender Trouble』(1990) 그리고 이브 세지웍의 『벽장의 인식론The Epistemology of the Closet』(1990)은 많은 사람에게 퀴어 이론 세미나의 교재로 여겨진다. 이 책들은 '퀴어 이론'이라는 용어가 최초로 문서화되어 사용되기 이전에 집필되었음에도 불구하고, "레즈비언과 게이 연구들의 안정된 상태를 동요시키며" 또한 "학계에서 관례적으로 이론이라 통했던 것들의 이성애주의적 토대와 전제에 도전하는" 이중적인 시도의 초기 사례다.[*]

　　퀴어 이론은 여성과 남성, 여성적인 것과 남성적인 것, 동성애자와 이성애자 같은 이분법적 대조를 피하면서, 여성학뿐 아니라 레즈비언과 게이 연구도 붕괴시킨다. 그럼에도 불구하고 퀴어 이론은 여성과 남성의 정체성, 부치와 펨의 정체성, 동성애자와 이성애자의 정체성, 트랜스젠더 정체성 그리고 이분법적 체계 안에 편안하거나 불편하게 있는 다른 다양한 정체성의 존재와 양립할 수 있다. 간단히 말해서 퀴어 이론은 많은 사람이 반드시 그럴 것이라 추정함에도 불구하고, 현존하는 젠더, 섹스, 섹슈얼리티의 범주들을 근절해야 한다고 말하지 않는다. 이분법적 대조를 거부한다고 더러 설명되는 퀴어 이론은 아마도 그러한 대조에 대한 사회적 구성주의로

＼　　Jagose, 1996: 3.　　　　　　＊　　같은 책, 340.
×　　Halperin, 2003: 339-340.

설명하는 것이 더 나을 것이다. 본질주의에서는 여성과 남성, 여성적인 것과 남성적인 것, 동성애와 이성애 등 다양한 정체성 범주가 그러한 범주에 속하는 사람들의 근본적 본성을 구성하는 선천적인 특징을 반영한다고 믿는다. 반면, 사회적 구성주의에서는 그러한 정체성 범주들이 역사적, 문화적으로 발전되었다고 믿는다. 이것이 필연적으로 정체성 범주들에 경험적 근거가 없음을 의미하지는 않지만, 이는 그 범주들이 경험적으로 불충분하게 결정된다는 것을 의미한다. 불충분결정underdetermination은 경험적 증거 하나만으로는 다른 패러다임이 아닌 하나의 패러다임을 선택할 근거가 불충분할 때 발생한다.

불충분결정 개념은 설명하기보다는 논증하기가 더 쉽다. 고유한 개인들로 구성된 집합이 주어졌을 때, 당신이 그들을 집단에 포함시키거나 배제할 근거를 명확하게 설명하는 일을 맡았다고 가정해보자.[8] 예를 들어 네 가지 모양의 도형이 주어졌을 때(그림 3.1 참조), 세 개가 음영이 없고 한 개가 음영이 있다면 음영을 범주 포함 여부를 결정하는 적절한 기준으로 삼는 것은 타당하다. 그러나 이와 동시에, 만약 세 개의 모양이 둥글고 한 개는 각진 모서리를 가졌다면 둥글기를 적절한 기준으로 삼는 것은 마찬가지로 타당하다. 음영이 있거나 없는 도형들 그리고 둥글거나 각진 도형들 사이에 경험적으로 관찰 가능한 차이가 있지만, 그럼에도 불구하고 어떤 개별자들이 집합에 속하고 어떤 개별자들이 속하지 않는지를 결정할 때 그 어떤 경험적인 것도 이러한 특성들에 대한 기준을 결정하지는 않는다. 이와 유사하게 네 개의 화살표 도형이 주어졌을 때(그림 3.2 참조), 그중 세 개가 같은 색이고 세 개가 같은 방향이며 세 개가 같은 크기라면, 범주에 속할 자격을 색이나 방향, 크기에 기초해서 결정하는 것은 경험적으로 불충분한 결정이다.

어떤 것이 나머지 것과는 다르다고 결정하기 위한 선택의

[그림 3.1] 범주화에 도전하는 도형들

이 중에서 나머지와 다른 하나는 무엇인가?

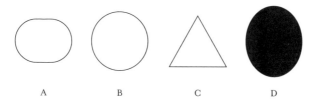

A   B   C   D

[그림 3.2] 범주화에 도전하는 화살표들

이 중에서 나머지와 다른 하나는 무엇인가?

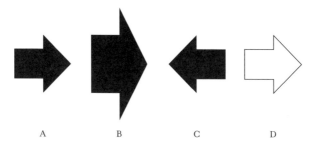

A   B   C   D

기준이 경험적으로 불충분하게 결정될 수 있다고 하더라도, 이러한 결정이 만들어낸 범주들은 실제로 영향력을 가진다. 만약 범주의 기준을 벗어났다고 인지되어서 흰 화살표들이 폭력의 피해자가 되거나 큰 화살표들이 취업의 기회를 박탈당했다고 가정해보자. 범주의 기준이 사회적으로 구성되었다는 의견을 내더라도, 그것이 이런 불안정한 화살표들에게 미치는 영향력은 사라지지 않을 것이다. 그러나 이러한 인식은 대안적 범주의 구성을 요청하는 기능을 한다. 그 목적은 경험적으로 불충분하게 결정된 범주들의 집합을 또 하나의 경험적으로 불충분하게 결정된 범주들의 집합으로 교체하는 것이 아니다. 목적은, 범주들을 급격히 증가시키고 다중화하는 것이다.

이분법적 대립에 도전하는 하나의 방법은 이분법적 대립이 식별하는 차이를, 가령 여성적인 것과 남성적인 것의 차이를 부인하거나 무시하는 것이다. 그런데 불행하게도 이러한 접근은 레즈비언, 게이, 양성애자, 트랜스젠더로 정체화하는 이들을 포함한 많은 사람에게 이러한 차이가 중요하다는 점을 무시한다. 이분법적 대립에 도전하는 또 다른 방법은 이원성을 다중성과 맞바꾸면서 대안의 범위를 확장하는 것이다. 이러한 방식으로 이분법적인 것에 도전함으로써 퀴어 이론은 확립된 범주들로 인해 문제를 겪지 않는 사람들뿐 아니라 그 범주들로 인해 문제를 겪는 사람들의 경험을 긍정하면서, 동시에 본질주의를 거부할 수 있다.

　　　섹슈얼리티가 각각의 사람들에게 고유하다는 점을 인정한다면, 섹슈얼리티가 특이하지 않거나 예상 밖이지 않거나 어떤 면에서도 퀴어하지 않은 사람이 한 명이라도 존재한다고는 믿기 어렵다. 그러므로 심지어는 이성애자로 정체화할 것이라 예상되는 어떤 사람을 퀴어로 간주하는 것은 말이 된다. 이러한 전환의 요점은 만약 이성애자들이 동성애자 정체성을 주장함으로써 어떤 이득을 얻을 수 있다면 그들이 그렇게 주장할 수 있도록 허용하자는 것이 아니다. 요점은 우리 중 훨씬 더 많은 사람이 퀴어한 편이라는 점을 인정함으로써, 적어도 상징적으로 권력의 균형을 이동시키자는 것이다. 그러나 퀴어 이론은 단지 더 많이 포함하기 위한 것이 아니다. 퀴어 이론은 누군가가 자신을 이해하고 타인들과 관계 맺는 데 범주가 유용하거나 심지어는 필수적일 수 있다 해도, 그 어떤 특정한 범주나 범주들의 집합도 그 자체로 필연적이지 않으며 심지어는 가장 깊게 자리 잡은 범주도 수정될 수밖에 없음을 인정해야 할 지속적인 필요성에 대한 것이다.

생각과 행동

✦   본문에 기초하여, 쿤이 패러다임의 변화와 정치 혁명을 어떻게
    비교하는지 자신의 언어로 설명해보라. 이러한 분석은 성 정체성에
    대해서 변화하는 관념들을 어떻게 설명하는가? 당신은 동시대의
    성적 패러다임이 혁명의 상태에 있다고 생각하는가? 혹은
    그래야만 한다고 생각하는가? 그 이유는 무엇인가?

✦   커밍아웃에 대한 서사들은 레즈비언과 게이 정체성에 대한
    주류 문화의 재현 속에 널리 퍼져 있다. 커밍아웃이 동시대
    레즈비언이나 게이의 존재에서 필수적이거나 최소한
    해방적이라고 묘사하는 사례를 주류 매체와 대중문화에서
    찾아보자. 이런 관념이 지속될 때, 그 장점과 단점은 무엇인가?

✦   성 정체성의 범주는 레즈비언, 게이, 양성애자 정체성들 그 이상을
    포함하기 위해서 확장되어왔으며 계속 확장되는 중이다. 새롭게
    인정되거나 부상하고 있는 범주들에 대한 사례를 주류 매체와
    대중문화에서 찾아보자. 성 정체성의 범주 목록을 확장하는 것의
    장점과 단점은 무엇인가?

✦   본문에 기초하여, 당신이 (지금) 이해하는 퀴어 개념을 자신의
    언어로 설명해보라. 성 정체성의 범주에 대해서 더 포괄적인
    목록을 구체화하는 데 이어, 혹은 그 대안으로서 퀴어 개념을
    채택하는 데는 어떤 장점과 단점이 있는가?

✦   본문에 기초하여, 1969년 여름 스톤월에서 발생한 사건들이
    어떤 중요성을 갖는지 자신의 언어로 설명해보라. 영화

「스톤월Stonewall」 1995년 판과 2015년 판에서 이 사건들과
맥락에 대한 묘사를 비교하고 대조해보라. 각각의 묘사는 어떤
장점과 단점을 갖는가? 어떤 묘사가 당신에게 더 설득력 있으며,
그 이유는 무엇인가?

✦ 본문, 추가 자료, 인터넷 그리고 다른 사람들과의 대화를 통해,
동시대 문화에서 대안적인 성 정체성의 범주들이 출현하는 데
영향을 미친 중요한 사건의 목록을 만들어보자.

✦ 당신의 상상력, 본문, 추가 자료, 인터넷 그리고 다른 사람들과의
대화를 통해, 동시대 문화에 존재하는 대안적인 성 정체성의
범주들에 관해 자주 등장하는 질문들의 목록을 만들어보자.

2부
섹스

—라이먼 프랭크 바움, 『오즈의 누더기 소녀』

"말해봐, 네가 말한
그런 이상한queer
사람들이 정말로 모두
오즈의 나라에 사는
거야?"

4장 반갑지 않은 개입

—라이먼 프랭크 바움, 『오즈의 양철 나무꾼』

그들은 동틀 녘에 소년을 깨웠고 허수아비는
그에게 이렇게 말했다. "우리가 뭔가
이상한queer 것을 발견했어. 그러니까 우리는
그걸 어떻게 할지 함께 의논해야 해."

두 개의 섹스?

'섹스sex'라는 용어는 서로 구별되지만 관련 있는 적어도 두 가지의
방식으로 사용된다. 그것은 때때로 '여성의 섹스' '남성의 섹스'와
같은 표현이 전달하듯이 사람들을 구분하는 섹스 범주를 지칭한다.
다른 경우에는, 친숙하지만 이상하게도 제한적으로 사용되는 어구인
'그the 섹스 행위'뿐 아니라 '질 섹스' '구강 섹스'와 같은 표현들이
전달하듯이, 일반적으로 섹스 행위로 인식되는 다양한 행위를
지칭한다. 어원적으로 '섹스'는 여러 부문으로 나누어 분석함을
의미하는 단어 '섹션section'과 같은 뿌리에서 유래한다. 섹션은
라틴어 '섹서스sexus'에서 왔으며 문자 그대로 분할을 나타낸다. 많은
단어가 세계 혹은 세계의 일부를 분리된 범주들로 분할한다. 사실상
대부분의, 심지어는 아마도 모든 명사가 그 명사의 지칭 범주 내부에
속하는 것과 그 경계 바깥에 놓여 있는 것을 구분함으로써 이러한
기능을 수행한다. 그러나 다른 대부분의 명사와 달리 '섹스'라는
용어는 세계를 분석하는 과정을 직접적으로 지칭하며, 이는 '섹스'가
세계를 분석하는 방식이 가장 중요하다는 의견을 암묵적으로
수반한다. 그것은〔여러 분석 중 하나에 불과한〕 **어떤any** 분석이
아니다. 오히려 그것은 적어도 영어라는 언어 안에서는〔대표성을
가진〕**그the** 분석으로 인정되는 것이다. 게다가 '섹스'라는 단일한
용어는 이중적인 용법을 갖는데, 즉 (섹스 범주의 경우에는) 어떤
사람이 무엇인지를 지칭하면서 (섹스 행위의 경우에는) 어떤 사람이
무엇을 하는지를 지칭한다. 이러한 용법은 어떤 사람이 무엇인지가
그 사람이 무엇을 하는지를 결정한다는 전제, 그리고 같은 점에서
어떤 사람이 무엇을 하는지가 가장 근본적인 수준에서 그 사람이
무엇인지를 궁극적으로 표현한다는 근원적인 전제를 섹스에 관한 한
무너뜨린다.

셋스 범주에 속할 자격은 주로 생물학적인 조건으로 간주된다. 동시대 과학은 대부분의 경우에 두 개의 기본적인 셋스 범주를 인정한다. 바로 여성과 남성이다. 생식기, 생식선, 염색체 그리고 호르몬은 특정한 사람들을 둘 중 하나의 셋스로 범주화되는 주된 기준이다. 가장 흔히 병렬되는 것이 바로 생식기, 생식선, 염색체, 호르몬이며, 그 어떤 사람이든 이것들이 두 셋스 범주 중 정확히 하나에 깔끔하게 들어맞는다고 여겨진다. 인간 여성의 생물학적 전형은 XX 염색체 양식, 여성에게 정상으로 지정된 범위 안의 호르몬 수치, (페니스를 닮은 생식기 구조가 없는) 명백하게 인정 가능한 질 그리고 (고환을 닮은 구조가 없는) 자궁을 가진 어떤 사람이다. 남성의 전형은 XY 염색체 양식, 다른 남성들에게 발견되는 것과 비슷한 호르몬 수치, (질의 구조가 없는) 페니스와 (난소가 없는) 고환을 특징으로 한다.

대부분의 평범한 상황에서 다른 이의 생식기, 생식선, 염색체, 호르몬을 검사할 기회가 주어지지 않는다는 점을 고려하면, 다른 이의 셋스에 대한 판단은 많은 경우에 놀랄 만큼 정확하고 쉽게 이루어진다. 수염의 유무나 유방 조직의 유무처럼 관찰할 수 있는 2차 성징들은 일부 단서를 제공하지만, 항상 충분하거나 정확한 정보를 주지는 않는다. 생물학적으로 모호하지 않은 많은 남성이 수염 기르기라는 이 중요한 일에 성공하지 못하는 반면, 생물학적으로 모호하지 않은 많은 여성이 수염을 없애는 일에 과도한 시간과 돈을 바친다. 마찬가지로 사람들에게 부여된 유방 조직의 양에는, 그들이 여성인지 남성인지에 상관없이, 상당한 가변성이 있다. 2차 성징과 몸의 관찰할 수 있는 다른 특징은 오해를 부를 수 있다. 남성이 여성에 비해 체구가 더 크고, 털이 많고, 근육질이라는 일반적인 경향에도 불구하고, 어떤 여성들은 때로 어떤 남성들보다 더 크고, 털이 많고, 근육질이다.

보통의 사람들은 셋스를 결정하는 생물학적 기준에 접근할 수 없고 2차 성징이 항상 믿을 만하지는 않다는 점을 생각하면, 더 많은 혼동 없이 사람들을 섹스로 구분할 수 있다는 것이 놀랍다. 대부분의 사람을 여성이나 남성으로 인식할 수 있는 용이함은 그들의 생물학보다는 다양한 사회적 표시와 더 관련이 있다. 여성이든 남성이든 누구라도 드레스를 입거나 짧은 머리 스타일을 할 수 있다. 그럼에도 불구하고 만약 사람들이 비공식적으로는 **젠더퍼킹**genderfucking이라고도 불리는 모호한 방식으로 자신을 나타내지 않는다면 이런 사회적 표현들은 꽤 믿을 만하다. 생물학적 여성이 자신을 남성적 스타일로 꾸미거나 생물학적 남성이 자신을 여성적 스타일로 꾸미는 경우처럼, 사람들은 반대의 성으로 꾸미려는 노력에 찬성하지 않는다. 그럼에도 불구하고 누군가가 스스로를 여성이나 남성의 스타일로 꾸미려고 정말 진지하게 노력한다면, 그들이 어떤 범주를 구현하려고 했는지는 좀처럼 헷갈리지 않을 것이다.

X와 Y 염색체가 섹스를 구별하는 필수 조건sine qua non[1]이라고 생각되는 경향이 동시대 서양 문화에 있지만 모순적이게도 이것은 대다수 사람에게 가장 덜 수용된 것처럼 보이는 특징이다. 게다가 유전자 검사가 가능할 때조차도 어떤 사람이 어느 섹스 범주에 속하는지는 때때로 여전히 불분명하다. 생식기, 생식선, 염색체, 호르몬이 서로 불일치하거나 그 자체로 너무 모호해서, 의학 전문가들 사이에서조차도 무엇이 최선의 범주화인지 의견이 나뉘는 사람들이 있다. 어떤 사람들은 남성과 관련된 XY 염색체 양식을 가지고 있음에도 불구하고 여성으로 보인다. 예를 들어 안드로겐 무감성 증후군을 가진 사람들은 X와 Y 염색체를 둘 다 가지고 있지만, 그들의 몸이 남성 호르몬, 즉 안드로겐에 반응하지 않는다. 결과적으로 그들은 생식기를 포함해 주로 남성보다는 여성으로 더 쉽게 인식될 만한 신체적 특징들을 가진다.

호르몬과 섹스의 관계는 여성과 남성이 같은 호르몬들을
생산한다는 사실로 인해 복잡해진다. 섹스에 따라 달라지는 것은
특정한 호르몬들, 특히 에스트로겐과 안드로겐의 양뿐이다. 이는
여성과 남성 모두에게 호르몬의 정상 수치와 비정상 수치를 나누는
정확한 경계가 없음을 의미한다.

남성과 여성은 보통 그 양은 상대적으로 차이가 있지만 종류는
같은 호르몬들을 생산한다. 그러나 우리는 모든 소녀와
여성의 몸이 우리가 확인할 수 있는 '여성의' 호르몬 혼합물을
균일하게 생산하지 않으며 또한 모든 소년과 남성의 몸이
우리가 확인할 수 있는 '남성의' 혼합물을 생산하지 않는다는
것을 안다. 호르몬으로 구분하려면, 우리는 누군가를 여성이나
남성이라고 수용할 수 있는 호르몬 양의 경계를 어디에 설정할
것인지 결정해야 할 것이다.[×]

큰 클리토리스와 작은 페니스를 구별하기는 어려울 수 있으며, 남성
또는 여성으로의 지정은 때때로 판단이 필요한 결정일 수 있다. 이는
자궁이나 부분적인 자궁뿐 아니라 고환이나 부분적인 고환을 지닌
사람들의 경우에도 마찬가지다. 이는 단순히 XX 또는 XY 염색체
양식 대신 XXY, XYY, XXX 염색체 양식을 갖거나 심지어는 몸의
일부 세포들은 XX이고 일부 세포들은 XY인 모자이크 양식을 가진
경우에도 다시 한 번 해당한다. 다시 말해서, 섹스가 생식기, 생식선,
염색체, 호르몬의 기능으로 이해되는지 아닌지와 상관없이, 예외와
모호성은 존재한다.
섹스를 구별하는 근거로서 염색체를 문제적으로
사용한 아주 대중적인 사례로는 '젠더 검사'라고 불리지만 '섹스

\   옮긴이
×   Dreger, 1998b: 7.

검사', 훨씬 더 정확하게는 '섹스 유전자 검사'라고 할 수 있는, 국제올림픽위원회(IOC)의 염색체 사용에 대한 최근의 논의들을 들 수 있다.ˋ 검사는 1968년에 최초로 실시되었다. 그때 이후로 "두세 명의 여성이 올림픽 대회를 위한 검사에 사실상 매번 실패했고 영구히 실격당했다".ˣ 대회 참가자 대부분이 아는 한 그들은 우연히 비범한 선수가 된 그저 평범한 여성들이었다. 이런 불행한 일을 피하기 위해서 국제올림픽위원회는 검사의 보편적 실시를 중단했다.

1996년 애틀랜타 게임에서 여덟 명의 여성 선수가 섹스 검사에 실패했다. 그러나 항소심에서 모두 통과되었으며, 일곱 명은 '인터섹스'의 조건을 가진 것으로 밝혀졌다. 결과적으로 2000년의 시드니 게임 때까지 국제올림픽위원회는 보편적인 섹스 검사를 폐지했다. 그러나 베이징에서처럼, 일부 여성은 여전히 그들이 정말로 여성이라는 것을 입증해야만 했다.*

북미인터섹스협회(ISNA)에 따르면, 인터섹스는 정확히 두 가지의 섹스 범주, 즉 여성과 남성으로 구별되는 생식기, 생식선, 염색체 그리고 호르몬의 예상된 병렬에 대한 예외들의 범위를 가리킨다.

'인터섹스'는 여성 또는 남성에 대한 전형적인 정의에 들어맞지 않는 것처럼 보이는 생식 구조 또는 성적인 해부학적 구조를 가지고 태어난 사람이 놓인 여러 상태에 대해 사용되는 일반적인 용어다. 예를 들어 어떤 사람은 외적으로는 여성으로 보이지만 내적으로는 대체로 남성에게 전형적인 해부학적 구조를 가지고 태어날지도 모른다. 또 어떤 사람은 통상적인 남성 유형과 여성 유형의 중간에 있는 듯 보이는 생식기를 가지고 태어날지도 모른다. 예를 들어 어떤 여자아이는 현저히 큰 클리토리스가 있거나 질 입구가 없는 채로 태어날 수 있고, 어떤 남자아이는 현저히 작은 페니스가 있거나 음낭이 나뉘어서 보다 음순처럼 형성된 채로 태어날 수 있다. 또 어떤 사람은 모자이크 유전자를 가지고 태어나서 일부 세포들은 XX 염색체, 일부 세포들은 XY 염색체를 가질지도 모른다.✻

이런 예외들은 드물지만, 많은 사람이 아는 것보다는 더 흔하다. 대부분의 공식적 추산에 따르면 인터섹스인 상태는 1500~2000명 중 한 명 꼴로 발생하지만✻ 최소 100명 중 한 명은 어느 정도 모호한 생식기를 가지고 태어난다.✻ 누가 인터섹스인 사람이고 또한 누가 의심할 여지 없이 여성이거나 의심할 여지 없이 남성인지에 대해서 합의된 바는 거의 없으며, 그러므로 상황은 복잡해진다.✻

섹스와 과학

특수한 경우에는 어떤 특정 개인이 생물학적으로 인터섹스인지, 또는 생물학적으로 여성이거나 남성인지에 대해서 의견이 불일치할 여지가 있다. 의심스러운 경우에 섹스를 결정하기 위해서 다양한 기준이 적용될 수 있기 때문이다. 또한 인터섹스를 제3의 섹스 범주로 두는 것이 무엇을 의미하는지에 대해서도 의견이 불일치할 여지가 있다. 어떤 이들에게 인터섹스는 여성과 남성이라는 잘 확립된 두 개의 섹스 범주와 동등한 자연 종의 범주를 이룬다. 예를 들면 머리 색에 대한 유추를 생각해보라. 머리 색이 짙거나 금발인 사람이 빨간 머리인 사람보다 전 세계적으로 훨씬 흔하기는 하지만, 그렇다고 주류

\ Kolata, 1992; Saner, 2008.
✕ Kolata, 1992.
✻ Saner, 2008.
✻ ISNA, 시기 미상.

✻ 같은 곳.
✻ Thomas, 2005.
✻ ISNA, 시기 미상.

과학이 빨간 머리를 더 흔한 색의 머리를 만들려고 시도했던 자연의 실패로 간주하지는 않는다. 비슷한 관점이 인터섹스에 대해서도 적용될 수 있겠지만, 그 대신 일각에서는 인터섹스를 불운한 변이로 간주한다. 다시 머리 색에 대한 유추를 상기해보자. 주류 과학이 빨간 머리를 정상 범위에 포함하는 곳에서, 색소의 부족은 색소결핍증으로 생각되지 않는다. 대신 그것은 몸이 정상적으로 멜라닌을 만들어내는 과정에 대한 침입 때문이라고 여겨진다. 때때로 인터섹스가 모호하지 않은 생식기, 생식선, 호르몬, 염색체 구조로 이루어진 친숙한 조합을 정상적으로 만들어내는 과정에 대한 침입이나 붕괴의 결과로 여겨지는 것처럼 말이다. 우리에게 수용된 머리 색 패러다임은 빨간 머리에 대해서는 "어떠했어야 했다"라거나 "어떠했을 것이다"라는 추측을 하지 못하게 하는 반면, 색소결핍증을 가진 사람들에 대해서는 그러한 추측을 불러온다.

패러다임에 따라 건강한 인터섹스인 사람들은 두 개의 잘 확립된 섹스 범주 중 하나에 대한 불완전한 표본으로 여겨지거나, 어떤 대안적인 섹스 범주의 문제없는 구성원으로 여겨진다. 과학자들은 인터섹스 현상에 대해 어떤 패러다임을 적용할 것인지 합의하지 못했다. 인간의 섹스 구별이 여성과 남성이라는 범주에 제한되지 않는다는 점에 동의하는 사람들조차, 사람의 섹스를 구별하는 자연 종의 개수에 대해 항상 의견이 일치하지는 않는다. 예를 들어, 앤 포스토스털링은 생물학적 개념인 섹스를 두세 개가 아니라 최소한 다섯 개의 범주로 구조화해야 한다고 설득력 있게 주장한다.ˋ 앨리스 드레거가 논증했듯이, 대안적인 섹스 범주가 갖는 지위에 대한 관념은 근래의 역사 내내 어떤 중요한 변화를 겪어왔다.

그러나 자웅동체성에 관한 그 문헌은 어떤 특성이 본질적으로 또는 중요하게 여성적이거나 남성적이라고 설명되어야

하는지에 대해 의학계의 단일하고 통합적인 의견이 없었음을
또한 밝혀낸다. 프랑스와 영국에서 의사들이 지속될 수 있는
섹스 차이의 체계를 찾아내고자 고군분투할 때, 섹스들은
자웅동체 이론과 의학적 관행에서 서로 다르거나 때로는
충돌하는 많은 방식으로 구성되었다. 궁극적으로 자웅동체의
몸뿐 아니라 남성과 여성이라는 의학적이고 과학적인 개념들
또한 모호함 속에 자리 잡게 되었다. 우리는 여기에서 섹스에
대한 정체된 관념들이 아니라, 생기 넘치고 성장하며 분투하는
이론들을 본다. 섹스 그 자체는 여전히 의심될 여지가 있었다.×

비록 인터섹스 정체성에 대한 인식과 수용을 촉구하는 운동이
북미에서 진행되고 있지만, 의학계는 여전히 인터섹스 환자들에게
외과적이고 호르몬적인 개입을 하는 데 전념하고 있다.

과학적 도그마는 의료적인 관리 없이는 자웅동체들이 비참한
삶을 살 운명이라는 전제를 고수해왔다. 그러나 그런 전제를
뒷받침하는 경험적 연구는 거의 없으며, 의료적인 처치에
소송을 제기하고자 수집되었던 일부 연구는 그런 전제를
부정한다.✳

인터섹스 정체성은 흔히 대단한 수치처럼 여겨지며, 의료계 종사자가
수행한 외과적이고 호르몬적인 개입은 비밀에 붙여진다. 인터섹스로
태어나는 아이들은 흔히 성인이 된 후에야 그리고 대개는 우연을
통해서만 이를 알게 된다. 일부 인터섹스 성인들은 그들이 의료적
개입을 당하지 않았더라면 발달했을지도 모를 몸과 정체성을 상실한
것에 애통해한다.✳ 이러한 개입의 결과로 그들은 더 이상 그들이

\   Fausto-Sterling, 1993.   ✳   Fausto-Sterling, 1993: 23.

×   Dreger, 1998b: 16.   ✳   Ward, 2000.

타고난 몸을 갖지 않지만, 또한 의심할 여지 없이 여성이거나 남성인 몸을 갖지도 않는다.

섹스화된 몸을 앞장서서 규제한다고 알려진 의료계의 오만함을 보여주는 특별히 가슴 아픈 사례로는, 브렌다 혹은 데이비드라고도 알려진 브루스 라이머의 유명한 경우를 들 수 있다.[2] 출생 시 생물학적 남성으로 확인되었던 브루스 라이머는 포경수술 실패로 인해 외과적으로 여성으로 재지정되었다. 브루스는 브렌다로 개명되어 여자아이로 길러졌다. 브루스의 일란성 쌍둥이 형제 브라이언은 아무런 문제도 겪지 않았으며 남자아이로 길러졌다. 두 아이가 일란성 쌍둥이였기 때문에 이 사례는 많은 사람에게 여성과 남성 간의 구별은 주로 사회화에 기인한다는 이론을 경험적으로 시험할 기회로 여겨졌다. 처음에 브렌다의 재지정은 무척 성공적이라고 믿어졌으며, 이 "쌍둥이 사례"는 젠더 사회화의 증거로서 많은 여성학 교재에 인용되었다.[3] 그러나 명백하게도 브렌다는 여자아이로서 완전히 편안하다고 느낀 적이 없었고, 결국 이번에는 데이비드 라이머라는 이름으로 남성의 정체성으로 되돌아갔다. 슬프게도 라이머는 끝내 평화를 찾지 못했고, 결국 2004년에 자살했다.

『미즈 매거진Ms. Magazine』에 실린 글 "상처 내기Making the cut"(2000)에서, 마사 코번트리는 성적 통제를 위해 이루어진 몸에 대한 의료적 개입의 최근 역사를 약술한다. 그 이야기는 클리토리스에 대한 자극이 여성들이 겪는 다양한 건강 문제의 원천이라고 말하는 의사 아이작 베이커 브라운의 이론과 함께, 빅토리아 시대의 잉글랜드에서 시작한다. 간질부터 모호한 히스테리 진단에 이르는 질환들은 극단적인 경우에 클리토리스 절제술로 치료되었다.

20세기 중반쯤에는 클리토리스 절제술이 여성의 자위를 막는 데나 여성의 자위와 관련되어온 다양한 질환들을 치료하는 데 효과가

없다는 인식이 꽤 널리 퍼져 있었다. 그런데 이로써 해당 시술이
중단되는 대신, 단순 미용의 목적으로 방향이 바뀌었다. 존 머니라는
의사의 새로운 이론은 삶의 질 향상을 위해 커진 클리토리스를 잘라낼
수 있으며, 그럼으로써 정상으로 만들 수 있다고 말한다.

코번트리는 "생략 없는 버전The unabridged version"이라는 제목의
관련 기사에서, 커다란 클리토리스가 쾌락의 잠재적인 원천이라는
이야기를 들려준다.

> 큰 클리토리스를 타고난 여자아이 중 일부는 외과적 개입을
> 받지 않는다. 아마도 출생 시 그들의 클리토리스를 아무도
> 알아채지 못했거나, 그들이 의료적 개입과 동떨어진 가정에서
> 태어났기 때문일 수도 있다. 킴은 발기했을 때 그의 여자
> 애인들에게 삽입할 수 있을 만큼 충분히 큰 클리토리스를 가진,
> 26세의 자그마한 사람이다. 그는 이 사실에 어떤 부끄러움도
> 가져본 적이 없다. "제게 이로 인한 문제는 정말 없었어요.
> 그러니까 사람들이 제 다리 사이를 보면서 다니지는 않았다는
> 거예요. 아무도 보지 않았으니까, 이건 제가 숨겨야 하는 게
> 아니었어요. 저는 허벅지에 살이 찐다든지, 다른 걱정을 훨씬
> 더 많이 했어요." 그는 커가면서 "무엇이든 제가 문지르는
> 것은 제게 굉장히 성적이었어요. 제 클리토리스는 대단히
> 만족스러운 경험을 줄 만큼 충분히 컸어요. 대부분이 제
> 음순 밖에 있었으니까요"라고 기억한다. 그러나 아이 엄마인
> 킴은 의료 기관이 그에게 할 수도 있었을 일에 대해서 여전히
> 걱정하고 있다. 그는 "사고 발생 시 클리토리스 제거를 하지
> 마시오"라고 적힌 의료용 신원확인 팔찌를 마련해야 할까,
> 하고 그저 냉담하게 농담을 던졌다.`

\   Coventry, 2000: 58.

킴의 이야기는 큰 클리토리스를 가진 여자의 잠재적 삶의 질에 대해 의사들이 어떤 생각을 갖든 간에, 모호하지만 그 외에는 건강한 생식기를 타고난 이들이 정보를 잘 숙지한 채 스스로 수술 여부를 결정할 수 있도록 사춘기나 성인기까지 기다려주어야 한다는 주장을 지지하는 설득력 있는 사례다. 또한 킴의 이야기는 밀턴 다이아몬드가 언급했듯이, 섹스에 관해서라면 "변종은 표준이다. 생물학은 차이를 사랑한다. 그것을 싫어하는 건 사회다"라는 점을 상기시키는 기능을 한다.＼

무엇이 섹스 행위인가?

'섹스'는 섹스 범주를 지칭하는 데뿐 아니라, 섹스 행위를 가리켜서도 사용된다. 생물학은 무엇보다도 그런 과정을 짝짓기와 재생산으로 설명하려고 한다. 그렇기 때문에 섹스 범주에 대한 생물학적 정의는 전형적으로 섹슈얼리티를 언급하는 반면, 섹스 행위에 대한 생물학적 정의는 결과적으로 섹스 범주를 언급한다. '섹스'라는 동일한 단어가 섹스 범주와 섹스 행위를 모두 지칭하도록 사용된다는 사실은, 섹스 행위의 측면에서는 섹스가 섹스 범주의 구별에서 직접 파생되고, 섹스 범주의 측면에서는 섹스가 섹스 행위로 직접 이어진다는 근본적인 전제를 드러낸다. 엄격하게 생물학적인 의미에서 섹스 범주와 섹스 행위는 서로 밀접하게 관련되며 궁극적으로는 둘 다 재생산에 관련된다. 그러나 실제로는 섹스 범주와 섹스 행위 둘 다, 대부분의 시간에 재생산을 수반하지 않는다. 남성 또는 여성으로 살아가는 경험은 그게 무엇이든 흔히 자손의 생산과는 거의 관련이 없다. 마찬가지로 섹스 행위에 참여하는 경험은 그게 무엇이든 흔히 자손의 생산과는 거의 관련이 없다. 심지어 아이를 낳을 가능성이 있는 일부일처 관계의 사람들 사이에서 발생하는 친밀감조차도 항상 재생산이라는 최종 목표를 향하지는 않는다. 그럼에도 불구하고 많은 사람이 섹스 범주와 섹스 행위 그리고 재생산 사이에 보이지는 않지만 본질적인 관계가 있다는 전제를 암시적으로 갖는 것으로 보인다. 그러나 이분법적인 섹스 범주 중 어느 하나에 쉽게 들어맞지 않는 사람들이 있는 것처럼, 하나의 섹스 범주에 속하는 것과 재생산의 목표를 위해 반대의 섹스 범주에 속하는 사람에게 성적 욕망을 갖는 것 사이에 기대되는 연속성을 파괴하는 사람들도 있다. 예를 들어 생물학적 여성이 다른 생물학적 여성의 섹슈얼리티에 끌리고 생물학적 남성이 다른 생물학적 남성의 섹슈얼리티에 끌려서, 그들이 함께 수행하는 섹스 행위의 직접적인 결과로서 재생산이 가능하지 않은 경우를 생각해보라. 또한 성적 욕망을 결정하는 데 다른 사람들의 섹스 범주는 상관이 없어서, 재생산이 가능하긴 하지만 그것이 그들이 참여하는 섹스 행위의 필연적인 결과가 아닌 사람들을 생각해보라. 성적 욕망에 일말의 출산의 욕구도 없어서 재생산이 섹스 행위의 목적이 아닌 원치 않는 잠재적 결과인 이들을 생각해보라. 그 밖에도 섹스, 섹슈얼리티, 재생산 간에 주장되는 관련성이 대부분의 시간에 대부분의 사람들에게 부재하는 수많은 이유를 생각해보라.

　　　섹스는 쉽게 정의할 수 없을 정도로 충분히 복잡하다. 실로, 단지 무엇을 섹스 행위의 예시로 포함할 것인지조차 논쟁에 열려 있으며 흔히 맥락 의존적이다. 성적 욕망과 성적 행동의 경계들은 흔히 불명확하며, 섹스 행위를 정의할 수 있는 단일하고 권위 있는 필요충분조건들의 집합이란 없다. 한 맥락에서 섹스 행위를 구성하는 것이 다른 맥락에서는 분명히 성적이지 않을지도 모른다. 예를 들어 친구와 포옹하거나 키스하는 것과, 연인과 포옹하거나 키스하는 것 간에는 분명히 차이가 있다. 또한 사람들이 보통 에로틱하게 여기지

\　　Thomas, 2005에서 재인용.

않는 행위가 어떤 사람들에게는 에로틱한 중요성을 갖는다면, 이때 수행되는 동일한 행위 간에는 분명히 차이가 있다. 사실상 어떤 평범한 행위도 최소한 원칙적으로는 알맞은 상황에서 에로틱해질 수 있으며, 사실상 어떤 에로틱한 행위도 원칙적으로는 평범해질 수 있다. 만약 어떤 사람이 가죽, 고무, 실크, 레이스, 망사로 된 스타킹, 하이힐, 워크 부츠, 메이드복, 교복, 동물 복장, 그 밖에 페티시가 형성될지 모르는 다른 어떤 의상을 입는다면 이는 합당하게 섹스 행위로 여겨질 수 있는가? 만약 어떤 사람이 얇게 저민 고기를 몸에 두른다면 이는 섹스 행위로 적절하게 간주되는가? 그 답변은 이것이 자기 자신이나 파트너의 성적 욕구를 만족시키기 위해 행해졌는지의 여부에 달려 있는가? 자위는 섹스 행위인가? 그 답변은 다른 사람이 그 자리에 있는지의 여부에 달려 있는가? 이러한 질문들에 끝이 없어 보인다는 점은 섹스 행위와 다른 종류의 행위를 구별하기 위한 필요충분조건들에 대해서 과연 완전하고 독점적인 목록을 분명하게 설명할 수 있는지, 그 가능성에 의문을 제기한다.

　　가능한 섹스 행위들을 외견상 무한히 열거할 수 있다는 점에서 섹스에는 경계가 없다. 최소한 어떤 사람들에게는 또한 다른 방식으로도 섹스에 경계가 없다. 성적 쾌락, 특히 남성의 성적 쾌락이 흔히 사정이라는 한 번의 구체적인 순간으로 특징지어지는 반면, 어떤 사람들, 특히 여성은 성적 쾌락을 보다 지속적인 경험으로 묘사한다. 예를 들어 뤼스 이리가레에 따르면, 여성의 성적 쾌락은 신체의 한 부위에 국한되지 않으며 오히려 "그의 쾌락 지형은 흔히 상상하는 것에 비해 훨씬 더 다양화되어 있고 그 차이들이 더 복합적이며 더 복잡하고 더 미묘하다".ˋ 이리가레는 여성 쾌락의 이러한 "지형"이 가진 영향을 설명했다.

　　그들이 욕망하는 것은 정확히 없으므로, 동시에 모든 것이다.

섹스

92

예를 들어 성기처럼 당신이 그들에게 주고 그들의 탓으로 돌리는 **유일한 것** 외에도, 항상 더 많은 것과 또 다른 것이 있다. 그들의 욕망은 만족시킬 수 없는 일종의 굶주림, 당신을 통째로 삼켜버릴 탐욕으로 흔히 설명되며, 두려운 것이 된다. 정말로 다른 어떤 것보다도 다른 경제economy를 포함하는 반면, 그것은 계획된 일의 선형성을 망치고, 욕망의 목표인 대상을 약화시키고, 단일한 쾌락을 향한 편광을 분산시키고, 단일한 담론에 대한 충실함을 좌절시키며……×

결국 생물학만으로는 인구를 여성과 남성으로 구분하기에 불충분하며, 마찬가지로 우리의 쾌락과 욕망을 규명하기에도 불충분하다. 특히 어떤 사람이든 그 고유한 섹슈얼리티는 주어진 섹스 범주에 속한 것의 간단한 결과가 아니다. 그러나 이는 섹스와 섹슈얼리티에 생물학적인 요소가 없다거나 섹스와 섹슈얼리티가 재생산과는 완전히 단절되어 있다는 의미가 아니다. 이는 앞선 머리 색에 관한 유추를 좀 더 확장함으로써 가장 잘 설명될 수 있을 것이다. 머리 색은 마치 섹스처럼 주로 생물학적인 상태라고 생각된다. 또한 머리 색은 마치 섹스처럼 흔히 두 가지 범주로 단순화된다. 머리 색은 밝은 금색과 어두운 흑갈색으로 나뉜다. 비록 백금색, 어두운 금색, 밤색, 흑색 등의 경우처럼 두 가지 범주 안에도 차이가 있고, 구리색이나 적갈색 등의 경우처럼 두 가지 지배적인 범주 중 어느 하나에 속하지 않는 색이 있다는 인식이 있음에도 말이다. 그러나 머리 색은, 사람들이 출생 시 성년기의 머리 색에 대해 확신이 없더라도 대개 편안함을 느낀다는 점에서 섹스와 다르다. 머리카락이 없는 유아들은 보통 머리카락이 자라고, 머리 색이 밝은 아이가 종종 어두운 머리 색을 가진 어른이 되기도 하며, 심지어는 성년기에도

\   Irigaray, 1985: 28.   ×   Irigaray, 1985: 29-30, 생략 부분은 원문 그대로.

머리카락이 회색이 되거나 하얗게 되어 머리 색이 바뀔 수 있음을 사람들은 받아들인다. 다시 말해서 머리 색은 생물학적인 특징으로 이해되지만, 그 때문에 일생에 걸쳐 안정된 무엇이라 여겨지지는 않는다. 이에 더하여 미용적인 개입은 사람들이 머리 색을 쉽게 바꿀 수 있도록 한다. 그런 개입은 때때로 "너 **자연** 금발이야?"와 유사한 질문들로 표현되는, 진위에 대한 의문들을 가져온다. 그렇기는 하지만 머리 색에 대한 미용적 개입은 보다 흔히 미적 선호나 창조적 표현의 문제로 이해된다. "자연스럽게 변해가는 대로 두기"나 "기품 있게 나이 들기"를 선호하는 사람들이 다른 이들의 미용적 변화를 막으려고 애쓰는 경향도 보이지 않는다. 만약 이런 노력을 한다 해도, 일반적으로 여기에는 머리 색이 갖는 기본적인 중요성에 대한 믿음이 아닌 다른 이유가 있을 것이다. 가령 어떤 페미니스트들은 젊어 보이는 금발을 선호하는, 문화적으로 수용된 미의 기준에 일치하고자 애쓰는 여성들을 말리고 싶어할지도 모른다.

그러므로 섹스가 생물학적이라는 사실만으로 섹스가 출생 시 고정되거나 일생에 걸쳐 안정된 것이라고 할 수는 없다. 그저 머리 색이 개인의 일생에 걸쳐 때때로 자발적이고 비자발적인 변화들을 겪게 되듯이, 섹스 또한 전적으로 그럴 수 있다. 개인이 속하는 섹스 범주와 개인이 참여할 섹스 행위들은 그의 일생 동안 변화할 수 있다. 아주 어린 아이들조차 성적인 존재라는 것은 명백해 보이지만, 그들이 어떻게 섹슈얼리티를 실현하는지는 그들이 더 나이 들었을 때와는 아마도 꽤 다를 것이다. 마찬가지로, 섹스가 생물학적이라는 사실은 섹스가 항상 개인적인 선택의 영역 너머에 있음을 확립하기에는 불충분하다. 그저 머리 색이 일생에 걸쳐 선택적인 변화를 겪을 수 있듯이, 섹스 범주에 속하는 것과 관련된 다양한 특성도 그럴 수 있다. 나는 이 유추를 통해 사람들이 흔히 변덕스럽게 머리 색을 바꾸는 만큼 섹스 범주도 그럴 수 있다고 말하는 것이 아니다. 단지 인간이

사는 동안 생물학적 특성이 변화할 수 있으며, 흔히 변화한다는 것을 단순히 인정하자는 것이다.[4]

생각과 행동

✦ 본문에 기초하여, 세계를 범주들로 분할하는 근본적인 방식으로서 단어 '섹스'의 기원에 대해 자신의 언어로 설명해보라. 당신은 '섹스'라는 단어가 여전히 이러한 본래의 의미를 전달한다고 믿는가? 그 이유는 무엇인가?

✦ 본문에 기초하여, 신생아를 여성이나 남성으로 지정하는 것이 때로는 현실적으로 어렵거나 심지어는 원칙적으로 불가능한 이유는 무엇인지 자신의 언어로 설명해보라. 이러한 사실은 여성과 남성이라는 친숙한 이분법적 범주에 대해 무엇을 말해주는가?

✦ 본문에 기초하여, 두 가지가 아니라 다섯 가지 혹은 그 이상으로 많은 섹스 범주가 있다는 제안을 자신의 언어로 설명해보라. 더 많은 범주를 포함하도록 섹스 개념을 확장할 때의 장점과 단점은 무엇인가? 의사들이 반드시 인식해야 한다고 당신이 생각하는 범주는 몇 개인가? 정부의 경우는? 사회 전반적으로는 어떠한가?

✦ 흔히 젠더 범주는 사회적으로 구성된 것으로, 섹스 범주는 생물학적으로 결정된 본질적인 특성으로 여겨진다. 인터섹스 정체성의 존재가 이러한 생각에 미치는 영향이 있다면 그것은 무엇인가?

✦ 꽤 최근까지 인터섹스 아동의 부모들은 다른 지원은 거의 받지 못한 채 그들의 아이가 여성 또는 남성의 섹스 범주로 지정되도록 도와주는 개입을 제공받아왔다. 본문과 추가 자료들, 특히 북미인터섹스협회의 웹사이트에서 부모들, 특히 인터섹스 아동의 부모들에게 도움이 될 수 있는 정보를 모아보자. 그리고 이러한 자료를 제공하는 책자나 팸플릿을 디자인해보자.

✦ 운동선수들의 섹스를 입증하기 위한 정책과 절차는 최근 몇 년간 변화해왔다. 이와 관련한 대중매체의 기사들을 찾아본 뒤, 이러한 변화들의 일부를 요약해보라. 이러한 정책과 절차에 동기를 부여하는 것은 무엇인가? 섹스를 입증하는 정책과 절차가 갖는 장점과 단점은 무엇인가? 당신이라면 어떤 정책과 절차를 시행할 것인가? 프로 스포츠계나 올림픽 스포츠의 맥락에서 이러한 주제에 관한 정책을 구상해보라.

5장 반가운 이행

—라이먼 프랭크 바움, 『오즈의 누더기 소녀』

"난 오즈의 나라에 와서 이상한queer 것들을
봐왔어. 하지만 이 모험가 무리만큼 이상한 건
없었지. 우리 잠깐 앉아서 대화하면서 서로
친해져보자"고 그가 말했다.

여성으로 태어난 여성

1976년, 리사 보걸과 크리스티 보걸 자매는 메리 킨디그를 포함한 친구들과 함께 여성에 의한 그리고 여성을 위한 음악을 피처링하면서 미시간에서 여름 축제를 조직했다. 지금은 미시간 여성womyn 음악 축제,[1] '미시페스트Michfest', 혹은 그저 '미시간'이라고 불리며 MWMF로 축약되는 이 행사는 굉장히 성공적이었으며, 이번이 마지막 해가 될 것이라고 리사 보걸이 발표한 2015년까지 40년간 매해 개최되었다. 1978년의 홍보 전단에서 나타나듯이, 그 축제는 "여성으로 태어난 여성을 위한, 어머니들과 딸들의 모임"으로 여겨졌다. 리사 보걸에 따르면 "미시간의 전형적인 특징은 언제나 그곳이 분리되고, 스스로 정의되며, 깊이 명예로운 여성들의 공간을 창조해왔다는 것이다".ˋ 흔히 "그 땅"이라고 간결하게 불리는 이 축제의 장은 배타적으로 여성들만을 위한 곳으로 지정되며, 여기에는 급진적 페미니즘의 일부 형태와 관련되는 분리주의자 의제에 대한 헌신이 반영되어 있다.

　　간단히 말해서 급진적 페미니즘은 가부장적 억압에 대한 비평으로서, 여성과 남성을 조합하는 사실상 그 어떤 사회적 맥락에서도 가부장적인 억압은 불가피하다는 믿음과 흔히 결부된다.[2] 1975년 오븐 프로덕션에서 발행한 문서에 따르면, 여성 전용 콘서트장은 더 넓은 미국 문화의 어디에나 있는 성차별주의에 대해 반가운 대안을 제공한다.

> 성차별적 사회에서 과거에 여성들이 했던 경험 때문에, 남성들은 (그들의 정치 성향, 의식, 선한 의도와는 상관없이) 여성-공간의 역학을 부정적으로 바꾼다. 남성들은 우리의 억압…… 성차별주의를 상징한다. 강간당하고, 매 맞고,

버림받고, 해고당하고, 오해받고, 조작되고, 차별받고, 아이를 빼앗겨온 여성들에게 콘서트에 온 남성은, 비록 그가 도시에서 가장 멋진 사람이라고 해도, 고통을 유발할지 모른다. 우리는 여성들의 콘서트가 가능한 한 가장 개방적이고, 억압적이지 않고, 해방적이기를 바란다. 우리가 항상 성공하는 것은 아니지만, 실제의 그리고/또는 상징적인 억압에서 자유로운 여성 공간은 여성들에게 기념비적인 효과를 가질 수 있다. 정말로 성차별주의를 이해하는 남성들은 이런 개념을 지지한다. 사실 그들은 자신이 여성들의 행사에서 억압자를 상징하는 상황에 처하기를 원하지 않는다.[×]

이 문서는 또한 여성 전용 공간을 지켜내자고 요구하는 사람들이 궁극적으로, 그러나 아마도 무심코, 그런 공간을 찾는 여성들의 에너지를 고갈시킨다고 말한다.

남성이 끊임없이 설명을 그리고 다시 다음 설명을 요구함으로써 여성의 에너지를 고갈시키지 않는 것이 또한 중요하다. 정부는 활동가들(그리고 그들의 돈, 에너지, 친구들)을 재판에 묶어놓음으로써 그들이 중요한 일을 이어나가지 못하게 만든다. 흔히 남성이 여성에게 이렇게 한다. 이런 종류의 에너지 고갈은 성차별주의의 미묘하고 위험한 형태다. 여성의 투쟁을 다루는 수많은 책과 기록물 등이 있다. 남성들은 이러한 자료들을 찾아보면 된다.[*]

MWMF의 여성 전용 정책은 성차별적 억압에 저항하고 대응하려는

\   Vogel, 2000.   ✳   같은 글.
×   Oven Productions, 1975, 생략
      부분은 원문 그대로.

시도로서 도입되었다. 그러나 1991년 이 정책이 남성에서 여성으로 전환한 트랜스젠더, 즉 트랜스 여성인 낸시 버크홀더를 축제의 장에서 축출하는 데 적용되었을 때, 이 정책을 둘러싼 논란은 급증했다.[3]

　　'트랜스'는 흔히 트랜스젠더 또는 트랜스섹슈얼 정체성을 나타내기 위해 사용된다. 생물학적으로 별다른 복잡함 없이 여성이나 남성으로 지정되었더라도, 그 지정에 일치하지 않는 자아 감각을 가진 사람들이 있다. 생물학적으로 모호하지 않음에도 남성으로 정체화하는 여성들이 있으며, 그 반대의 경우도 있다. 이러한 불일치가 가능하다는 점은 섹스에 대한 생물학적 정의와 여성 또는 남성이라는 것의 의미에 대한 더 넓은 정의 사이에 존재하는 격차를 드러낸다. 젠더 개념은 생물학적 섹스와 연관되나 생물학적 정의 안에 포함되지는 않는 다양한 함축과 기대를 지칭하는 데 사용된다.[4] 그러나 보다 최근에는 많은 사람이 젠더를 섹스와 거의 상호 교체 가능한 것으로 사용하기 시작했다. 어떤 사람들에게 이런 전환은 생물학적인 섹스가 그 자체로 복잡해지는 방식들에 대한 이해를 반영하며, 이는 또한 아마도 몸의 섹스와 여성적 또는 남성 정체성에 대한 내면의 경험 간에 중대한 부조화가 있는 사람들을 포괄하려는 욕망일 것이다. 사실상 '트랜스젠더'라는 용어는 몸의 섹스를 그들의 내면적 정체성과 더 가깝게 조정하기 위해서 의료적 개입을 택한 사람들에 대해서 '트랜스섹슈얼'이라는 용어를 거의 대체해왔다.[5] 게다가 트랜스젠더는 이런 종류의 부조화를 경험하고 의학적 도움 없이 그들의 내면적 정체성을 표현하는 사람들도 포함하는 더 광범위한 용어다.

　　트랜스섹슈얼과 트랜스젠더인 이들을 비롯한 많은 사람이 MWMF에 입장하기 위해 요구되는, 여성으로 태어난 여성이라는 조건에 반대한다.

당신도 알다시피, 미시간 여성 음악 축제는 여성으로 태어난 여성이 아닌 모든 이의 입장을 거부하는 정책을 가지고 있다. 이런 정의는 트랜스젠더인 사람들을 배제한다. 이런 정책은 가장 은밀한 형태의 트랜스포비아[6]다. 이는 여성 공동체를 '진짜 여성'과 '일종의 여성'으로 나누며, 모든 여성을 이롭게 하기 위한 투쟁에 사용될 수도 있을 귀중한 자원들을 낭비한다.`

여성으로 태어난 여성이라는 요건은 트랜스 여성들을 배제했으며, 이런 배제에 대한 격분은 캠프 트랜스Camp Trans의 창설로 이어졌다.[7] 처음에 캠프 트랜스는 1991년 버크홀더가 캠프장에서 쫓겨난 데 항의하는 장소로 여겨졌고 몇 년 만에 약화되었다. 그러나 1999년, 트랜스를 포함하자는 의제를 다룬 워크숍이 지지를 받으면서 MWMF와 나란히 존재하는 대안적인 축제의 장소로 다시 부상했다.
트랜스 여성을 배제하는 것보다 덜 분명한 다른 문제는, 여성으로 태어난 여성으로 정체화하기를 꺼리거나 그럴 수 없는 사람들을 동시에 배제하거나 적어도 소외시키는 것이었다.

또한 젠더퀴어인 사람들과 남성 또는 여성으로 정체화하지 않는 사람들은 그들이 여자아이로 길러졌다고 하더라도 이런 정책 아래 배제되었다. 2000년, 트랜스섹슈얼 여성이 아니었던 몇몇의 "트래니trannie 소년들, 보이다이크boydykes, 에프티엠FTMs, 레즈비언 어벤저스 그리고 젠더베리언트인 젊은 여성들"은 그들이 더 이상 여성으로 정체화하지 않기 때문에 혹은 동지들과의 연대를 위해 '여성으로 태어난 여성'으로 정체화하기를 거부했기에 축제로부터 축출되었다.×

`   BethX, 1999.
×   Koyama, FAQ, 시기 미상.

일반적으로 많은 페미니스트는, 특히 MWMF의 많은 참가자와 마찬가지로, 배제의 정책과 실천보다는 포함의 정책과 실천을 선호한다. MWMF의 '여성으로 태어난 여성' 정책에 반대하는 2001년의 탄원서에는 다음과 같은 내용이 있다.

> 우리 중 많은 이가 우리의 젠더 표현 때문에 차별과 괴롭힘에 직면해야 했다. 그리고 우리는 동일한 폭력의 일환으로서 트랜스 여성들이 희생양이 되는 것을 본다. 우리가 "여성처럼 보이지 않아서" 괴롭힘을 당하든 아니면 "우리가 그럴 것을 추구하는 듯 보여서" 당하든, 이는 모두 우리가 저항하고자 하는 성차별적이고 젠더적으로 편협하며 가부장적인 체계의 일부다.`

1999년 클레어 하월이 언론 발표에서 인용했듯이, 리키 윌친스는 "어떤 여성에 대한 차별에든 항상 반드시 투쟁해야 한다"고 말했다.×
그러나 모든 페미니스트 그리고 모든 MWMF 참가자가 이런 판단에 동의하지는 않을 것이다. 1979년 처음 출간된 제니스 레이먼드의 『트랜스섹슈얼 제국The Transsexual Empire』은 아마도 페미니스트 담론 안에서 가장 노골적인 반反트랜스적 태도로, 트랜스 여성들이 외과적으로 여성 성기를 추구하는 것을 강간 행위에 비교한다. 레이먼드에 따르면 강간은 여성 몸의 온전함에 대한 위반으로 가장 잘 정의되며, "트랜스섹슈얼들은 실제 여성의 형체를 하나의 인공물로 축소시키고 이 몸을 그들 자신을 위해 전유함으로써 여성들의 몸을 강간한다".＊ 그리고 예상대로 레이먼드는 강간 은유를 레즈비언 페미니스트로 정체화하는 트랜스 여성들의 경우로 재빨리 확장한다. 레이먼드는 레즈비언 페미니스트로 정체화하는 트랜스 여성이 "여성의 진정한 에너지의 원천, 즉 그녀의 여성으로 정체화된 자아를 먹고 산다"고 믿는다. 레즈비언 페미니스트 트랜스 여성에 대해서 레이먼드는 "만약 여성의 정신, 마음, 창조성 그리고 섹슈얼리티가 어디에서든 강력한 방식으로 존재한다면, 그것은 여기, 레즈비언 페미니스트들 사이라는 것을 알아보는 사람은 바로 그$_{he}$(원문 그대로)다"라고 주장한다.✳ 레이먼드 식의 급진적 페미니즘은 여성이라는 것의 의미에 대해 생물학적으로 결정론적인 정의를 발전시키며, 이러한 정의를 구현하는 데 실패한다는 이유로 트랜스 여성들을 거부한다.

　　　모든 페미니스트가 급진적 페미니즘과 연관된 본질주의를 수용하는 것은 아니다. 사실 생물학적 본질주의에 강하게 반대하는 어떤 이들은 트랜스들이 섹스와 젠더의 이원 체계를 강화시킨다고 비난한다. 예컨대 많은 트랜스 활동가가 1980년 『정신 장애 진단 및 통계 편람(DSM-Ⅲ)』이 갱신될 때 젠더 정체성 장애(GID)를 하나의 심리적 장애로 포함시키는 것을 옹호했던 반면, 많은 페미니스트가 이것이 젠더 표현의 적합한 형태와 부적합한 형태 간에 유의미한 구별을 확립하려는 시도라는 이유로 GID를 거부했다. 비록 많은 트랜스 활동가가 GID를 의학적 진단으로 계속 사용하는 것에 찬성하지만, 그렇지 않은 이들은 다음에 갱신될 DSM에서 GID를 없애고자 노력하고 있다는 점은 주목할 가치가 있다. 게다가 GID를 DSM에 계속 포함시키는 것에 찬성하는 트랜스들은 흔히 처방되는 치료들, 주로 호르몬 요법과 섹스 재지정 수술에 보다 쉽게 접근하려는 실용적인 이유를 갖고 있다. 트랜스로 정체화하지 않는 페미니스트들은 대개 이런 실용적인 고려 사항들의 중요성을 인정하는 데는 느리고, 원칙에 근거한 반대를 표하는 데는 비교적 빠르다. 이 모든 상황이 드러내는 것은 바로 본질주의 페미니즘과 반본질주의 페미니즘 모두가 트랜스 여성들을 향한 부정적인 태도와

╲　　Lamm et al., 2001.　　　　　✳　　Raymond, 2006: 134.

✕　　howell, 1999.　　　　　　　✳　　같은 책, 136.

감정을 정당화하는 데 사용되어왔다는 것이다.

부치 여성과 트랜스 남성

MWMF 논쟁은 주로 트랜스 여성의 지위에 관심이 있었지만, 트랜스 남성의 지위를 둘러싼 논쟁도 있었다. 사실상 트랜스 남성과 부치 여성[8]은 모두 페미니즘의 이름 안에서 비평되어왔다. 예컨대 쉴라 제프리스는 섹스 재지정을 "훼손하는 수술"이라고 부르며, 패킹packing[9] 실천을 "남성성에 대한 숭배가 젠더 위계를 종식시키려는 레즈비언 페미니스트의 프로젝트에 승리를 거두었다"는 증거로 간주한다.` 주디스 핼버스탬[10]이 언급하듯이 "일부 레즈비언은 에프티엠(트랜스 남성[11])을 적에게 건너가 적이 되어버린, '여성'운동에 대한 반역자로 보는 듯하다".×

　　핼버스탬은 "레즈비언들이 트랜스섹슈얼 남성을 해방적인 레즈비언 담론에 접근하지 못한 레즈비언이라고 주장함으로써 에프티엠을 지우는 경향이 있었다"*고 제안하면서, 부치 정체성과 트랜스 정체성 간 경계를 두고 계속 진행 중인 경계 전쟁에 대해 서술한다. 이런 경향에 대한 사례는 빌리 팁턴을 트랜스 남성이 아니라, 레즈비언 여성에게 닫혀 있는 사회적, 직업적 세계에 갇힌 레즈비언으로 특징짓는 사람들 사이에서 쉽게 발견된다.

　　그래서 예를 들어, 남성으로서의 삶을 살았으며 여성과 결혼했던 재즈 음악가인 빌리 팁턴은 그가 선택한 젠더 정체성으로 살았던 트랜스섹슈얼 남성이라기보다는, 그의 직종 안에서 발전하기 위해 그의 젠더를 숨길 것을 강요받았던 레즈비언 여성으로 레즈비언 역사 안에서 흔히 재현된다. *

아마 트랜스 남성으로도 쉽게 식별될 사람을 레즈비언이라 주장하는 경향의 또 다른 사례로 레슬리 파인버그의 소설 『스톤 부치 블루스Stone Butch Blues』가 있다. 해당 소설은 주인공 제스를 트랜스 남성이라고 설명하는 것이 그만큼 말이 됨에도 불구하고 주로 레즈비언 소설로 불린다. 바네사 어커트는 "부치의 모든 것에 대한 세미나 텍스트인 레슬리 파인버그의 『스톤 부치 블루스』는 그것이 부치성에 대한 것인 만큼이나 트랜스 이슈들에 관한 것"이라고 언급한다.✳ 이는 또한 래드클리프 홀의 『고독의 우물』에서도 나타난다. 파인버그의 제스와 마찬가지로 홀의 스티븐은 항상 자신이 여자아이보다는 남자아이에 가깝다고 느껴왔으며 결국 적어도 일부 맥락에서는 공적으로 남성으로서 나타나게 된다. 하지만 『고독의 우물』은 『스톤 부치 블루스』가 그렇듯 트랜스 정체성에 대한 소설이 아닌 레즈비언 정체성에 대한 소설로 주로 묘사된다.

　　　핼버스탬은 이런 사례들을 트랜스 정체성에 대한 것으로 다시 해석해야 한다고 단순하게 제안하지는 않는다. 그 대신 핼버스탬은 부치 남성성과 트랜스 남성성 간에 경계를 정하려는 시도가 유용한 것인지 묻는다. 이와 비슷하게 어커트는 "부치로 정체화하거나 또는 삶의 몇몇 지점에서 그렇게 정체화했던 개인들은 아마 그들 자신이 지금은 젠더 스펙트럼의 다른 지점들에 있음을 발견할 것"이라는 점을 보여준다. 다시 말해서 부치 정체성은 항상 그렇지는 않지만 때때로 트랜스 정체성에 연결되며, "부치와 트랜스섹슈얼 범주들 간 경계들은 침투 가능하다".✳ 또한 핼버스탬은 덜 남성적인 여성들은 트랜스 남성으로 정체화하거나 외과적 또는 호르몬적 개입을 추구하는 경향이 약한 반면에, 더 남성적인 사람들은 그렇게 하는 경향이 강하다는 미심쩍은 전제를 만들어내는 "남성성의 연속체"라는 관념이

＼　　Jeffreys, 2003: 1.
×　　Halberstam, 1998: 287.
✳　　같은 책, 293.

✳　　같은 곳.
✳　　Urquhart, 2015.
✳　　Rubin, 1992: 473.

유용한지를 묻는다. 비디 마틴은 그런 연속체 개념이 가진 광범위한 문제들을 발견한다.

> 그런 연속체의 정치적인 목적, 즉 트랜스섹슈얼리즘에 부착된 낙인에 도전한다는 목적은 명백하고 설득력 있어 보인다. 그리고 부치 레즈비언들이 역사적으로 젠더 불쾌감이나 젠더 기능 장애와 연관되어온 것은 사실이다. 반면, 나는 젠더 불쾌감이나 젠더 기능 장애를 부치성에서 너무 중심적인 것으로 만드는 일이 부치성을 부정적으로 구성하고, 이상하게도 해부학을 정체성의 바탕으로 만들며, 부치와는 대조적으로 펨이 적어도 함축적으로는 젠더 순응주의자임을 시사한다고 제안할 것이다. 또한 젠더 정체성, 성적 대상의 선택, 젠더 불쾌감, 트랜스젠더리즘, 트랜스섹슈얼리즘을 연속체상에 놓는 것도 문제적이다. 젠더와 섹슈얼리티를 분리하여 둘 간의 복잡한 중첩 구조와 배열을 드러내려는 노력이 있듯이, 위에 나열된 경험의 범주들도 별개라고 보는 것이 생산적이다. 범주들 간 괴리를 숨기는 것은 일관성이나 정치적 연대를 만들어내려는 우리의 충동이다.`

햅버스탬과 같이, 제이컵 헤일은 부치 정체성과 트랜스 정체성 간의 경계 전쟁을 다룬다. 헤일은 이러한 경계 전쟁의 대부분이 치러졌던 전쟁터들 중 하나로서, 티나 브랜던이라고도 불리는 브랜던 티나의 살해된 몸이 어떻게 기능해왔는지 묘사한다. 이 유명한 사례는 영화 「소년은 울지 않는다Boys Don't Cry」(1999)에서 힐러리 스웽크가 뛰어나게 묘사하면서 대중화되었다. 브랜던 티나는 출생 시 여성으로 지정되었고 여자아이로 길러졌으나, 결국 대부분의 사람에게 남성으로 여겨질 정도로 충분히 남성적인 젠더 정체성을 수행하기 시작했다. 그러나 이런 비밀이 밝혀졌을 때 브랜던 티나는 강간당한 뒤 살해되었고, 이는 짐작건대 젠더, 섹스, 섹슈얼리티에 관한 문화적 규범을 위반한 것에 대한 처벌이었다.

헤일이 언급했듯이, 브랜던 티나를 트랜스보다는 부치로 또는 부치보다는 트랜스로 분류하려는 시도는 문제적이다. 이는 브랜던 티나가 그 어떤 주장된 부치나 트랜스 주체성에 대해서도 더 이상 내면적 경험을 말할 수 없기 때문만은 아니다. 부치 정체성과 트랜스 정체성이 정확한 경계에 의해 구분되어 있다는 전제가 그 자체로 결함이 있기 때문이다.

> 경계 전쟁이 살아 있는 것들의 살점을 먹는
> 바이로파지virophage[×]와 같을 때, 우리는 그 구분에서 부치 또는
> 에프티엠 쪽에 위치시킬 수 있는 사람들의 삶에 관한 정보에
> 접근하는 편이 더 나을 것이다. 우리가 그런 정보를 가지고
> 있고 그것이 믿을 만하다고 확신할 수 있다 해도, 정의에
> 관한 심각한 문제는 여전히 존재한다. 명확하게 언급하기에
> 가장 그럴듯한 특성은 남성적 주체성이라는 특성 그리고
> 남성을 재구현하고자 의학적으로 통제된 기술에 접근한다는
> 특성이다.[*]

이어서 헤일은 부치와 트랜스를 구별하는 데 이러한 특성들, 즉 남성적 주체성을 경험한다는 특성과 의학적으로 남성적 구현을 추구한다는 특성을 사용하는 것에 대해 분석한다. 헤일은 첫째, 부치 여성과 트랜스 남성이 모두 남성적 주체성을 경험한다는 점, 둘째, 모든 트랜스 남성이 의료적 개입을 추구하거나 그럴 의향이 있지는

[\]   Martin, 1994: 117.   [*]   Hale, 1998: 321.

[×]   바이러스학 용어로 "다른
       바이러스들을 감염시키는
       바이러스"를 의미한다.—옮긴이.

않다는 점에 주목한다.

　　트랜스 여성의 상황이 트랜스 남성보다 더 분명하지는 않다.
트랜스 여성으로 정체화하는 모든 여성적인 남성뿐 아니라 트랜스
여성으로 정체화하는 모든 사람이 수술을 추구하거나 호르몬을
사용하지는 않는다. 또한, 드래그라는 추가적인 현상도 있는데 이는
여성스러운 남성과 트랜스 여성 간의 구별뿐만 아니라 부치 여성과
트랜스 남성 간의 구별도 더 복잡하게 만든다. 드래그는 주로 무대
연기의 일환으로 젠더 범주의 대단히 과장된 표현에 일시적으로
참여하는 것을 포함하며, 그 젠더 범주는 한 사람이 통상적으로 점하는
젠더 범주와는 흔히 다르지만 항상 다르지는 않다. 크로스드레싱은
한 사람이 통상적으로 점하지 않는 젠더 범주에 속하는 옷과 장신구를
착용하는 것을 포함하며, 때때로 성적 자극이나 성적 만족과 관련이
있다. 드래그와 크로스드레싱이 흔히 관습적인 정체성과 트랜스
정체성 간의 연속체 어딘가에 존재하는 것으로 개념화됨에도
불구하고, 일부 드래그 연기자와 일부 크로스드레서는 사실상 다른
모든 면에서 젠더, 섹스, 섹슈얼리티에 관한 문화적 기대에 순응한다.
다시 말해서, 일부 드래그 연기자와 일부 크로스드레서는 완전히
평범한 방식으로 그들의 여성 및 남성으로서의 정체성을 나날이
수행한다.

　　이런 사실들은 핼버스탬의 두 가지 제안, 즉 첫째로는 부치
여성과 트랜스 남성을 구분하는 경계는 계속 진행 중인 협상의
대상이라는 것과, 둘째로는 부치에서 트랜스까지 직선을 그리는
연속체조차 없다는 것을 뒷받침한다. 그 대신, 일반적으로 트랜스
정체성에 적어도 느슨하게 관련되어 있다고 믿어지는 다양한 정체성
범주는 사회적으로 구성되며 끊임없이 협상되는 것으로 보인다.

이분법을 퀴어링!

샌디 스톤은 여성과 남성, 특히 트랜스 여성과 트랜스 남성을 생각하는 하나의 방식을 제공하며, 그것은 기존의 이분법을 퀴어화한다.

> 이처럼 의도적으로 불협화음을 일으키는 것의 일부분인 새겨넣기와 읽기의 실천을 중시하기 위해서, 나는 트랜스섹슈얼을 하나의 계급이나 문제적인 '제3의 젠더'가 아니라 하나의 장르로 구성할 것을 제안한다. 이때 장르는 구조화된 섹슈얼리티와 욕망의 스펙트럼들을 생산적으로 붕괴시킬 가능성을 가졌으나, 그 가능성이 아직 탐색되지 못한 체현된 텍스트들의 집합이다. \×

다시 말해서, 트랜스 정체성은 친숙한 이분법적 범주인 여성과 남성을 불안정하게 만드는 결과를 낳는다. 그러나 트랜스 정체성의 기저를 이루는 것으로 보이는 본질주의가 어떻게 퀴어 이론과 흔히 연관되는 사회적 구성주의와 일관될 수 있는지는 즉시 명백하지는 않다.

퀴어 이론과 트랜스 정체성의 비평가 쉴라 제프리스는, 퀴어 이론에 동의하면서 동시에 트랜스 정체성의 관념적 가능성도 인정하는 사람들이 자신을 트랜스라고 밝히거나 트랜스인 사람들의 편에 서서 옹호하는 사람들을 혼자 내버려두며, 그럼으로써 내부적 갈등을 저버린다고 말한다.

> 퀴어 이론의 이른바 반反본질주의에 상반될 수 있는 개념으로서 본질적인 트랜스섹슈얼리즘이라는 것이 실제로 존재함을 우리가 받아들이지 않는 한, 이런 범주를 퀴어 정치학 안에 포함시키는 것은 정말로 멋져 보인다. 그것은 동성을

\   Stone, 1991.

사랑하는 사람들의 거세를 축하함으로써, 해방운동에서 필요로 하는 자긍심을 가진 친레즈비언 및 게이 정치학에 도전한다. 트랜스섹슈얼을 포함시키는 것은 또한 젠더가 본질적이라는 관념, 그것도 젠더에 대해 가장 역행하는 관념들을 지지한다.＊

제프리스가 특히 은밀하고 바로잡기 어려운 본질주의적인 젠더 고정관념에 동의한다는 것을 고려하면, 트랜스 정체성의 기저를 이룬다고 주장되는 본질주의에 대한 제프리스의 염려는 부적절해 보인다. 예를 들어 제프리스에 따르면 게이 남성들은 문란한데, 이는 그들이 이성애자 남성이 여성과의 관계를 통해 얻는 절제 및 성적 자제력 훈련을 놓치기 때문이며, 아마도 여성이 선천적으로 남성에 비해 섹스에 대해 온건하기 때문이다.＊ 비록 제프리스의 입장 자체가 그저 고정관념을 만들어낼 뿐이라고 쉽게 일축되긴 하지만, 이런 관찰은 그 자체로 트랜스 정체성에 대해 주장되는 본질주의와 퀴어 이론 사이의 명백한 갈등에 대해 아무런 답도 제시하지 않는다.

제프리스에게 답하자면, 일부 트랜스는 여성적 주체성이나 남성적 주체성을 몸적으로 표명하는 일이 중요하다고 생각하지만, 이것이 모든 사람이나 심지어는 모든 트랜스에게 똑같이 중요하다고 말하지 않으면서도 우리는 트랜스 정체성을 존중할 수 있으며 더 나아가 축하할 수 있다. 비디 마틴이 언급하듯이, "젠더를 안정된 핵심이라고 보는 관습적인 이해, 그리고 정체성을 담론적 실천의 효과라고 보는 포스트모던 관념 간에 세워진 대립은 한 방향이나 다른 방향에서 결정되지 않고, 전치될 필요가 있다".＊ 사람들은 그들 자신에게 가장 진짜이거나 자연스럽다고 느끼는 정체성 범주를 결정하며, 이를 신뢰하는 것은 단순히 그들의 인간 존엄성과 정당한 자율성을 존중하는 일로서 인정되어야 한다. 이는 때때로

시스젠더 정체성이라 불리는 것, 즉 별다른 복잡함 없이 여성이나 남성으로 존재하는 사람들의 젠더 규범적인 정체성에 대해서도 어떤 방식으로든 축하를 배제하지 않는다.[18] 이는 또한 **젠더퀴어** 정체성, 즉 섹스, 젠더, 섹슈얼리티에 대해 확립된 기존의 기대가 스스로를 이분법적 모델의 용어로 정의하기를 꺼리거나 그럴 수 없는 사람들에게는 부적절하다는 것을 드러내는 다양한 정체화 및 표현의 방식을 동시에 축하하는 것도 배제하지 않는다.

이런 맥락에서, 본질주의를 버리는 것은 '여성'과 '남성'이 사회적 과정에 의해 정의되어왔으며 계속 정의되고 있는 범주들이라는 사실을 수용하는 것이다. 이런 수용은 대안적 범주의 구성을 요청한다. 대안적 범주를 구성하는 일이 기존 범주들에 대한 전면적인 거부를 수반할 필요는 없다. 이분법에 도전하는 한 가지

×   샌디 스톤은 같은 글에서 주디스 버틀러를 인용하면서, 의도적으로 불협화음을 일으켜 젠더를 재구성할 가능성을 모색하는 것에 대해 설명한다. 스톤에 따르면, 버틀러는 '부치'와 '펨'이라는 레즈비언의 범주들이 단순히 이성애에 동화된 레즈비어니즘을 보여주지는 않으며 오히려 문화적으로 이해 가능한 '여성'의 몸에 반하는 것으로 보이는, 맥락화되고 재의미화된 부치의 '남성성'이 성적 긴장을 발생시키고 욕망의 대상을 구성하는 불협화음을 만들어낸다고 주장한다. 이어서 스톤은 "전통적인 젠더 프레임 안에서 말하는 주체로서 공간을 점유하려는 시도는 해체되기를 바라는 담론에 공모하는 것"이라고 말하며, "오히려 우리는 트랜스섹슈얼의 몸에 새겨진 텍스트적 폭력을 이용하고, 그것을 재구성하는 힘으로 전환시킬 수 있다"고 주장한다. 저자가 본문에 인용한 샌디 스톤의 글에 대한 이해를 돕고자, 해당 글 바로 앞의 몇 문장을 아래에 옮겨둔다.

"트랜스섹슈얼의 경우에 문화적으로 이해 가능한 젠더화된 몸은 그 자체로 의학적으로 구성된 텍스트적 폭력이며, 이에 반하는 수행적인 젠더의 다양성은 욕망의 전체적인 스펙트럼을 내포하는 새롭고 예측 불가능한 불협화음을 발생시킨다. 텍스트로서의 트랜스섹슈얼에서 우리는 재표상된 몸을 관습적인 젠더 담론 위에 위치시키고, 그럼으로써 그것을 파괴하며, 그러한 병치를 통해 형성되는 불협화음의 이점을 취하고, 젠더의 요소들을 새롭고 예측 불가능한 기하학적 구조들 안에 재구성할 가능성을 발견할지도 모른다."(Stone, 1991: 14 참조 및 인용)—옮긴이.

✳   Jeffreys, 2003: 49.
✳   같은 책, 72-73.
✳   Martin, 1994: 118.

방법은 그것이 만들어내는 구별을 부인하거나 무시하는 것으로, 가령 여성과 남성 간의 구별을 부인하거나 무시할 수 있다. 제프리스는 이를 유일하게 가능한 접근법이라 여기는 듯 보이는데, 이런 방법은 여성과 남성 간의 구별이 많은 트랜스를 비롯한 많은 사람에게 중요하다는 사실을 무시한다. 기존의 이분법에 도전하는 방법으로 좀 더 마음에 드는 것은 단 두 개의 범주가 아닌 많은 범주가 존재하도록 추가적인 대안들을 만들어내는 것이다. 퀴어 이론은 이런 방식으로 이분법에 도전함으로써, 확립된 범주들에서 상대적으로 문제를 겪지 않는 사람들뿐 아니라 문제를 겪는 사람들의 경험 또한 긍정하는 동시에 본질주의에 저항할 수 있다.

생각과 행동

✦ 본문과 추가 자료들, 특히 미시간/트랜스 논쟁의 기록에 기초하여 트랜스젠더 여성과 미시간 여성 음악 축제를 둘러싼 논쟁을 자신의 언어로 설명해보라. 트랜스젠더 여성을 이 행사에 수용할 때 어떤 장점과 단점이 있을까? 축제 참가자들을 위한 포괄적인 공간으로서 결과적으로 캠프 트랜스가 출현한 것을 설명해보라. 미시페스트의 "여성으로 태어난 여성" 정책이 갖는 장점과 단점은 무엇인가?

✦ 본문에 기초하여, 어떤 사람들은 부치 여성과 트랜스 남성 간의 차이가 정도의 문제라고 믿는 반면 어떤 사람들은 둘 사이에 질적인 차이가 있다고 믿는 "경계 전쟁"을 자신의 언어로 설명해보라. 당신은 무엇을 믿는가? 그 이유는 무엇인가?

✦ 본문에 기초하여, 트랜스 정체성이 여성과 남성이라는 이분법적 범주를 불안정하게 만든다는 스톤의 제안을 당신의 언어로 설명해보라. 당신은 이러한 제안에 동의하는가? 그 이유는 무엇인가?

✦ 트랜스젠더 정체성에 대한 주류 의식은 최근 몇 년간 트랜스젠더 유명 인사들이 알려지면서 향상되었다. 주류 매체와 대중문화에서 볼 수 있는 트랜스 남성과 트랜스 여성을 찾아보라. 이런 유명인들이 트랜스 정체성을 재현하는 방식에는 어떤 장점과 단점이 있는가?

✦ 영화 「파리는 불타고 있다Paris is Burning」(1990) 「남쪽의 편안함Southern Comfort」(2001) 「비너스 보이즈Venus Boyz」(2002) 「트랜스Trans」(2012)에 나타난 트랜스젠더 정체성에 대한 묘사를 비교하고 대조해보라. 어떤 묘사가 당신에게 가장 설득력이 있는가? 그 이유는 무엇인가?

✦ 파인버그의 트랜스 선언문(1992)과 세라노의 트랜스 선언문(2007)을 비교하고 대조해보라. 어떤 선언문이 당신에게 더 설득력이 있는가? 그 이유는 무엇인가?

✦ 여성을 위해 안전한 공간을 만들어내면서 동시에 포함 대 배제의 문제를 다루는 (실제 또는 상상의) 페미니스트 조직을 위해 구성원 자격 정책을 구상해보라. 유색인에게 안전한 공간을 만드는 상황에서도 유사한 염려와 질문이 따르는가? 종교적 소수자들은 어떤가? 장애를 가진 사람들은 어떤가? 다른 집단들은 어떤가?

3부
젠더

그 소녀는 자신에게
굉장한 흥미를
주었던 이상한queer
모험들에 익숙해지고
있었다.

6장 변화하는 젠더

이런 이상한 queer 화장에도 불구하고 누더기 소녀는 마술처럼 살아 있었으며, 그는 오즈의 놀라운 동화 나라에 사는 기이한 인물들에게 받아들여질 수 있는 존재가 아니었다.

—라이먼 프랭크 바움, 『오즈의 잃어버린 공주』

섹스와 젠더의 구별

특정한 정체성의 범주와 그와 다른 모든 사람 간의 차이를 구별하는 방식이 지배 집단의 정체성을 형성한다. 여성과 남성이라는 구별은 어떤 사람을 오직 여성으로만 분류하고 이해한다. 동성애와 이성애의 구별이 어떤 사람을 레즈비언이나 게이로만 분류하여 이해하는 것도 마찬가지다. 지배 집단에 포함되는 사람이 아니라, 거기에서 배제되는 사람들이 지배 집단을 정의한다. 자기와 다른 누군가·무언가의 정체성을 흔히 **타자성**이라고 부른다. 1949년에 출간된 페미니즘의 고전 『제2의 성』에서, 시몬 드 보부아르는 집단의 다양한 구성원을 묶는 것이 무엇이든 간에 모든 타자는 사실상 외부인으로 여겨진다고 말했다.

> 그러므로 어떤 집단이든 대척점에 있는 타자를 세우지 않고서는 단일한 하나가 될 수 없다. 세 명의 여행객이 열차의 같은 칸에 있으면, 열차의 다른 모든 승객은 그들을 막연하게 적대적인 '타자들'로 여긴다. 소도시에서 그 마을 사람이 아닌 사람은 '이방인'이거나 의심의 대상이다. 또한, 다른 나라에 거주하는 모든 원주민은 '외국인'이다. 유대인은 반유대주의자와는 '다르고', 흑인은 미국의 인종차별주의자에게 '열등'하게 여겨지고, 식민주의자에게 토착민은 '원주민'이며, 특권층에게 프롤레타리아는 '하층 계급'이다. `

이러한 현상의 예는 적지 않다. 예를 들어, 같은 고향 출신의 사람들은 흔히 공통 경험이라는 점에서 동류 관계를 형성하며 예술, 음악, 스포츠 또는 취미를 함께 좋아하는 사람들 사이에서도 이와 유사한

유대감을 발견할 수 있다. 그래서 아동기에 남자아이와 여자아이를 구분하는 것이 때로 그들이 더 컸을 때나 성인이 되었을 때 '진짜' 남자 또는 '진짜' 여자로 정체화하는 사람들과의 결속감으로 이어지고, 그렇지 않은 사람조차 그에 동화하도록 노력하게 만든다는 것이다.

　　　　이러한 경향이 특히 성차별의 형태로 나타나는 것에 보부아르는 비판적이지만, 그럼에도 보부아르는 불가피한 타자성이라 불리는 것에 전념했다. 때문에 그는 내부자와 외부자의 구별이 만드는 불평등을 피할 수 있다는 낙관을 주지는 않는다. 이렇게 구별하는 경향을 인간 조건의 특징으로 설명하는 것은 보부아르만은 아니다. 이미 존재하는 위계질서의 파괴를 주저하는 많은 사람이 특히 사회적 변화에 대한 자신의 저항감을 방어하는 데 이를 이용한다. 페미니즘을 남성보다 여성을 선호하는 것으로 가정하고 거부하는 사람들, 적극적 조치 프로그램을 지배 집단보다 소수 집단을 더 선호하는 것으로 가정하고 거부하는 사람들의 사례를 들 수 있다. 이러한 가정의 이면에 숨어 있는 것은 가령 섹스와 인종에 기초한 구별처럼, 확립된 구별들이 기존 권력 구조의 주요한 변화마저도 견뎌낼 수 있는 영구적인 구분이라는 태도다.[1] 이러한 추론의 노선에 따르면, 남성과 여성의 생식 기관처럼 어떤 차이가 존재하는 한 이로 인한 우리의 분열은 계속될 것이다.

　　　　보부아르의 요지를 좀 더 복잡한 버전으로 말하면, 정체성 정치[2]의 한 형태로서의 페미니즘은 필연적으로 실패할 것이라는 제안이 존재한다는 것이다. 왜냐하면 섹스와 젠더처럼 한 집단의 사람들을 단합시키겠다고 약속하는 정체성의 범주는 항상 추가적으로 생겨나는 범주로 구성원이 나누어지면서 궁극적으로 완화되기 때문이다. 이러한 견지에서 여성은 인종 정체성, 민족 정체성, 계급 정체성, 성 정체성 등에 기초한 또 다른 차이로 나누어진다는 것을 감안할 때, 여성과 남성을 구별하는 차이는 성차별에 대항하여 여성을

＼　　　　Beauvoir, 1974: xix-xx.

하나로 집결시키기에 충분하지 않다. 이로 인해 보부아르의 추론은 논리적 극단으로 치닫는다. 다른 칸의 승객과 자신을 분리한 후에 그 여행자들은 그들 중 어느 누구도 다른 이들과 연대할 수 없을 때까지 열차의 왼편과 오른편, 창문 옆과 통로 옆의 사람들로 곧 세분화될 것이다. 사람들이 '우리'와 '그들'을 구별하는 경향이 있는 것처럼 보이긴 하지만, 이것이 어떤 사람이나 어떤 것을 '타자'나 다른 것으로 식별하는 필수적이거나 본래적인 기능인 억압으로 반드시 귀결되는 것은 아니다. 보부아르는 함께 여행하는 사람들에 의해 '우리'와 '그들' 사이에 생기는 구별 그리고 성 또는 인종과 같은 고정적인 범주들에 의해 생기는 '우리'와 '그들'의 구별 사이에는 질적인 차이가 있다는 데 동의한다.

보부아르는 실존주의자로서 자유와 결정론 사이의 긴장에 관심을 가졌으며, 어떤 누군가가 궁극적으로 무엇이 되는 필연성과 불가피성은 존재하지 않는다고 믿었다.[3] 여성과 남성 간의 구별에 적용하면 이는 여성이기 위해서는 반드시 여성이 되어야 한다는 것을 뜻한다. 여성이 되는 과정은 여성으로 인식되거나 또는 남성과 구별되는 과정과 밀접하게 얽혀 있다. 남성 자아는 여성을 대상 혹은 '타자'로서 인식함으로써, 그 자신은 주체이거나 오직 일자로서 단언된다. 이에 대해 메릴린 프라이는 설명한다.

그래서 그는 대상이며 또한 주체가 아닌 어떤 대상을 떠올린다. 그는 그 대상을 반대할 수 있지만, 대상은 그를 반대할 수 없다. 대상과 상호적 관계는 필요하지 않다. 이 타자는 '관계적' 타자가 아닌(관계적 타자는 또한 주체이고 상호성을 요구할 수 있다) '절대적' 타자다. 주체는 남성/남성성이며, 보부아르가 여성은 타자라고 말할 때 승인하고 받아들이는 것은 (남성) 주체가 여성을 '절대적 타자'로 제기한 바로 그것이다. 주체는 여성을 타자로 제기하면서, 그 자신을 (⋯) 확실한 것, 안전한 것, 주권자, 일자로 구성한다. 여성이 된다는 것은 '절대적' 타자가 된다는 것이다. 일자는 여성일 수 없다. 그리고 일자만이 오직 주체가 될 수 있다.`

사람들이 여성과 남성을 어떻게 식별하는지에 대한 실명은 이러한 정체성의 범주들이 우연적임을 제안한다. 정체성의 범주를 우연적이라고 간주하는 것은 그 범주들이 존재했고 아마 여전히 존재하지만, 본질적인 것이 아님을 인정하는 것이다. 이러한 의미에서 보부아르는 "인간 존재의 그 어떤 부분집합도 생물학이나 특유의 본질에 의해 절대적 타자로서 운명 지어져 있지 않다"ˣ는 것을 인식함으로써 결국 무엇이 섹스와 젠더를 구별하는가를 예측했다.

　　1970년대의 일부 페미니스트 학자들은 여성과 남성의 사회적 차이를 생물학적으로 타고난 차이와 구별하여, 언어학에서 차용한 용어인 '젠더'를 사용하기 시작했다.[4] 생식기 구조는 생물학적인 반면 옷을 입는 방식과 몸단장 습관은 사회적이라고 많은 이가 생각한다는 점은 명백해 보인다.[5] 그러나 여성과 남성의 구별과 관련한 많은 특징 중 어떤 것들에는 명확한 합의가 존재하지 않는다. 여성이 남성에 비해 돌봄 능력이 뛰어나고 남성이 여성에 비해 좀 더 공격적이라는 이중적인 특성에 대한 생물학적 근거는 심지어 페미니스트들 사이에서도 논쟁의 여지가 있다.[6] 섹스와 젠더를 구별한다는 단순한 인식은 어떤 차이가 섹스 차이이고 어떤 차이가 젠더 차이인지 밝히지 않는다. 다시 말해, 섹스와 젠더의 차이는 일반적으로 그 자체로 여성과 관련된 어떤 특징이 여성적 섹스에 속하고 어떤 것이 여성적 젠더에 속하는지 결정하지 못한다. 또한, 일반적으로 그 자체로 남성과 관련되는 어떤 특징이 남성적 섹스에 속하고 어떤 것이 남성적

`　　　　Frye, 1996: 923.
ˣ　　　같은 책, 994.

121

젠더에 속하는지 결정하지 못한다.

젠더 개념에 관한 혼란의 잠재적 원천은 사회적으로 학습된 여성과 남성 간의 차이를 언급하는 것 외에도 젠더가 최소한 두 가지 다른 방식으로 사용된다는 사실에 있다. 두 번째와 밀접하게 관련한 사용법에서 젠더는 정신을 의미하고 섹스는 신체를 의미한다. 이러한 용법은 생물학적 섹스와 독립적으로 일어날 수 있는 '여성인 듯한' 느낌 혹은 '남성인 듯한' 느낌의 경험과 같은 정신의 사적 경험을 지시한다. 세 번째로 잠재적으로 더 문제가 되는 사용법에서, 젠더는 여성과 남성을 구별할 수 있는 특성과 관련하여 섹스와 상호 교환적으로 사용된다.

섹스와 젠더 구별에 관한 혼란의 또 다른 원인은 전체 인구와 특정 구성원 모두의 신체적 특성들이 모두 고유한 사회 역사를 가지고 있다는 인식에서 기인한다. 사회적인 것과 생물학적인 것 간의 경계는 페미니스트들의 논의가 암시하듯 대체로 선명하지 않다. 예를 들어, 오늘날 존재하는 개의 각각 다른 모든 품종은 선별적 육종 과정[7]에 따른 계획의 결과이며[8] 특정 품종이 더 좋거나 나쁘다고 판단할 만큼 생물학적으로 또한 뚜렷하게 구별된다. 푸들에서 핏불에 이르기까지 모든 개가 사회적 과정을 거쳐 생겨났다고 해서, 이것이 실제로 구체적인 푸들과 핏불이 존재하지 않거나 각기 다른 품종으로 실증되는 차이들을 떠올릴 수 없음을 의미하지는 않는다. 이러한 예는 사회적 현상과 생물학적 현상이 상호 배타적이라는 성급한 가정을 비판하고 사회적 현상이 물리적 육체에 미치는 진정한 영향을 보여준다.

사회적 과정이 물리적 육체에 영향을 주는 또 다른 예가 있다. 최근의 연구는 지난 1만 년 동안, 소와 낙타를 포함한 특정한 가축과 관련이 있는 일부 문화권에서만 아동기를 지난 인간의 우유 소화 능력이 나아졌음을 보여준다.[9] 이에 대한 한 가지 설명은 낙농 제품을 섭취하는 능력이 특히 기근 시기에 생존 가능성을 높여주었으며,

젖당을 소화하는 효소인 락타아제가 계속 생산되는 유전 돌연변이를 가진 사람들이 진화론적으로 유리했다는 것이다. 동시대 용어에서 '젖당 불내증'이라는 표현은 유제품 소화력이 없는 이상 현상을 의미한다. 실제로 이상 현상은 다양한 문화권에서 아동기 동안 양육에 필요한 것 이상으로 젖당 내성이 성장하지 않을 때 발생한다. 관련 사례에서 풍부한 경험적 연구는, 수유와 영양의 불균형을 포함한 여아와 남아의 대우에 세계적으로 상당한 격차가 있음을 보여준다.[×] 남아를 여아보다 더 많이 먹이고 오래 돌보도록 권장하는 경향이 적어도 부분적으로 성인 여성과 남성 간의 어떤 신체적 차이, 특히 신장과 체중 같은 아동기 영양과 관련된 차이의 원인일 수 있다. 이런 예들은 "당신이 먹는 것이 당신 자신이다"라는 오래된 구절을 뒷받침할 뿐 아니라 생물학적 특성이 사람들이 위치하는 환경적 맥락을 반영한다는 것을 보여준다. 이러한 예는 인간을 발전시키는 건 자연과 양육 둘 다라는 매력적이지만 상대적으로 진부한 개념에 머무르지 않고, 신체가 생겨난 사회적 환경에 의해 신체는 신체로서 주조된다는 꽤 미묘한 제안을 한다.

젠더 중립석 언어와 젠더 포괄석 언어

자연과 양육 사이의 경계가 분명하지 않음에도 불구하고, 섹스와 젠더의 차이는 여성과 남성이라는 현재의 사상과 이상에 대한 문화적 우연성의 정도를 인식하는 데에 꽤 유용한 경험적[3] 발견이다. 섹스와 젠더의 구분은 모든 차이를 생물학적이라고 가정하지 않으면서도, 일부 생물학적 차이를 포함하여 여성과 남성의 어떤 차이점을

\   Cochran and Harpending, 2009.   ×   Lewis, 1975; Pande, 2003; Mishra et al., 2004; Spruijt-Metz et al., 2006.

인식하는 개념적 틀을 제공한다. 또한 이러한 구분은 존재하는 젠더 역할의 영속성을 피하기 위해 환경을 변화시킬 가능성을 모색하고 사회적 환경의 다양한 측면을 비판적으로 검토하기를 요청한다. 그러한 탐구에 대한 특히 적절한 예는, 마지 피어시의 『시간의 경계에 선 여자Woman on the Edge of Time』라는 고전 페미니즘 공상과학 소설이 상상하는 유토피아 사회, 마타포이세트다. 이곳은 젠더 사회화와 젠더 역할로부터 자유롭다. 유토피아적 미래 세계인 마타포이세트에서 생명의 역사들 그리고 결과적으로 여성과 남성의 육체는 사실상 구별할 수 없다. 피어시의 마타포이세트에서 젠더 대명사인 '그녀she'와 '그he'는 '퍼슨person'으로, '그녀의her' '그의his' 및 '그를him'은 '퍼per'로 대체된다.

　　　　일반적인 어떤 사람을 지시하기 위해서 '맨man' 'he' 'his' 'him'을 이른바 중립적으로 사용한다 해도, 이 용어는 필연적으로 남성과 남성성에 우선권을 부여하는 것처럼 보인다.[10] 언어에서 한 사회 집단의 우선권을 승인하는 것은 누가 중요하고 중요하지 않은지를 강력하게 시사한다. 이러한 이유로 사람들은 개인적으로 그리고 집단적으로, 언어 안의 젠더 문제를 다루는 더 좋고 나쁜 방법을 분명히 하기 위해 싸웠으며 계속 싸우고 있다. 예를 들어, 미국철학협회는 1986년 철학에서 "언어의 비성별차별적 사용"을 받아들였고 1991년 전미심리학협회는 "이성애 편견" 피하기에 관한 성명서를 발표했으며, 제이컵 헤일(시기 미상)은 최근에 "트랜스섹슈얼, 트랜스섹슈얼리티, 트랜스섹슈얼리즘 또는 트랜스____에 관한 비非트랜스섹슈얼리티 글쓰기"를 위해 일련의 규칙을 분명하게 제시했다. 'she'와 'he'를 'ze'로 대체하고, 'her' 'his' 'him'을 'hir'로 대체하려는 캠페인도 있다. 이러한 전략은 1970년대 일부 제한적으로 현지화되어 성공을 거두었다. 그리고 오늘날에는 인터섹스와 일부 트랜스젠더를 포함해 여성이나 남성 또는 여자나 남자라는 섹스와 젠더 범주에 별다른 복잡함 없이 들어맞지 않는 사람들이 이러한 전략을 선호한다. 예를 들어, 출생시 생물학적 여성으로 범주화된 레슬리 파인버그는 마침내 좀 더 남성 정체성을 발달시켜 'ze' 'hir' 'hirself'라는 대명사를 채택했다.[11] 이 새로운 대명사는 처음에는 'she' 'he' 'her' 'his' 'him'을 대체할 젠더 중립적인 용어로 고안되었지만, 현재 이 용어들이 사용되는 경우—사용된다면—를 보면 젠더 대명사를 대신하기보다는 이것에 부가적으로 사용된다. 'she'와 'her'는 의문의 여지 없이 여성인 사람들에게 여전히 사용된다. 'he' 'him' 'his'는 의문의 여지 없이 남성인 사람들에게 여전히 사용된다. 그리고 'ze'와 'hir'는 이분법적 구별에 저항하는 사람들을 지칭할 때 외에는 거의 사용되지 않는다.

'ze'와 'hir' 같은 대안적인 젠더 대명사(그림 6.1 참조)는 'she' 'he' 'her' 'him' 'his' 같은 좀 더 친숙한 젠더 대명사를 대신하여, 혹은 부가적으로 사용될 수 있다. 이는 젠더 중립적 언어와 젠더 포괄적 언어의 중요한 차이점을 강조한다. 하나의 용어가 모든 다른 범주의 사람들을 똑같이 가리키는 데 사용될 때, 언어는 중립적이다. 복합적 용어가 둘 이상의 그리고 이상적으로는 관련된 모든 범주의 사람들을 개별적으로 그리고 구체적으로 지시하는 데 사용될 때, 언어는 포괄적이다. 젠더 중립성과 젠더 포괄성은 근년의 역사에서 남성과 남성성에 부여된 상징적 우선순위 문제를 다루는 두 가지 다른 방법이다. 'he'와 'she'를 'ze'로, 'her'와 'his'를 'hir'로 모조리 대체할 경우 젠더 특정적 언어에서 젠더 중립적 언어로 전환하게 된다. 그러나 'she'와 'he' 또는 'her'와 'his'가 적합하지 않은 경우에 제3의 선택지로 'ze' 'hir'를 추가하는 것은 젠더 중립적 언어가 아닌 젠더 포괄적 언어, 혹은 좀 더 젠더 포괄적인 언어로의 변화다. 'he'와 'she'를 동시에 사용하는 것이 대명사가 'he'뿐일 때보다 포괄적인 범위의 젠더의 가능성을 인정한다면, 'he' 'she' 및 'ze'를 동시에

Warren, 1986.

사용하는 것은 한층 더 포괄적인 젠더 가능성을 인정한다.

레슬리 파인버그의 제한적 사용이나 다른 몇 가지 주목할 만한 예에도 불구하고, 새로운 젠더 대명사를 도입하려는 시도는 즉각적인 영향력을 갖진 못했다. 그러나 언어적 편견에 대한 페미니즘의 관심에 응답하는 점진적이고 지속적인 변화가 있고, 대명사에 관한 의문은 최근 들어 상당히 많은 관심을 얻었다. 예를 들어, 이제는 일반인이나 가상의 인물을 지칭할 때 친숙한 젠더 특정 대명사 대신 젠더 중립 대명사를 사용하는 경우가 점점 꽤 흔해지고 있으며[12] 『워싱턴포스트』를 포함한 다양한 언론 매체가 이를 지지한다. '웨이터' '웨이트리스' '세일즈맨' '스튜어디스' 같은 젠더 특정 용어를 '종업원' '판매원' '승무원' 같은 젠더 중립적 용어로 전환하려는 꽤 최근의 경향도 마찬가지다. 다음으로는 인간man과 인류mankind를 'people' 또는 'humankind'로 대체하려는 경향과 미스Miss., 미세스Mrs., 미즈Ms., 미스터Mr.에 대한 젠더 중립적 대안으로 'Mx.'가

[그림 6.1] 대명사 도표

1	2	3	4	5
e/ey	em	eir	eirs	eirself
he	him	his	his	himself
[name]	[name]	[name]'s	[name]'s	[name]'s self
per	per	pers	pers	perself
she	her	her	hers	herself
sie	sir	hir	hirs	hirself
they	them	their	theirs	themself
ve	ver	vis	vers	verself
zie	zim	zir	zirs	zirself

출처: 위스콘신-밀워키 대학, 레즈비언, 게이, 양성애자, 트랜스젠더 자료 센터.

출현한 것을 들 수 있다.

어떤 맥락에서는 젠더 중립적 언어의 실행이 젠더 포괄적 언어의 실행보다 더 성공적이었고, 또 어떤 맥락에서는 보다 젠더 포괄적 언어의 구현이 성공적이었다. 고용과 관련된 많은 경우, 대부분 상황에서 젠더 중립적 용어가 현재는 널리 쓰이고 있다. 남성과 여성 연기자에 대해 '여배우'를 '배우'로 대체하려는 경향이 커지는 등, 여성 또는 여성성을 명시하기 위해 사용되던 용어를 제거하면서 젠더 중립적 언어로의 전환이 이루어졌다. 다른 사례로는 과거에 쓰였던 '우체부 아저씨mailman' '소방관 아저씨fireman'를 '우편 배달부letter carrier'와 '소방관firefighter' 등으로 대체하는 경향과 같이 젠더 특정적 용어를 대체하는 새로운 용어가 도입되었다. 또한 여성임을 표시하는 용어를 제거하거나 완전히 새로운 용어를 도입하는 등, 노동자의 섹스 또는 젠더 언급을 피하기 위해 많은 직책명이 개정되었다. 일단 새 용어의 사용이 흔해지면, '남자 간호사'나 '여자 경찰' 같은 표현을 사용하여 섹스와 젠더에 주의를 끄는 것은 이제 어렴풋이라도 모욕적인 것으로 보인다. 남자가 간호사가 되거나 여자가 경찰관이 되는 것은 예측 밖의 일이고 따라서 언급할 가치가 있다는 의미를 함축하기 때문이다.

그러나 다른 맥락에서는 젠더 중립적 용어보다 젠더 포괄적 용어를 선호하는 경향이 있다. 가령 기본적으로 동성에게 성적 지향을 가진 여성과 남성을 지시할 때 그냥 '게이'라고 하기보다 '게이'와 '레즈비언'을 광범위하게 사용하는 것이다. 일반적으로 여성과 남성을 같이 언급하는 데 그냥 '맨man'을 사용할 수 있는 것처럼, '게이'는 동성애자로 정체화하는 여성과 남성을 지칭하는 데 일반적으로 사용될 수 있다. 그러나 '맨'이 지닌 젠더 특정적 의미가 의도된 젠더 중립적 의미를 방해할 수 있는 것처럼, '게이'가 지닌 젠더 특정적 의미는 의도된 젠더 중립적 의미를 방해할 수

\   Walsh, 2015.

있다. 여성과 남성을 모두 지칭한다고 해도 "새 경영진에 선출된 사람man은 상당히 인상된 임금을 받을 것이다" 또는 "승진 대상자는 그의his 이력서를 금요일까지 제출해야 한다"와 같은 문장은 여성이 진지하게 고려되지 않고 있음을 무심코 암시한다. 마찬가지로, "우리는 다양한 게이 문제를 다루기 위해 노력하고 있다"와 같은 성명서는 남성 동성애자에게 닥친 쟁점에 주로 관심이 있으며 여성 동성애자의 쟁점에는 딱히 그렇지 않음을 미묘하게 전달한다. 심지어 표면상으로는 중립적 용어로 사람을 뜻할 때 '맨' 대신 '퍼슨person'을 사용하거나 '게이' 대신 '동성애자'를 쓰는 것도 여성을 포함시키려는 의도를 전하기에 불충분할 수 있다. 지금까지 남성들이 관리직을 모두 차지해왔다면, 단순히 '남성'에서 '사람'으로 바꾼다고 해서 이번에는 반드시 여성들에게 동등한 대우를 하겠다는 의도를 전달하지는 못할 것이다.

　　　　젠더 포괄적 언어는 여성을 직접적이고 명시적으로 언급함으로써 이런 모호함을 방지한다. 여성을 직접적·명시적으로 언급함으로써, 젠더 포괄적 언어는 주어진 맥락에서 여성과 남성 사이에 유의미한, 중요한 차이가 있음을 암시하기도 한다. 게이의 문제만이 아니라 게이와 레즈비언 문제라고 언급함으로써 레즈비언 여성에게 가장 중요한 문제에 남성들은 관심이 적을 수도 있다는 것을 암시하며, 그 반대도 마찬가지다. 예를 들어 건강 관리의 맥락에서, 집단으로서 레즈비언 여성은 유방암 예방과 치료에 더 관심이 많을 수 있고, 집단으로서 게이 남성은 에이즈 예방과 치료에 더 관심이 많을 수 있다. 젠더 중립적 용어는 모든 섹스와 젠더 범주의 구성원을 상호 교환적으로 언급함으로써, 여성, 남성 그리고 다른 모든 사람이 의미론적으로 동등하다는 것을 암시한다. 한편 '사람' 같은 중립적인 용어에서 '여성과 남성' 같은 좀 더 포괄적인 용어로 바꾸는 것은 여성과 남성이 근본적으로 동일하다는 가정을 거부한다.

젠더 중립적 언어와 달리, 젠더 포괄적 언어는 인식을 목적으로 하는 모든 범주를 특정화한다. 그러나 인식하고자 하는 모든 범주를 지정하기 때문에 포괄적 언어는 직접적 지칭이 존재하지 않는 범주를 불가피하게 배제한다. 여성과 남성을 모두 지칭하는 것은 그냥 남성만을 지칭할 때보다 더 포괄적일 수 있지만, 일반적으로 사람이라고 지칭할 때와 달리, 섹스와 젠더의 이분법적 범주에 쉽게 적용되지 않는 이들, 특히 트랜스젠더와 인터섹스를 무심코 배제한다. 마찬가지로, 레즈비언 여성과 게이 남성이라는 지칭은 게이 남성만을 지칭할 때보다는 더 포괄적일 수 있지만, 일반적으로 남성이라고 지칭할 때와 달리, 다시 한 번 섹슈얼리티의 이분법적 범주가 쉽게 적용될 수 없는 양성애자, 다자연애, 무성애자, 또는 동성애와 이성애의 이분법 밖에 있는 다른 것으로 정체화하는 사람들을 배제한다.

섹스, 젠더, 섹슈얼리티를 둘러싼 담론과 연결된 포괄성과 중립성 간의 차이는 인종과 민족성을 둘러싼 담론과 관련한 문제와도 상응한다. '사람'이나 '인류' 같은 이른바 중립적 용어는 섹스, 젠더, 섹슈얼리티의 지배적 범주의 구성원들과 관련되어왔고 대체로 여전히 관련되어 있으며, 이 용어들은 또한 지배적인 인종과 민족 범주의 구성원들과 관련되어왔고 여전히 그러하다. 원칙적으로 '사람' 또는 '사람들'과 같은 젠더 중립적 용어는 트랜스젠더 및 인터섹스를 포함한 모든 사람을 문자 그대로 똑같이 지칭한다. 그러나 안타깝게도, 실제로 현대 미국과 유럽의 문화에서 인간의 우선성은 남성에게 주어지고,˙ 더 분명하게는 이성애자 남성, 여기서 더 확실하게 하자면 백인이면서 유럽인 또는 북미인인, 정식으로 교육받은 중산층의 비장애인 기독교도 이성애자 남성에게 주어진다. 이는 너무도 뿌리 깊게 자리 잡고 있어서, 사람이라고 포괄적으로 언급하면 우리는 대체로 백인이며 유럽인 또는 북미인인, 정식으로 교육받은 중산층의

˙   Moulton, 1977.

비장애인 기독교도 이성애자 남성을 떠올리게 된다는 것이다.[13]

이분법을 퀴어링!

젠더 중립적 언어와 젠더 포괄적 언어, 좀 더 정확히는, 실패한 젠더 중립 언어와 젠더 포괄 언어는 의도치 않게 그러나 필연적으로 배타적이다. 중립성을 방해하는 것은 이성애자 남성과 같이 역사적으로 특권이 있는 범주의 구성원에게 암묵적으로 부여되는 우선순위다. 포괄성을 방해하는 것은 여성과 남성, 또는 레즈비언 여성과 게이 남성과 같이 범주에 포함되는 구성원에게 명시적으로 부여되는 우선순위다. 이른바 젠더 포괄적 언어는 궁극적으로 인간 세계를 나누는 두 가지 기본 범주를 강화한다. 이 구분은 여자와 남자, 여성성과 남성성, 여성과 남성, 레즈비언 여성과 게이 남성, 무엇이든 상관없다. 섹스, 젠더, 섹슈얼리티의 이분법적 체계는 생물학적 섹스와 관련된 어떤 것과 사회적 혹은 성적 역할 그리고 습득된 행동을 포함한 나머지 것으로 이루어진 범주들과 무관한 집합 이상이기 때문이다. 오히려 이분법은 섹스, 젠더, 섹슈얼리티를 인간 세계가 기본적으로 두 개의 분명한 자연 종으로 나뉜다는 사실을 드러내는 표현이라 여기는 전체론적 틀이다.

자연 종에 대한 전통적 학설은 적어도 어떤 범주는 임의적이거나 인위적이지 않으며 어떤 기본적 특징 혹은 그 범주 구성원이 공유하는 특징들로 연결된 것들의 집합을 나타낸다고 주장함으로써, 자연 세계에 대한 본질주의[14]에 우선적으로 헌신한다. 존 뒤프레에 따르면, 자연 종의 학설에 관한 본질주의적 설명이 충족해야 하는 세 가지 조건이 있다. 첫째, 자연 종의 범주는 명확하고 모호하지 않게 기술되어야 한다. 둘째, 자연 종의 범주는 발명이나

창조보다는 발견의 산물이어야 한다. 셋째, 자연 종의 범주는
해당 범주의 구성원에 대해 최대한 많은 정보를 알려주어야 하며,
이상적으로는 구성원의 **모든** 본질적 특성을 밝혀야 한다. `자연 종의
범주에 대한 전통적이고 본질주의적인 학설은 잔재나 교차된 것 없이,
모든 현상을 포괄하는 정보를 철저하게 제공하는 범주들로 질서
정연하게 나뉜 세계를 묘사한다.[15]

힐러리 콘블리스는 자연 종을 기본 구조가 다양한 자연 종들의
특징인 관찰 가능한 성질을 만드는 "동질적인 성질의 무리들"로
제시한다.ˣ 콘블리스는 경험이 어떤 속성과 어떤 종류의 속성들이
근원적인 구조적 차이와 관련되는지를 보여준다고 제안한다.
콘블리스가 섹스, 젠더, 섹슈얼리티와 관련된 특성을 직접적으로
언급하지는 않지만, 이러한 속성은 일반적으로 인간 세계를 나누는
두 가지 자연 종 주위에 무리를 형성한다고 여겨진다. 이 두 가지로
추정되는 자연 종 중 하나는 해부학적으로 남성이고 특질적으로
남성적이며 지배적인 섹슈얼리티를 지닌 존재다. 이러한 지배적인
섹슈얼리티는 해부학적으로 여성이고 특질적으로 여성적이며,
해부학적으로 남성이자 특질적으로 남성적인 이들을 향한 복종적인
섹슈얼리티를 지닌 이들을 지향한다. 또 다른 하나는 해부학적으로
여성이고 특질적으로 여성적이며 복종적인 섹슈얼리티를 지닌
존재다. 이러한 복종적인 섹슈얼리티는 해부학적으로 남성이고
특질적으로 남성적이며, 해부학적으로 여성이자 특질적으로
여성적인 이들을 향한 지배적인 섹슈얼리티를 지닌 이들을
지향한다. 이러한 두 개의 범주가 **헤게모니적 이분법**이라고
유용하게 묘사되는 것을 구성한다.[16] 섹스, 젠더, 섹슈얼리티에 대한
완전히 근본주의적인 설명에서, 헤게모니적 이분법은 섹스, 젠더,
섹슈얼리티를 합쳐 남성과 여성을 근본적으로 정확히 둘로 구분되는

\   Dupré, 1993: 17-18.
ˣ   Kornblith, 1993.

자연 종으로 지시한다(그림 6.2 참조).

　　자연 종의 개념은 모든 개인이 각각의 범주를 동일한 정도로 예시한다고 가정하지는 않는다. 그러나 자연 종은 범주의 예시가 될 수 없는 사람들에게 결함이 있다고 가정한다. 예를 들어, 일반적으로 인간에게 결정적인 것으로 널리 여겨지는 특징들을 생각해보라. 이 범주와 관련한 많고 많은 특징이 있고, 이 범주는 대체로 자연 종 범주라고 여겨진다. 대표적인 예로는 호모 사피엔스와 다른 영장류를 구별하는 데 광범위하게 통용되는 특징인 직립하는 신체와 상대적으로 높은 인지 기능이 있다. 때문에 이러한 특질을 완전하게 소유하지 않은 사람들은 일반적으로 장애가 있다거나 최악의 경우

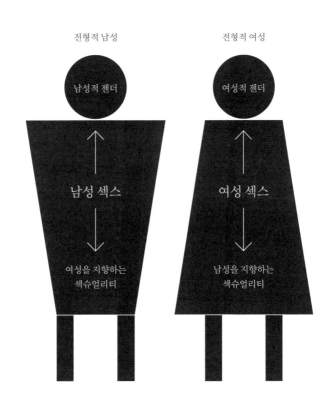

[그림 6.2] 헤게모니적 이분법

전형적 남성

남성적 젠더

남성 섹스

여성을 지향하는
섹슈얼리티

전형적 여성

여성적 젠더

여성 섹스

남성을 지향하는
섹슈얼리티

결함 있는, 불구의 존재로 여겨진다. 자연 종은 단지 자연과 사회 세계를 조직하는 것만이 아니다. 이상에 얼마나 부합하는지가 다양한 개인을 평가하고 순위를 매기는 기반이 된다.

이 점에서 자연 종의 개념은 플라톤의 형상 개념과 매우 유사하다.[17] 형상 이론은 플라톤의 많은 연구에서 다루어졌지만, 『국가』 제7권 동굴에 있는 죄수들의 우화로 특히 생생히 설명된다.` 동굴의 우화는 벽에 비친 그림자만 볼 수 있도록 동굴 벽 앞에 묶인 수감자 무리를 묘사한다. 그림자는 불 앞에 놓인 물체에 의해 생겨난다. 이러한 유비는 불완전한 그림자와 물리적 세계의 불완전성 사이에서 그려진다. 물체가 단순한 그림자보다 더 현실적이고 완벽한 것이듯, 형상(이데아) 또한 일상 세계에서 마주치게 되는 특수한 것보다 더 현실적이고 완벽하다. 일상 세계를 채우는 특수한 것들과 달리, 형상들은 다양한 특수 사물이 구성원이 되는 개념이나 범주와 마찬가지로 완벽하고 영원하고 보편적인 추상이다.

만약 여성과 남성이 자연 종을 이루고 자연 종이 플라톤의 형상의 기능을 한다면, 사람들은 비슷할 수는 있지만 그들이 재현하는 그 범주를 충분히 구체화하지 못한다. 이는 놀랄 일이 아니다. 아도니스의 인물상像에 나타나는 완전한 남성성에 대한 고대의 이상이 일반 그리스 시민에 의해 실현되지 않았던 것처럼, 현대의 평균적인 구성원이 재현하는 여성다움이나 남성다움의 이상적 범주도 유사하지만 결점이 있다. 중요한 것은 어떤 범주를 정의한다고 여겨지는 특성에서 벗어나는 사람들이 정의된 특성들에 대한 반례라고는 여겨지지 않는다는 점이다. 그 대신, 그러한 정의 내리는 특성들은 주로 여기서 벗어난 사람들이 어딘가 잘못되었다는 증거로서 손쉽게 사용된다. 주디스 버틀러가 말한 "이해 가능한" 젠더로 자신을 표명할 수 없는 사람들은 그저 다른 것으로, 더 나쁘게는 일탈적인 것으로 여겨진다. 버틀러에 따르면, 젠더는 "어떤

`   Plato, 1991: 253-261.

의미에서 섹스, 젠더, 성적 관행 및 욕구 사이의 일관성과 연속성의
관계를 유지하는" 한에서만 "이해 가능하다". 즉, 젠더는 헤게모니적
이분법을 반영하고 강화하는 한에서만 "이해 가능한" 것이다.`

　　　또한 여성과 남성의 구별은 그저 둘로 나뉜 것만이 아니라
동등한 범주들, 자연 종 또는 플라톤의 형상과도 같은 구분임을
인식하는 것이 중요하다. 여성과 남성의 구별에는 남성이 이상이라는
이해가 내포되어 있다. 사실, 완벽한 형상과 불완전한 사본의 구분은
남자와 여자, 남성과 여성, 남성성과 여성성의 구별에서 반복된다.
여성 또는 여성성이라는 특질은 일반적으로 남성 또는 남성성이라는
특질보다 열등한 것으로 여겨진다. 결과적으로, 여성은 모순적
상황에 처한다. 이상적인 여성성에 대한 문화적 기대를 충족시키면
자동적으로 인간의 이상에 관한 문화적 기대를 충족시키지 못하고,
인간의 이상에 관한 문화적 기대를 충족시키면 이상적인 여성성에
대한 문화적 기대를 충족시키지 못한다.

　　'여성'과 '남성'을 자연 종으로 개념화하는 것은 두 가지
믿음을 받아들이는 일이다. 첫째, 여성과 남성은 서로 크게 다르다.
둘째, 여성과 남성의 근본적인 차이가 주로 생물학에 기인한다는
것이다. 생물학적 종을 언급하는 것 외에도, '여성'과 '남성'은 때로
생물학적으로 여성과 남성인 인간이 젠더 사회화의 결과로서 되는
것으로 이해되기도 한다. 이 두 번째 용법에 따르면 '여성'과 '남성'은
자연 종의 범주가 아니라 자연과 양육이 교차하면서 존재하는 범주다.
세 번째 용법에서는 '여성'과 '남성'이 순전히 사회적 또는 경험적
범주로 여겨진다. 다른 말로 하면, '여성'과 '남성'이라는 용어는
때로는 섹스를 때로는 젠더를 지정하며, 때로는 섹스와 젠더의
생산물을 표시한다. 가령 "여성은 배란한다"는 표면상 생물학적인
주장이고, "남성은 축구를 즐긴다"가 좀 더 명백한 사회적 주장이다.

　　'젠더'를 생물학적 개념에서 사회적 개념으로, 또는 '여성'과

'남성'을 생물학적 정의에서 사회적 정의로 원활하게 전환할 수 있다는 점은 헤게모니적 이분법을 강화한다. 이는 섹스와 젠더, 심지어 섹슈얼리티를 인간 세계의 가장 기본적인 자연 종의 동일한 근본적 구별에 대한 다른 표현으로 여긴다.[18] 주디스 로버는 섹스와 젠더, 섹슈얼리티를 형성하는 과정을 적절하게 설명한다.

> 개인에게 젠더의 구성은 출생 시에 성기가 어떻게 생겼는지를 기준으로 섹스 범주를 지정하는 것에서 시작한다. 그 후, 아기가 여자아이냐 남자아이냐라는 질문을 끊임없이 받고 싶지 않은 부모들은 아이에게 범주를 표시하는 방식으로 옷을 입히고 꾸며놓는다. 섹스 범주는 이름 붙이기와 옷 입히기 그리고 다른 젠더 표시들의 사용을 통해서 젠더 지위가 된다. 자녀의 젠더가 분명해지면 사람들은 하나의 젠더를 다른 하나의 젠더와 다르게 대하고, 아이들은 다르게 느끼고 다르게 행동함으로써 이러한 대우에 반응한다. 아이들은 말할 수 있게 되자마자 스스로를 젠더를 지닌 구성원으로 언급하기 시작한다. 섹스는 사춘기 전까지는 다시 나타나지 않지만, 그때까지 섹슈얼한 감정과 욕망과 관행은 젠더 규범과 기대에 의해 형성된다.[×]

로버는 젠더를 고정된 상태나 조건이 아닌 행동이나 과정으로 지시한다. 이런 식으로 이해하면, 젠더는 그가 누구인가보다는 그들이 무엇을 하는가이다. 사실 로버는 "모든 사람은 젠더에 대해 생각하지 않고 젠더를 행한다"고 제안한다.[*] 젠더가 수행적이라는 생각은 주디스 버틀러의 연구와 밀접하게 관련되어 있다. 드래그 퍼포먼스의 예를 빌리면서 버틀러는 형상의 모방과 달리 드래그 또는 다른 젠더

\   Butler, 1990: 17.   *   같은 책, 13.
×   Lorber, 1994: 14.

수행에서 발생하는 모방은 원본이 없는 것임을 제시한다. 젠더가 모방하는 것은 실재하는 어떤 것이 아니다. 젠더가 모방하는 것은 단순히 젠더의 다른 수행이며, 그것은 그 자체로 단순히 모방이다. 버틀러는 **"젠더는 일종의 원본 없는 모방**이며, 사실상 젠더는 모방 그 자체의 효과와 결과로서 원본의 개념을 만들어내는 일종의 모방이다"`라고 말한다.

젠더가 수행적이라는 생각은 헤게모니적 이분법을 유지하는 것이 능동적 과정임을 상기시킨다. 헤게모니적 이분법을 유지하는 것은 적극적인 과정이기 때문에, 사람들은 개인으로서도 집단으로서도 헤게모니적 이분법을 의도적으로 방해하는 표현의 형식을 선택할 수 있는 힘을 갖는다. 이것은 기존 언어를 '퀴어링'하는 방법으로 특징지을 수 있다. 동사로 사용되는 '퀴어'는 헤게모니적 이분법과 관련된 생각, 기대 및 태도의 불일치에서 벗어나기보다는 그러한 불일치에 주의를 집중시키는 과정을 의미한다. 헤게모니적 이분법을 붕괴시키는 것은 비록 아주 조금일지라도, 패러다임을 '퀴어화'하는 데 기여한다.

생각과 행동

✦ 본문에 기초하여, 젠더와 섹스를 흔히 어떻게 구별하는지 자신의 언어로 설명해보라. 사람들, 특히 페미니스트들이 이러한 구별을 원하는 이유는 무엇인가? 또 어떤 이들이 이 구별을 경시하는 이유는 무엇인가?

✦ 본문에 기초하여, 젠더 중립적 언어와 젠더 포괄적 언어의 차이를 자신의 언어로 설명해보라. 각 접근법의 장점과 단점은 무엇인가?

어떤 접근법이 당신에게 더 설득력 있는가? 그 이유는 무엇인가?

✦ 본문에 기초하여, 자연 종이라는 개념을 자신의 언어로
설명해보라. 여성과 남성을 자연 종으로 생각할 때 장점과 단점은
무엇인가?

✦ 본문에 기초하여, 헤게모니적 이분법을 자신의 언어로 설명해보라.
헤게모니적 이분법이 주류 미디어와 대중문화에 퍼진 사례들을
찾아보고, 이러한 이분법에 도전하는 사례도 찾아보라.

✦ 공상과학 소설 『어둠의 왼손The Left Hand of Darkness』(1969)과
『시간의 경계에 선 여자』(1976)에 나타난 젠더 개념을 비교하고
대조해보라. 어느 쪽이 당신에게 더 설득력 있는가? 그 이유는
무엇인가?

✦ 젠더와 언어를 다루는 페미니스트, LGBT+, (실제 혹은 가상의)
퀴어 출판사나 조직을 위한 정책을 구상해보라. 당신 자신의 언어
생활에서 충실하게 지키기 쉬운 정책인가? 그렇다면 혹은 그렇지
않다면, 이유는 무엇인가?

Butler, 1993: 313, 강조는 원문
그대로.

7장 역동하는 페미니즘

—라이먼 프랭크 바움, 『오즈의 에메랄드 도시』

"넌 이제 졸업장을 얻은 거야. 몹시 기쁘구나. 여기는 이상한queer 나라고, 우리는 그들을 찾을 뿐 아니라 데려갈 수도 있어." 헨리 삼촌이 웃으며 말했다.

페미니스트의 사유와 행동

수행으로서의 젠더 개념\은 젠더가 단순히 언어와 사고에 관한 것이 아니라 행동과 살아 있는 경험에 관한 것임을 상기시키는 역할을 한다. 젠더는 실천이 제거된 이론이 아니며, 페미니즘은 단지 학문적 활동이 아니다. 페미니즘은 실제 사람들의 살아 있는 경험에 응답할 뿐만 아니라 그 경험의 형태로 존재한다. 페미니즘에 관한 사회 및 정치운동을 하는 사람들의 생각과 행동은 여성학 및 관련 학문 분야에 있는 페미니즘 학계 종사자들의 담론에 영향을 미치며 그 반대도 마찬가지다. 사실 페미니즘 사회·정치운동에 몸담은 이들과 페미니즘 학계에 몸담은 이들은, 때로는 같은 사람들이다.

특히 미국에서 사회적·정치적 운동인 페미니즘은 종종 페미니즘적 개입의 열정과 요구가 얼마나 강력한가에 따라 팽창하고 후퇴하는 물결의 은유로 제시된다. 여성운동의 첫 번째 물결은 1920년 미국 여성에게 투표할 법적 권리를 주었던 제19조 개정안 통과를 이뤄낸 참정권운동과 대체로 관련이 있다. 여성운동의 두 번째 물결은 보통 여성 해방운동이라 불리는 것과 관련이 있으며, 유급 노동인구에서 여성 증가, 여성 대상 폭력 문제에 대한 관심 증대 등 수많은 법적·사회적 발전을 이끌었다. 두 번째 물결이 끝났는가에 대해서는 의견 차이가 있지만, 세 번째 물결이 시작되었다고 믿는 사람들은 일반적으로 사람들의 다양성과 특히 여성 안의 다양성을 환영하며 다원주의와 주로 관련된다.

첫 번째 물결과 관련된 텍스트들은 특히 연설과 사설 형태로, 정치 분야에 많이 존재한다. 두 번째 물결 시기에는 정치적 글쓰기도 부족하지 않을 만큼 많지만, 서구 세계의 여러 지역에서 학문적 훈련으로서 여성학의 탄생을 목격할 수 있다. 이는 자연스럽게 페미니즘과 관련한 학술적 관심의 증가를 불러왔다. 섹스와 젠더의 구분은 여성학 관련 분야에서 여전히 핵심 개념으로 여겨지며, 적어도 두 가지 이상의 질문을 제기한다. 첫 번째 질문은 여성과 남성이 생물학적 현상인지 사회적 현상인지를 묻고, 두 번째 질문은 여성과 남성이 근본적으로 동일한지 아니면 다른지를 묻는다. 이 둘은 밀접한 관련이 있는 질문이다. 여성과 남성이 근본적으로 동일하다고 한다면, 존재하는 차이는 우연적이거나 후천적이라고 할 수 있다. 여성 또는 남성이 된다는 것이 학습의 결과라면, 여성과 남성은 생물학적 측면에서는 근본적으로 동일하다고 할 수 있다. 젠더가 없는 세계, 또는 적어도 젠더의 사회화가 없는 세계에 사는 사람들은 마지 피어시의 소설 『시간의 경계에 선 여자』(1976)에서 가상의 미래에 살고 있는 안드로지너스에 더 가까울까?[1]

동일성과 차이 사이의 긴장은 페미니즘 학계에서 중요한 쟁점이다. 엘리자베스 해킷과 샐리 해슬랭어의 『페미니즘 이론화하기Theorizing Feminisms』(2006)에서는 성 억압 이론화에 대한 세 가지 일반적인 접근법을 확인할 수 있다. 여기에는 인본주의적 페미니즘으로 묘사된 '동일성'의 접근법과 여성 중심의 페미니즘[2]으로 묘사된 '차이'의 접근법이 포함된다. 동일성 접근법에서는 아마도 여성과 남성이 근본적으로 동일하기 때문에, 이들을 구별하는 것은 불필요하다. 다른 말로 하면, 모든 인간에 대한 존중이 궁극적으로는 여성에 대한 존중을 의미한다.[3] 이 두 모델은 페미니즘의 기치 아래에서 수집된 다양한 이론적 접근 중에서 개념적 차이를 특성화하는 유일한 방법은 아니다. 예를 들어 해킷과 해슬랭어는 동일성과 차이에 대해 질문하는 대신 여성의 종속에 집중하는 '지배' 접근법이라는 세 번째 관점을 인정한다.

이러한 개념적 공간을 다른 경계에 따라 나눌 수도 있다. 예를 들어, 해킷과 해슬랭어는 동일성과 차이 사이의 긴장 관계 또는 인본주의적 페미니즘과 여성중심주의적 페미니즘 사이의 긴장을

\   Butler, 1990; Lorber, 1994.

언급하고, 다른 이들은 더 익숙한 표식인 자유주의 페미니즘과
문화 페미니즘을 사용한다. 해킷과 해슬랭어가 지배 접근법을
언급하는 곳에서 다른 이들은 급진적 페미니즘을 언급한다. 통의
『페미니즘 사상Feminist Thought』(1989, 1998, 2008)과 재거와
로덴버그의『페미니즘 체계Feminist Frameworks』(1978, 1984,
1993)는 최근 페미니스트 학문 역사의 영향력 있는 두 가지 연구다.
『페미니즘 사상』의 1989년 판은 이 분야를 자유주의 페미니즘,
급진적 페미니즘, 마르크스주의 페미니즘, 문화 페미니즘,
정신분석 페미니즘, 사회주의 페미니즘, 실존주의 페미니즘 그리고
포스트모던 페미니즘으로 구분했다. 1998년 판에서 약간의 변화가
있었고, 2008년의 개정판에는 더 많은 변화가 있다. 페미니즘의
다양한 입장에 대한 통의 최근 연구는 자유주의 페미니즘, 급진적
페미니즘, 마르크스주의와 사회주의 페미니즘, 정신분석 페미니즘,
돌봄 중심 페미니즘을 포함한다. 또한 다문화, 글로벌, 탈식민주의
페미니즘, 에코페미니즘 그리고 마침내 포스트모던과 제3물결
페미니즘을 포함한다. 재거와 로덴버그의『페미니즘 체계』는 각각의
신판에서 범주들에 대해 비슷하게 업데이트한 모음을 제공하지만,
자유주의 페미니즘, 마르크스주의 페미니즘, 급진적 페미니즘,
사회주의 페미니즘, 다문화 페미니즘 및 글로벌 페미니즘을 다룬
1993년 판 이래로 업데이트되지 않았다. 마지막으로 독립 잡지
『비치Bitch』의 주목할 만한 기사(2006)에서 레이첼 퍼지는 페미니즘
학계와 행동주의의 주요 경향을 설명했다.[4] 퍼지에 따르면, 주류
페미니즘에는 자유주의 페미니즘, 급진적 페미니즘, 문화주의
페미니즘(이것들은 본질주의 페미니즘 또는 차이의 페미니즘으로
식별되기도 한다), 제3물결 페미니즘이 포함된다.
　　다양한 간행물 간의 그리고 동일한 간행물의 판본 사이의
차이들에서 보이듯, 다양한 형태의 페미니즘을 구분하기 위해 제안된

범주가 모든 관점을 균등하게 잘 보여주지는 않는다. 그럼에도 불구하고 그러한 범주는 페미니즘의 기치 아래에서 느슨하게 모인 다양한 문헌을 조직하는 데 유용하다. 서로 다른 범주들 사이에서 가장 중첩되는 영역을 의미가 널리 수용되고 잘 확립된 증거로 간주할 수 있다고 가정할 때, 주목할 만한 페미니즘 이론은 자유주의 페미니즘, 마르크스주의 페미니즘, 급진적 페미니즘, 사회주의 페미니즘이다. 그리고 이 분야는 다문화 페미니즘과 글로벌 페미니즘을 포함하면서 확대되는 듯하다.

지금까지 "페미니즘 이론"은 페미니즘의 질문과 관심을 다루는 이론화와 관련하여 사용되어왔다. 이 논의와 밀접한 관련이 있는 이론화는 페미니즘의 관점, 태도 또는 지향을 철학적 질문과 관심에 적용하는, 페미니즘 철학이다. 페미니즘 철학의 두 예시로는, 페미니즘의 관점을 도덕 연구에 적용하는 페미니즘 **윤리학**과 페미니즘의 관점을 지식 연구에 적용하는 페미니즘 **인식론**이 있다. 윤리학에 관해 페미니즘 특유의 사유 방식으로 가장 흔히 확인되는 두 학파는 돌봄 윤리와 에코페미니즘 윤리다. 페미니즘 인식론적 사고방식으로 가장 일반적으로 확인된 사유의 학파를 확인하려면, 샌드라 하딩의「입장론적 인식론을 재사유하기: '강한 객관성'이란 무엇인가?Rethinking Standpoint epistemology: What is 'strong' objectivity?」(1993), 도나 해러웨이의「상황적 지식: 페미니즘과 부분적 관점의 특권에 관한 과학적 질문Situated knowledges: The science question in feminism and the privilege of partial perspective」(1991) 등을 참고할 수 있다. 두 에세이는 페미니즘 경험주의와 페미니즘 입장론을 구별한다.

마지막으로, 포스트모던 페미니즘과 제3물결 페미니즘은 페미니즘 이론, 페미니즘 윤리학, 페미니즘 인식론과 관련되며 이 둘은 몇 가지 토론거리를 정당화한다. 포스트모던 페미니즘과 제3물결 페미니즘이 추가됨에 따라, 다양한 페미니즘 분절화 목록에는 현재 자유주의 페미니즘, 마르크스주의 페미니즘, 급진적 페미니즘, 사회주의 페미니즘, 다문화 페미니즘, 글로벌 페미니즘, 돌봄 윤리, 에코페미니즘, 페미니즘 경험주의, 페미니즘 입장론, 포스트모던 페미니즘, 마지막으로 제3물결 페미니즘이 포함된다.

페미니즘 이론

초기 페미니스트 문학 작품의 많은 부분에 있어 분위기를 만든 것은 두 개의 고전 작품이다. 바로 메리 울스턴크래프트의 『여권의 옹호』(1792)와 존 스튜어트 밀의 『여성의 종속』(1869)이다. 자유주의 페미니즘은 정치적 자유주의에 뿌리를 두고 있으며, 선하고 신중한 추론이 사회 정의를 수립하는 데 필요한 모든 것이라는 보편적 합리성을 전제한다. 정치적 자유주의와 마찬가지로, 자유주의 페미니즘은 출생 시의 우연이 권리와 기회 같은 무형의 재화를 포함한 재화의 불평등한 분배를 정당화할 수 있다는 논의를 거부한다. 자연이 여성의 종속적 지위를 보장한다는 개념을 거부함으로써 자유주의 페미니즘은 섹스와 젠더를 구별한다. 자유주의 페미니즘에 따르면, 성차별주의는 나쁜 추론의 산물이며 페미니즘의 목표는 특히 법적 시스템 내에서 필요한 수정을 하는 것이다. 존 스튜어트 밀은 여성에게 적절한 대우를 결정함에 있어 편견이 아닌 이성의 제대로 된 역할에 대해 설명한다.

이 문제는 기존 사실과 의견에 따른 편견에 따라 판단되어서는 안 된다. 정의와 사회 발전과 관련된 이 문제는 그 장점 자체를 놓고 자유롭게 토론할 수 있어야 한다. 다른 모든 사회 제도를 둘러싼 결정과 마찬가지로 이 문제는, 성별과 관계없이 어떻게 해야 인류 전체에 가장 큰 이익이 되는지, 그 경향과 결과에 대해 깨어 있는 의식으로 접근해서 판단해야 한다. 그리고 이왕 토론을 할 바에는, 막연하고 일반적인 이야기만 하지 말고 근본 뿌리까지 파고들어 심각하게 토론을 벌여야 한다. 예를 들어, 인간의 오랜 경험에 비추어 볼 때 기존 체제가 좋더라는 식으로 두루뭉수리로 접근해서는 안 된다. 둘 중 하나만 경험해본 마당에, 경험에 의해 어느 것이 좋다고 말할 수는 없다. 남녀 평등론이 단지 이론에 바탕을 둔 것에 불과하다고 지적한다면, 그와 반대되는 주장 역시 이론에 기초한 것에 불과함을 기억해야 한다.＼

앨리스 워커는 백인 지향적이고 때로는 인종차별주의적이기까지 한 주류 페미니즘에 대한 대안으로서 우머니즘을 논리정연하게 설명했다(1983). 레이철 퍼지는 우머니즘을 자유주의 페미니즘이라는 더 큰 제목 아래에 열거하는데, 아마도 우머니즘이 자유주의 페미니즘과 해방 전략에 대한 관심을 공유하기 때문일 것이다. 그러나 자유주의 페미니즘과는 달리 우머니즘은 교차성을 다룬다. 교차성은 흑인 여성의 삶에 인종, 젠더, 계급이 동시에 미치는 영향을 나타내기 위해 처음 사용되었고＾ 이러한 동시적 영향이 단지 젠더(아마도 백인 여성들이 경험한)와 인종(아마도 흑인 남성들이 경험한)의 총합으로 환원할 수 없는 독특한 경험을 창출한다는 인식을 동반한다. 또한 성 정체성, 민족성, 장애 상태 등, 교차하는 다른 정체성과 관련하여 사용되어왔다.

　　　자유주의 페미니즘에 대한 빈번한 비판은 자유주의와 관련된 평등과 자율의 이상을 다룬다. 가령 이혼법을 생각해보면, 이 시기는 적절한 교육의 부족과 집에 머물러야 한다는 사회적 압력으로 인해

＼　　Mill, 1970: 147.
＾　　Davis, 1981; Crenshaw, 1994.

중산층-중상위층 백인인 미국과 유럽 주부의 대다수가 임금노동을 할수 없었던 때였으며, 때문에 대부분의 이혼 여성의 생존에 이혼수당은 대단히 중요했다. 따라서 초기 페미니스트들은 여성이 나쁜 결혼 생활에서 탈출할 수 있는 진정한 기회를 창출하기 위한 법적 조치를 지지했다. 그러나 자율성과 평등을 기반으로 둔 이데올로기의 맥락에서, 특별한 법적 보호가 필요한 계층으로서 여성 또는 적어도 주부로의 정체화는 동등하고 자율적인 사회 구성원의 지위를 부정하는 것이다.

자유주의 페미니즘에 대한 불만은 (특히 자본주의하에서) 여성의 종속에 기여하는 구조적 제약에 대한 분석을 요청했다. 마르크스주의가 자본주의를 억압의 근원으로 규정한 것처럼, 마르크스주의 페미니즘은 자본주의를 여성 억압의 근원으로 규정한다.`이런 이유로 현대 서구 사회에서 여성의 역할은 생물학이 아니라 자본주의에 뿌리를 두고 있다. 이때, 해결책은 분명하다. 여성이 전통적으로 대부분의 가사노동을 해왔지만 남성에 대한 여성의 경제적 의존을 전제로 한 사회 제도에서 이 노동은 인정받지 못한다. 여성들이 경제적 영향력을 얻기 위해서는 힘이 필요하다. 따라서 마르크스주의 페미니즘은 가사노동의 사회화 또는 더 나아가 임금노동 체제로 여성을 통합하는 데 찬성한다.

마르크스주의 페미니즘은 여성 억압을 경제적 억압의 하위 범주로 축소했다고 비난받았다. 강간에 대한 캐서린 매키넌의 유명한 분석(1987)은 자유주의와 마르크스주의가 페미니즘에 접근하는 방식의 한계를 다룬다. 경제 모델에서 강간은 재산권의 문제로 해석된다. 섹스는 성적으로 자격이 없는 남성과 여성 간에 부당한 소유 행위로서 발생하는 경우에만 강간이 된다. 매키넌에 따르면, 강간과 합의된 섹스의 법적 구별은 이러한 해석을 조장한다. 그것은 여성(또는 그의 아버지, 남편, 형제 및 기타 보호자)이 소유하는 이른바 섹스를 상품으로 추구하는 사람들의 역할을 강화한다.
매키넌은 섹스와 강간을 구별하는 일부 페미니스트의 분석이 의도치
않게 여성에 대한 성폭력의 체계를 영속시킨다는 주장을 제기한다.
이러한 이유로 매키넌은 급진적 페미니즘을 채택하고 이성애 관계에
내재한 권력 대칭의 대안으로 자발적 레즈비어니즘을 옹호한다.

에이드리언 리치 또한 이성애 규범을 강요하는 억압적인
시스템의 대안으로 여성으로의 정체화와 교환 가능하게 사용될 수
있는 자발적 레즈비어니즘을 옹호한다.

> 여성 정체성은 에너지의 근원이며 잠재적으로 여성 권력의
> 원천이나, 이성애 제도 하에서 폭력적으로 축소되고 낭비된다.
> 여성을 향한 여성의 열정과, 공동체이며 삶의 동반자,
> 연대자로서 여성을 택하는 여성들의 가시성과 현실성을
> 부정하는, 그러한 관계를 과소평가하고 격렬하게 압력을
> 가해 붕괴시키는 강제력은 성들의 사회적 관계를 변화시키고
> 자신과 다른 사람들을 해방시킬 수 있는 여성들의 힘을 아주
> 많이 잃게 만든다. 여성에게 강제된 이성애의 눈속임은 오늘날
> 페미니즘 학계뿐만 아니라 모든 직업, 모든 참고 업무, 모든
> 커리큘럼, 모든 조직화 시도, 강요된 이성애가 가리는 모든
> 관계 또는 대화에 피해를 입힌다. 모든 이성애 관계가 여성을
> 강제된 이성애에 따른 거짓말이 만들어낸 기괴한 섬광에서
> 살게 하기 때문에, 강제된 이성애는 특히 이성애적 대화 속에서
> 심오한 위선과 히스테리를 구체적으로 생산해낸다. 아무리
> 우리가 스스로 정체화하기를 선택하고 스스로에게 딱지가
> 붙어 있음을 발견했다 해도, 그 딱지 붙음은 우리의 삶을
> 가로질러 스치고, 왜곡한다.×

\ 예를 들어, Reed, 1970.
× Rich, 1980: 657.

모든 급진적 페미니스트가 이성애에 반대하는 것은 아니지만, 이성애가 역사적으로나 사회적으로 문제가 있다는 데는 동의하는 편이다.＼이는 이성애 관계가 대체로 **가부장제**를 영속시키기 때문이다. 가부장제는 대체로 여성 또는 여성성보다 남성 또는 남성성에 우선권을 부여하는 사회 구조에서 사용된다.

　　　　마르크스주의 페미니즘이 여성과 남성 간 사회적 불평등의 책임을 경제적 요인에 돌린다면, 급진적 페미니즘은 가부장제를 주요 요인으로 간주한다. 일부 급진적 페미니스트들은 남성이 여성을 억압하는 가부장제가 남성 생물학의 본래적 결과라고 믿는다. 이것은 트랜스 여성은 남성일 수밖에 없다고 간주하는 급진적 페미니스트들의 트랜스 배제적 태도를 설명해준다. 이는 흔히 트랜스 배제적 급진 페미니스트trans-exclusionary radical feminist, TERF라고 불리는 급진적 페미니즘의 소규모 분파다. 모든 급진적 페미니스트가 명시적으로 배타적인 것은 아니다. 급진적 페미니즘의 다양한 분절을 통일하는 것은 성차별주의의 근본 원천으로서의 가부장제에 대한 공통적 비판이다.

　　　　사회주의 페미니즘은 마르크스주의와 급진적 페미니즘의 종합으로 출현한다. 사회주의 페미니즘은 마르크스주의 분석에서의 계급의 우위와 급진적 분석에서의 섹스의 우위성에 반대하는 대신에, 여성 종속의 이유를 자본주의와 남성의 성적 지배에서 찾는다.˟ 이러한 이유로 이들은 사회주의적 개혁이 필요하지만, 흔히 숨겨진 여성 절반의 노동력을 다루는 경우에만 개혁의 노력이 적절하다고 믿는다. 사회주의 페미니즘에 따르면, 하위 계층의 남성은 특권과 불이익을 동시에 받는다. 그들은 여성에 대해 권력을 지니고 있지만 더 큰 사회적 맥락에서는 권력이 부족하다. 남성들은 여성에 대한 권력 포기에 뚜렷하고 즉각적인 관심을 갖지 않기 때문에 사회주의 개혁은 페미니즘적이지 않다면 불충분하다.

마지막으로, 다문화 및 글로벌 페미니즘은 백인 미국인의 주류 문화 밖에 있는 여성들의 살아 있는 경험에 대한 관심과 존중을 표명한다. 다문화 페미니즘*은 때때로 "유색인 여성 페미니즘"이라고 불리기도 하는데, 이는 인종적·민족적으로 소수인인 여성들이 그들의 문화적 정체성에 젠더, 인종, 계급, 섹슈얼리티가 교차하면서 발생한 결과로서 경험하게 되는 독특한 문제를 다룬다.⁵ 예를 들어, 안살두아의 메스티사 또는 국경 거주자가 된 이중적인 정체성에 대한 논의를 살펴보자면 다음과 같다.

> 메스티사로서 나에게는 나라가 없다. 내 고향이 나를
> 추방했다. 그러나 모든 나라가 나의 나라다. 나는 모든 여성의
> 자매이거나 잠재적 연인이기 때문이다. (레즈비언으로서
> 나는 인종이 없다. 내 겨레는 나를 부인한다. 하지만 나는 모든
> 인종이다. 모든 인종에 내가 지닌 퀴어가 있기 때문이다.)*

글로벌 페미니즘은 또한 지리적, 정치적 분리와 상관없이 모든 여성의 삶을 뗄 수 없게 상호 연결된 것으로 여기는 보다 넓은 관점을 제시한다.* 특히 글로벌 페미니즘은 제국주의와 식민주의의 영향을 검토함으로써 여성 문제에 대한 분석에 국제 정치학을 가져온다. 예를 들어, 나이키와 같은 다국적 기업이 세계 취약 지역의 노동자와 천연자원을 착취할 때 일반적으로 사람들, 특히 여성과 어린이에게 미치는 영향을 보여준 신시아 인로의 영향력 있는 기사 「세계를 누비는 운동화The Globetrotting Sneaker"(1995)를 생각해보라.

페미니스트 이론에 관심을 갖는 사람들과 레즈비언 및 게이의 권리에 관심을 갖는 사람들 사이의 굳건한 연대에도 불구하고,

\   Bunch, 1975; Rich, 1980.
×   예컨대 Hartmann, 1981.
*   예컨대 Collins, 1990; Anzaldua, 1987.

*   Anzaldua, 1987: 80.
*   예컨대, Mies, 1986; Enloe, 1995.

제2물결이 생산한 페미니즘 이론과 전통적인 레즈비언 및 게이 연구와 관련된 아이디어 사이에는 상당한 개념적 긴장이 있다. 제2물결의 자유주의 페미니즘은 자유주의 정치 이론에서 빌린 권리 개념을 사용한다. 자유주의 페미니즘에 따르면, 여성과 남성은 근본적으로 동일하며 따라서 동일한 권리와 기회를 가져야 한다. 사회적 산물인 젠더와 생물학적 문제인 섹스를 구분한 최초의 사람들로서 제2물결의 자유주의적 페미니스트들은 남녀 사이에서 관찰 가능한 차이의 대다수가 선천적이라기보다는 습득되는 것이라고 주장한다. 이 입장에 따르면, 여성과 남성을 구분하는 유일한 것은 성기다. 권리와 기회의 평등을 위한 기반으로서 이 입장의 유효성은 "특히 남근이나 질을 필요로 하는 직업은 거의 없으며 다른 모든 직업은 모든 사람에게 개방되어야 한다"라는 글로리아 스타이넘의 주장에서 분명하게 드러난다.

　　　자유주의 페미니즘과 마찬가지로 동시대 레즈비언 동성애 운동은 성의 차이에 관계없이 권리와 기회의 평등을 확보하는 것을 목표로 한다. 자유주의적 페미니스트들이 여성과 남성이 기본적으로 섹스 기관에 의해서만 분리되어 있다고 주장하는 것처럼, 많은 레즈비언 동성애운동가들도 동성애자와 이성애자가 섹슈얼리티에 의해서만 분리된다는 점은 근본적으로 같다고 주장한다.

　　　자유주의 페미니즘이 여성과 남성 간 가장 큰 차이의 근본 원인으로 사회화를 거론하는 반면, 레즈비언과 동성애자의 권리운동은 성적 지향의 경우 사회화가 결정 요인이라는 생각을 거부한다. 따라서 자유주의 페미니즘이 생물학적 결정론을 의심할 때, 레즈비언과 동성애자의 권리운동은 종종 이를 지지한다.

　　　일반적으로 제2물결 페미니즘이 기여한 "개인적인 것이 정치적이다"라는 슬로건에 대한 한 가지 해석은 가정 폭력에 대한 사회적 수용은 오직 그러한 문제들에 주의를 기울임으로써만

바꾸어낼 수 있다는 것이다. 다시 말해, 닫힌 문 뒤에서 일어나는
일은 그저 사적인 문제가 아니라 오히려 남녀 간 사회적 불평등의
연장이다. 반대로 레즈비언과 게이 권리운동가들은 대체로 문을 닫은
뒤에 일어나는 일들은 엄격히 사적인 문제라고 주장한다. 제2물결
페미니즘에 따르면, 친밀한 관계는 공개적이고 정치적인 관심사다.
레즈비언과 동성애자 권리운동에 따르면, 그 관계는 사적이고
개인적인 것이다.

　　제2물결에서 보다 급진적 페미니즘과 관련된 슬로건
"개인적인 것이 정치적이다"에 대한 또 다른 해석은 사회 제도, 특히
강요된 이성애가 남성에 의한 여성 억압을 영속시키고 강화한다는
것이다. 이 입장에서는, 자발적 레즈비어니즘은 찬성되며 이성애는
거부되어야 한다. 레즈비언은 정치적 저항의 한 형태로 선택될 수 있고
또한 받아들여야 하는 것이 된다. 이는 레즈비언과 게이 권리운동에서
성적 지향의 선천성이라는 사실상의 만장일치 합의에 반대한다.
레즈비언과 동성애자의 권리운동은 정체성이 생물학적이며
성적 지향은 비자발적이라고 주장한다. 그러나 제2물결의 많은
페미니스트에게 정체성은 사회화된 것이며, 제2물결의 많은 급진적
페미니스트에게 성적 지향은 자발적인 것이다.[6]

페미니즘 철학

성차별 철폐와 그 근본 원인의 제거 및 해결이라는 목표를 지닌
페미니즘과는 달리, 보다 일반적인 의미의 페미니즘 철학은 윤리와
같은 주류 철학이 다루는 문제를 다루고 있다. 1980년대 초 캐럴
길리건(1982)과 넬 노딩스(1984) 등의 연구에 따르면, 여성은 윤리적
추론에 있어 남성과는 다른 양식을 갖게 되는 경향이 있는 듯하다.

특히 이 연구는 다른 사람들을 돌보려는 자연스런 충동에 기반을 둔 윤리가 정의의 개념에 기반한 보다 익숙한 윤리 체계에 여성적이고 페미니즘적인 대안을 제공한다고 제시했다. 돌봄 윤리와 관련하여 제기된 한 가지 우려는 이것이 명백히 젠더 본질주의를 지지한다는 점이다. 이와 관련해, 돌봄 윤리가 여성들을 돌봄과 연결시킴으로써 주로 타인을 위한 봉사로서 여성이 수행해온 가사노동에 대한 역사적 가치 절하를 강화한다는 우려가 있다.

돌봄 윤리는 특히 1980년대 후반과 1990년대 초반의 압도적 인기와 비교하면 관심을 많이 잃었지만, 각각의 도덕적 행위자에 의한 이성의 사용에 집중하는 전통 윤리적 접근의 대안으로 여전히 많은 흥미를 끈다. 전통 윤리학에서 가장 흔히 언급되는 두 가지 입장은 의무론적 윤리와 목적론적 윤리로, 각각에 대해서 특히 1785년 처음 출판된 이마누엘 칸트의 『도덕 형이상학의 기초』[7]와 1863년 존 스튜어트 밀에 의해 제기된 실용주의적 입장(2001)[8]을 예로 들 수 있다. 칸트와 밀은 도덕적으로 올바른 행동과 잘못된 행동을 구별하기 위해 각기 다른 규칙을 제시하지만, 둘 다 도덕적으로 올바른 행동을 구분하는 보편적인 규칙이 있다는 데는 동의한다. 게다가 현대의 서양 전통을 따르는 대부분의 철학자처럼, 칸트와 밀은 도덕을 도덕적 딜레마에 직면해 선택을 하게 되는 개인의 성취로 여긴다. 돌봄 윤리는 도덕이 신중한 선택과 행동, 또는 그러한 선택과 행동을 통제하는 도덕적 규칙이라기보다는 전체로서의 관계에 위치 지어진 것이라 봄으로써 도덕에 대한 대안적 설명을 제공한다.

에코페미니즘은 돌봄 윤리처럼 보편적 도덕 규칙을 제시하려는 유혹에 저항하며, 대신 사람들 또는 사람 집단 간의 관계, 또한 사람들 또는 사람 집단 그리고 자연 세계의 다른 부분들 간의 관계에서 때때로 "지배 논리"라고 불리는 것을 드러내고 다루고자 한다.

생태학적 페미니스트들(에코페미니스트들)에 따르면, 여성, 유색인종, 하위 계급에 대한 대우와 다른 한편으로는 타자들이자 비인간인 자연에 대한 대우에는 중요한 연관성이 있다. 에코페미니스트들은 이러한 연결을 심각하게 받아들이지 않는 페미니즘, 환경주의 또는 환경 윤리가 매우 부적절하다고 주장한다. 이러한 관계의 본질, 특히 내가 여성과 자연 간의 관련성이라고 부르는 것을 확립하고 여성과 사람이 아닌 자연 모두를 해방시킬 수 있는 가능성을 결정하는 것이 에코페미니즘 철학의 주요 기획이다.[×]

궁극적으로, 지배 논리에 대한 에코페미니즘의 비판은 구체적으로는 가부장제, 더 일반적으로는 **주인지배제**에 대한 비판이다. 가부장제가 성차별적 억압을 나타내듯이 주인지배제는 동시대 서양 문화의 태도와 관행에 널리 퍼진 지배 논리를 구성하는, 다양하며 교차하는 형태의 억압을 더 광범위하게 지시한다.[*]
에코페미니즘의 지배 논리 비판은 서양 철학 전통에 대한 비판으로 이어진다. 서양 철학의 전통은 다른 모든 것을 지배하는 인류 이성의 우월성, 그리하여 인간 종의 우월성을 확립하는 데 헌신했다.

페미니즘 인식론은 인간의 이성과 합리성의 권력과 범위를 다루고 현대 서구 사상에 추가적 비판을 가해왔다. 그러나 이러한 비판을 이해하기 위해서는 전통적 인식론, 특히 논리 실증주의에 대한 기본적인 이해가 중요하다. 논리 실증주의, 혹은 논리 경험주의는

\   Warren, 2000.
×   Warren, 1997: 3.
*   주인지배제kyriarchy는 1992년 엘리자베스 쉬슬러 피오렌차가 상호작용하면서 스스로 확장하는 지배와 복종의 사회적 시스템을 설명하기 위해서 만든 말이다. 주인지배제에 따르면 개인은 어떤 관계에서는 억압당하지만, 다른 관계에서는 특권의 위치를 차지할 수 있다. 이러한 억압의 구조는 지배의 한 중심에 집중되는 체계가 아니라 지배와 복종의 상호 연결, 상호 작용, 자기 확장을 통해 억압과 차별을 증폭해 이를 유지하고 스스로 강화되는 특성을 지닌다. ─옮긴이.

실증주의 또는 경험주의와 논리의 결합을 설명한다. 실증주의는 경험을 통해 증명할 수 있는 경우에만 진술이 의미가 있다는 믿음이다. 논리는 진술들 사이의 형식적 관계를 분석하기 위한 체계다. 따라서 논리 경험주의는 경험적으로 검증 가능한 관찰 진술 형태의 데이터가 이론과 가설의 범위를 확증하기 위한 논리적 분석 대상이 될 때 지식, 특히 과학 지식이 산출된다고 설명한다. 이러한 설명은 과학자와 다른 인식론적 행위자가 데이터의 수집과 평가에서 중립 유지가 가능하며 또한 바람직하다는 것 그리고 주어진 인식론적 행위자가 다른 어떤 인식론적 행위자로든 실질적으로 상호 교환될 수 있으며 최소한 그렇게 되어야 한다는 것을 전제한다.

　　페미니즘 경험주의는 과학적 중립을 신뢰한다는 점에서 논리 경험주의와 공통점이 있으나, 성차별주의와 다른 형태의 편견들을 쉽게 피할 수 있다는 점은 부정한다. 페미니즘 경험주의는 주로 남성 과학 공동체가 여성을 왜곡하거나 무시하고 결과적으로 잘못된 결론을 내린 수많은 사례를 폭로했다. 예를 들어, 남성만을 대상으로 한 실험을 통해 더 광범위한 인구를 일반화하는 일은 더 이상 받아들여질 수 없는 것이 되었는데, 그것은 페미니즘 경험주의자들이 이 관행의 숨겨진 편향을 밝혀냈기 때문이다. 실제로 전통 윤리에 대한 대안으로 돌봄 윤리가 나타난 것도 정확히는 아동의 도덕 발달을 연구한 페미니스트들 덕택이다. 이들은 이전의 연구가 거의 남자아이에게만 집중되어 있다는 점을 밝혔다. 페미니즘 경험주의에 따르면, 성차별적 과학은 과학자들이 주의 깊게 그리고 중립적으로 추론하는 데 실패할 때 발생한다. 따라서 페미니즘 경험주의의 역할은 대체로 교정적이다.

　　페미니즘 경험주의에 대한 비판은 부주의한 추론이 페미니즘이 다루어야 할 과학에서 유일한 문제가 아니라는 점에 주목한다. 예를 들어, 근년의 역사에서 의학이 쭉 여성에게 필요한 돌봄보다 남성에게 필요한 돌봄에 더 많은 자원을 투자했다는 비난을 고려해보자. 이런 사례는 과학자들이 나쁜 추론을 했다고 말하지는 않지만, 좋은 추론만으로는 과학적 중립성을 보장하기에 불충분할 수 있음을 시사한다. 페미니즘 경험주의가 모든 합리적인 행위자가 인식론적으로 동일하다는 전통적인 주장을 반복하는 반면, 페미니즘 입장론＼은 사회적 경계가 인식론적 경계로 작용할 수 있으며 인식론적 행위자는 자신이 접근할 수 있는 종류의 지식만을 추구한다고 제안한다. 입장론은 지배받는 상태에서 살고 있는 사람들이 억압하는 자들보다 더 완전한 시각을 가진다는 제안을 마르크스주의로부터 차용한다.＼ 이러한 설명에서 인식론적 공동체는 지배 집단 또는 중심부, 피지배 집단 또는 주변부로 구성된다(그림 7.1 참조).

주변부에서 누군가는 중심부에 대한 외부인의 관점을 얻게 되고, 따라서 지배적인 이데올로기의 한계를 드러낼 수 있다. 철로가 그리는 물리적 경계를 지배 집단의 바깥에 있는 주변적인 사회적 위치에 대한 은유로 사용하면서, 벨 훅스는 이러한 이중적 관점을 묘사한다.

[그림 7.1] 주변부와 중심부

주변부

중심부

＼   예컨대 Harding, 2003.
✕   Smith, 1987: 78-88.

주변부에 있다는 것은 전체의 일부면서도 본체 외부에 있는 것이다. 작은 켄터키 타운에 사는 흑인 미국인에게 철로는 우리의 주변성을 매일 상기시켜주는 것이었다. 그 길 건너편에는 포장 도로, 진입할 수 없는 상점, 먹을 수 없는 식당, 직접 볼 수 없는 사람들이 있었다. 철로 너머의 세계는 우리가 봉사하는 한, 하녀나 수위, 성매매 여성으로 일할 수 있는 세계였다. 우리는 그 세계에 들어갈 수 있었지만 거기에 살 수는 없었다. 우리는 항상 주변부로, 궤도 너머로, 마을의 가장자리에 있는 판잣집과 버려진 집으로 돌아왔다.

우리의 귀환을 보장하는 법률이 있었다. 귀환하지 않는다는 것은 처벌받을 위기에 처한다는 것이었다. 이렇게 주변부에서 살면서, 우리는 현실을 보는 특별한 방법을 개발했다. **우리는 바깥쪽에서 안쪽을 보았고, 안쪽에서 바깥쪽을 보았다. 우리는 주변부뿐 아니라 중심부에도 주의를 집중할 수 있었다. 우리는 둘 모두를 이해했다.** 이러한 관찰 상태는 우리에게 주변부와 중심부 둘 다로 구성된 전체 우주의 존재를 상기시켰다. 우리의 생존은 주변부와 중심부의 구분을 공적으로 계속 자각하는 데, 그리고 우리가 그러한 전체에서 필요하며 필수적인 부분임을 사적으로 계속 인정하는 데 달려 있었다.`

페미니즘 경험주의처럼, 입장론의 역할은 대체로 교정적이다. 입장론은 페미니즘 경험주의와 마찬가지로 어떤 견해가 인식론적으로 다른 견해보다 우월함을 의미한다. 그러나 페미니즘 경험주의와 달리, 입장론은 교정적이고 특권적인 관점이 사회적 주변부에서만 성취될 수 있음을 보여준다.

입장론에 대한 중요한 비판은 내부자와 외부자, 또는 중심부와 주변부라는 이분법이 너무 단순하다는 것이다. 페미니즘 입장론은 여성의 지위가 남성의 지위에 미치지 못하는 사회적 세계를 묘사한다. 그러나 특정 여성의 지위가 다른 여성의 지위보다 주변부에 있다는 맥락뿐 아니라 특정 남성의 지위가 다른 남성의 지위에 비해 주변부에 있다는 맥락이 당연히 존재한다. 인종, 계급, 섹슈얼리티 및 기타 요인에 주의를 기울이면 내부자와 외부자 사이에 직접적인 경계가 있다는 개념은 혼란스럽다. 여성의 주변부 관점이 일반적으로 남성의 관점보다 바람직하다면, 흑인 여성의 주변부 관점이 백인 여성의 관점보다 바람직할 것이고, 가난한 흑인 여성의 주변부 관점이 중산층이나 부유한 흑인 여성의 관점보다 바람직할 것이며, 이런 식으로 계속 이어질 것이다.[3]

많은 페미니스트는 이것이 어떤 집단이 다른 집단보다 더 중요한지에 대한 논쟁으로 변질되기를 원치 않는다. 대신에, 첫째, 사회적 입장의 결과로 획득된 관점은 지식의 생산에 영향을 미친다는 점, 둘째, 인식론적 공동체는 복수의 관점으로부터 정보를 얻음으로써 더 유리할 수 있다는 점을 인정하고자 한다.[×] 어떤 사람들은 특정 관점이 지니는 암묵적인 편견을 바로잡는 수단으로 다양한 관점을 처방한다. 또 어떤 사람들은 여러 관점이 함께 작용하여 보다 완전한 관점을 제공할 수 있다고 제안한다. 관점에 대한 다원주의로서 유용하게 확인될 수 있는 이러한 접근법은 초기 입장론과 관련된 내부자와 외부자 간의 엄격한 이분법을 포기한다.

입장론과 마찬가지로, 포스트모던 페미니즘은 사회적 입지가 인식론적 관점에 영향을 미친다는 것을 인정한다. 포스트모던 페미니즘을 이해하기 위해서는, 우선 포스트모더니즘에 대한 기본적인 이해가 도움이 된다. 또 포스트모더니즘을 이해하기 위해서는, 먼저 모더니즘에 대한 기본적인 이해가 도움이 된다.

\   hooks, 2000: xvi, 강조는 저자.
×   예컨대 Longino, 1990.

일상적인 사용에서 모던이란 문자 그대로 무엇이든 새로운 것, 무엇이든 현재의 순간에 일어나고 있는 것을 말한다. 좀 더 전문적으로 사용할 때 모더니즘은 철학, 과학 연구, 미술사, 문학 비평, 영화 이론 등과 같이 다양한 영역에서 특정한 시대와 사상 학파를 의미한다. 예를 들어, 과학 연구에서 모더니즘이 의미하는 것은 미술사 또는 다른 분야에서의 의미와 관련이 거의 없을 수 있다. 철학에서 이 시대를 어떻게 다루는지 간단히 설명하면, 이 시기는 17세기 초반부터 과학혁명의 역사적 배경에 대항하여 시작되었고 계몽주의의 맥락에서 19세기 초반까지 지속되었다. 계몽주의는 대체로 진리를 얻고 인간의 가장 높은 잠재력을 달성하기 위해서 이성을 잠재적으로 사용하는 것에 대한 축하와 낙관이라는 태도로 가장 잘 묘사된다. 포스트모더니즘이 영원히 떠나버린 것이 정확히 바로 이런 낙관주의다.

일반적으로 포스트모더니즘과 특히 포스트모던 페미니즘에 있어 절대 진리는 존재하지 않는다. 사실과 허구를 구별하려는 모든 시도는 증거나 논리에서처럼 이념과 가치에 바탕을 둔 정치적 계획이다. 포스트모더니즘을 페미니즘의 주제에 적용하는 포스트모던 페미니즘에는 섹스나 젠더에 대한 근본적인 진실이 없다. 이러한 입장에 대한 특히 도발적인 진술은 젠더가 사회적으로 구성될 뿐 아니라 섹스 자체도 또한 사회적으로 구성된다는 주디스 버틀러의 제안이다. 섹스에 대해서 버틀러는 다음과 같이 주장한다.

섹스는 시간에 걸쳐 강제로 물질화되는 이상적인 구성물이다. 섹스는 신체의 단순한 사실이나 정태적 조건이 아니라, 규제적인 규범이 '섹스'를 물질화하는 과정이자 그러한 규범의 강제적 반복을 통해서 이러한 물질화를 실현하는 과정이다.`

퀴어 이론

지금까지 요약한 범주들 전반에는 상당한 중첩이 존재한다. 제1물결 페미니즘, 자유주의 페미니즘, 페미니즘 경험주의 간에는 명백한 관련성이 있다. 각각의 경우에, 페미니즘의 적절한 역할은 진리와 정의를 성취하기 위한 수단으로 이성의 부지런한 적용을 촉진하는 것이다. 다문화 페미니즘과 페미니즘 입장론 사이에도 관련성이 있다. 둘 다 지배적인 주류 정체성 범주 바깥에 있는 사람들이 가진 사회적 위치를 자각하고 인정하도록 북돋운다는 점이다. 에코페미니즘과 글로벌 페미니즘은 가부장제가 세계적인 맥락에서 여성의 경험에 미치는 영향을 다룬다는 점에서 연관될 수 있다. 마지막으로는, 8장에서 더 구체적으로 논의될 연결성으로서 포스트모더니즘과 제3물결 페미니즘 그리고 퀴어 이론 간의 중첩이 있다.

　　페미니즘이 더 이상 필요하지 않다고 많은 사람들이 제안한 역사에서, 제3물결 페미니즘은 적어도 대다수의 유럽과 북미 여성에게는 페미니즘의 가장 최신 세대다. 사실상 리베카 워커가 1992년에 "제3물결"을 언급하면서 그 용어를 대중화시켰을 때, 이는 포스트페미니즘 시대가 진행되고 있다고 제안한『뉴욕타임스』기사에 대한 응답이었다.[×] 일각에서는 성차별이 더 이상 중요한 문제가 아닐 정도로 제2물결 페미니즘이 충분히 성공적이었다고 주장하면서 제3물결 페미니즘 개념에 도전하는 반면, 다른 일각에서는 제2물결이 아직 그 작업을 완수하지 않았다고 주장하면서 제3물결 페미니즘 개념에 도전한다.[10]

　　제3물결 페미니즘은 쉽게 정의될 수 없다. 그 이유는 아직 그 자체가 확립 과정에 있기 때문이며 또한 부분적으로는 제3물결

\　　Butler, 1993: 1-2.

×　　Baumgardner and Richards, 2000: 77.

페미니즘에서 공통적으로 나타나는 특징들 중 하나로서 제3물결 페미니즘이 페미니스트가 된다는 것이나 심지어는 제3물결 페미니즘이 무엇을 의미하는지에 대해서도 여러 형태를 인정하기 때문이다. 사실상 포스트모던 페미니즘, 제3물결 페미니즘 그리고 퀴어 이론을 연결하는 하나의 공통점은 궁극적으로 무언가를 정의하려는 시도가 통제권을 행사하려는 시도라는 우려다. 게일 루빈의 "특권 집단charmed circle"(그림 7.2 참조)이 묘사하는 것처럼, 섹스를 정의하는 과정은 또한 "정상" 섹스와 "일탈적" 섹스의 구별을 동시에 통제하는 것이다. 지배적 핵심과 외부의 주변을 가진 원으로 설명된 루빈의 특권 집단은 페미니즘 입장론과 관련된 주변 및 중심 사회에 대한 설명을 연상케 한다(그림 7.1 참조). 중심에는 사회적으로 규정된 성적 행위와 관습이 있으며, 사회적으로 금지된 성적 행위와 관행이라는 주변이 중심을 둘러싼다.

주디스 버틀러와의 대담에서 루빈은 이러한 분석이, 페미니스트와 게이 남성 사이를 가르는 틈을 만들어낸 주범이라고 설명한다. 이는 수용된 성적 행위와 실천 그리고 수용되지 않은 성적 행위와 실천 간의 차이에서 비롯된 페미니즘의 표현에 대한 반응으로부터 부분적으로 발전되었다.

페미니즘은 게이 남성 정치의 정치 이론으로도 꽤 많이 사용되었지만 잘 작동하지 않았다. 게이 남성의 행동은 실제로 페미니즘의 인허가 승인을 거의 받지 못했다. 게이 남성 문화의 실제적인 실천의 대부분은 많은 페미니스트에게 거부감을 안겼는데, 그들은 드래그와 크로스드레싱, 공개적인 게이 섹스, 게이 남성의 난교, 게이 남성의 남성성, 게이 가죽, 게이 주먹 섹스, 게이 파트너 물색 그리고 게이 남성들이 한 모든 것을 무자비하게 반대했다. 나는 이 모든 것이 왜 끔찍하고 반反

[그림 7.2] 루빈의 섹스 위계질서: 특권 집단 내 집단 바깥 구역

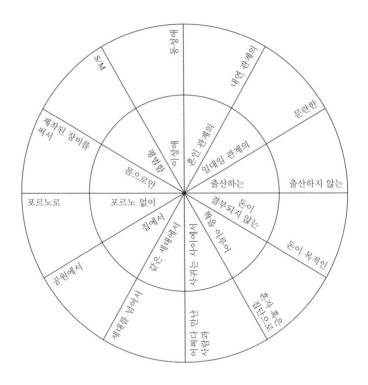

동성애

S/M

제작된 장비를 써서

포르노로

공원에서

세대를 넘어서

내연 관계의

문란한

출산하지 않는

돈이 목적인

혼자 혹은 집단으로

구강성교

짝패적

몸으로만

포르노 없이

집에서

같은 세대에서

단지 커플로 상대가 되는

출산하는

돈이 결부되지 않는

관계를 이루어

결혼한

혼인 관계의

이성애

일대일 관계의

페미니즘적인지에 대한 흔한 견해를 받아들일 수 없었으며,
종종 이것을 호모포비아의 재구성된 표현이라고 생각했다.[11]

루빈은 젠더, 섹스, 섹슈얼리티가 밀접하게 연관되어 있음을
인정한다. 사실상 루빈은 "사회는 생물학적 섹슈얼리티를 인간 활동의
산물로 변형한 것에 의한, 이러한 변형된 성적 욕구를 충족하는 것
내에 있는 배치들의 집합"[X]이라는 점을 설명하기 위해서 "섹스-젠더
체계"를 처음으로 언급한 사람이었다. 이러한 예가 보여주는 것은
섹스, 젠더, 섹슈얼리티라는 내적으로 연결된 개념들 세 가지에 다

[11]   Rubin, 버틀러가 인터뷰 진행,
1994: 76.

[X]   Rubin, 1975: 159. 2000: 77.

주의를 기울여야만, 그렇게 하지 않는다면 주목받지 못하고 도전받지 못할 편견의 형태가 드러난다는 것이다. 또한 이러한 예는 기존의 섹스, 젠더, 섹슈얼리티 체계의 가능한 대안을 모색한다.

생각과 행동

✦ 본문에 기초하여, 페미니즘의 동일성과 차이 접근법을 자신의 언어로 설명해보라. 두 가지 접근법이 갖는 장점과 단점은 무엇인가?

✦ 다양한 종류의 페미니즘 이론에 대한 몇 가지 예를 들어보라. 서로 다른 페미니즘 이론들 중에서 당신에게 가장 설득력 있는 것은 무엇인가? 그 이유는 무엇인가?

✦ 본문에 기초하여, 자신의 언어로 주변성 개념을 설명하고 페미니즘 이론에서 해당 개념의 중요성에 대해 토론해보라. 해당 개념을 대안적인 섹슈얼리티 분석에 적용할 때 어떤 장점과 단점이 있는가?

✦ 본문에 기초하여, 자신의 언어로 교차성 개념을 설명하고 페미니즘 이론에 대한 해당 개념의 중요성에 대해 토론해보라. 해당 개념을 대안적인 섹슈얼리티 분석에 적용할 때 어떤 장점과 단점이 있는가?

✦ 루빈은 규범적 섹슈얼리티의 내부 특권 집단에 대한 아이디어를 발전시켰고 원의 바깥쪽에 있는 성적 실천들이 일탈적이라

여겨진다고 말했다. 루빈이 제공한 도표에 포함되지 않은 다른 사례를 찾아보자.

✦ 다양한 페미니즘 웹사이트와 블로그를 찾아보고, 그곳에서 제기한 문제와 해결 방법들을 비교하고 대조해보라. 어느 것이 당신에게 가장 설득력 있는가? 그 이유는 무엇인가?

✦ 페미니즘의 다양한 측면에 동의하는 사람들도 때때로 페미니스트로 정체화하기를 꺼린다. 이들이 페미니스트라는 딱지를 피하고 싶어하는 이유는 무엇일까? 당신의 상상력과 본문, 추가 자료, 인터넷 그리고 다른 이들과의 대화를 바탕으로 페미니즘에 대한 흔한 오해들을 없애기 위한 소책자를 고안해보자.

4부
퀴어 페미니즘

도로시는 한숨을 내쉬었고 더 쉽게 숨을 쉬기 시작했다. 그는 결국 죽음이 자신에게 일어나지 않았음을, 그러나 그가 이전에 만났던 것들만큼이나 이상하고queer 평범하지 않은 또 다른 모험이 시작되었을 뿐임을 깨닫기 시작했다.

—라이먼 프랭크 바움, 『오즈의 마법사』

8장 퀴어 페미니즘에 대한 기록

라이언 프랭크 바움, 『오즈의 마법사』

"그게 이상한queer 조합을 만드는 건 아닐까?"
키키가 물었다. "이상할수록 더 좋아." 루게도가
분명히 대답했다.

퀴어 이론과 페미니즘 이론의 결합

퀴어 이론과 페미니즘 이론을 연결시켰던 것은 나만이 아니다. 대충 인터넷 검색만 해봐도, 퀴어 페미니즘을 다루는 다양한 기사와 페이지를 상당히 많이 발견할 수 있다. 나는 내가 퀴어 페미니즘이라고 부르는 것이 전적으로 독창적이라 생각하지 않는다. 지식 생산의 사회적 특징을 고려해볼 때, 어떤 새로운 아이디어의 개발도 전적으로 독창적일 수는 없다고 믿는다. 대신 나는 내 프로젝트를 페미니즘과 퀴어 이론의 교차점에 위치한 더 큰 새로운 경향의 일부로 여긴다.

내가 퀴어 페미니즘이라고 부르는 것은 젠더, 섹스, 섹슈얼리티에 대한 퀴어한 개념을 페미니즘 이론의 중요한 주제에 단순히 적용하는 것이고, 동시에 젠더, 섹스, 섹슈얼리티라는 페미니즘의 개념을 퀴어 이론의 중요한 주제에 적용하는 것이다. '퀴어'라는 단어는 일반적으로 섹스와 섹슈얼리티와 관련하지만, 퀴어 이론은 섹스와 섹슈얼리티뿐만 아니라 젠더를 이해하는 한 방법이기도 하다. 특히, 퀴어 이론은 보통 이 개념들과 관련된 이분법적이고 위계적인 추론을 피한다. 정확히 말하자면, 페미니즘의 주제를 구성하는 것은 페미니즘의 한 형태에서 다음 형태에 이르기까지 다르다. 그러나 이러한 다양성에도 불구하고 대부분 형태의 페미니즘은 섹스와 젠더, 그리고 때로는 또한 섹슈얼리티에 관한 것이다. 따라서 퀴어 이론과 페미니즘 이론 간에는 암묵적인 연결이 존재하며, 퀴어 페미니즘은 이 연결을 보다 명확하게 만든다.

퀴어 페미니즘은 페미니즘 이론에 대한 퀴어의 지향과 퀴어 이론에 대한 페미니즘의 지향을 모두 지닌다. 퀴어와 페미니즘 이론의 결합이 매력적인 지점은, 이들에게 이미 공통점이 많다는 것이다. 이미 언급했듯이, 이 둘은 젠더, 섹스, 섹슈얼리티가 교차하는 문제를 다룬다. 그러나 퀴어 이론은 섹스와 섹슈얼리티에 중점을 둔다.

페미니즘 이론은 섹스와 젠더에 중점을 둔다. 퀴어 이론과 페미니즘 이론의 결합의 분명한 결과는 페미니즘 이론의 맥락에서는 퀴어적 관점으로 인해 섹슈얼리티에 대한 관심이 증가하는 방향으로 나아갈 것이고, 퀴어 이론의 맥락에서는 페미니즘적 관점으로 인해 젠더에 대한 관심이 증가하는 방향으로 나아갈 것이라는 점이다.

퀴어 이론은 단순히 섹슈얼리티를 강조하는 것 이상이며 이 때문에 페미니즘을 퀴어링하는 것은 당연히 다른 관심 및 결과들로 연결된다. 페미니즘 이론이 단순히 섹스를 강조하는 것 이상이며 이 때문에 퀴어 이론에 페미니즘을 명시적으로 삽입하는 것과 관련해서는 추가적인 관심사와 쟁점이 있다. 페미니즘 이론에 퀴어 지향을 가져오는 것의 중요성은 바로 다음 절에서, 퀴어 이론에 페미니즘 지향을 가져오는 것의 중요성은 그다음 절에서 다루겠다.

퀴어 페미니즘에서의 퀴어

레즈비언, 게이, 양성애자, 트랜스젠더 주제에 대한 관심 그리고 여성들의 주제에 대한 관심을 연결하는 명백한 연대가 존재한다. 이러한 연대는 페미니즘이 이성애자로 정체화한 여성만큼이나 그렇지 않은 여성들의 삶을 반영해야 한다는 단순한 인식보다 좀 더 심층적인 것이다. 이 연대는 또한 모든 사람이 권리와 기회의 평등을 누릴 자격이 있다는 단순한 인정보다 더 깊이 있는 것이다. 대신, 이 연대는 여성의 억압과 레즈비언, 게이, 양성애자, 트랜스젠더 존재의 억압이 깊숙이 얽혀 있다는 깊은 이해에서 비롯된 것 같다. 페미니즘의 정체성은 LGBT 정체성과 마찬가지로 섹스, 젠더 및 섹슈얼리티에 대한 확립된 범주를 확장한다.

이들이 암묵적으로 연결되어 있음에도 불구하고, 일반적으로 그리고 더 구체적인 퀴어 이론의 경우에, 페미니즘 연구와 섹슈얼리티 연구 사이에는 긴장의 역사가 있다. 일부 페미니즘에 레즈비언 여성,[1] 게이 남성,[2] 양성애자,[3] 트랜스젠더[4]에 대한 편견이 존재한다는 증거가 있다. 섹슈얼리티에 방점을 둔 퀴어 페미니즘의 명백한 강조는 그러한 문제를 예방하는 데 큰 도움이 될 수 있다. 이와 관련해 다른 문제는 페미니즘 경전에 인종주의와 계급주의의 역사가 있다는 것이다.[5] 이분법과 이분법적 추론에 대한 퀴어 이론의 비판은 지배 논리의 일부분인 억압의 모든 형식을 인식하고 다룬다. 지배 논리는 7장에서 논의한 바와 같이 에코페미니즘이 제기한 관심사이기도 하다. 지배 논리는 권력 있는 사람들에 의해 권력 없는 사람들이 체계적으로 종속되는 것을 정당화하는 방식이며, 이를 통해서 계층적으로 구조화된 세계와 그 주민들에 대해 생각하고 상호작용하는 방식이다. 페미니즘과 퀴어 이론의 두 가지 형태가 제공하는 지배 논리에 대한 비판은 인종주의, 계급주의 및 기타 억압의 표현을 점검할 것을 약속한다.

한편 페미니즘 이론처럼 퀴어 이론 또한 인종차별주의와 계급주의의 역사를 가지고 있다. 이런 사실은, 편견은 만연하며 편견의 특정 형태를 다루려는 목표와 약속의 이론적 방향이 편견의 영속화로부터 자유로울 수 없음을 말해준다. 억압에 관심을 기울이는 모든 비판이 똑같이 성공적일 수는 없다. 특히 초반에는, 이러한 자각이 편견을 없애고 편견에서 벗어날 가능성에 대한 절망감으로 이어질 수도 있다. 그러나 이와 동시에, 다양한 규율 및 개인적 차단을 통해 생각을 걸러내는 것이 얼마나 중요한지를 상기시키는 역할을 할 수도 있다. 이 과정은 의도치 않게 갖고 있는 편견의 여러 잔해를 포착하고 제거하는 가장 좋은 기회일 수 있다. 사실상 퀴어와 페미니즘의 관점을 연결함으로써, 이러한 여과 장치에 또 다른 거름망을 겹쳐지게 할 수 있다. 퀴어 이론, 따라서 퀴어 페미니즘은 다양성을 포용하기 때문에 여러 가지 조합을 통해 이 차단을 겹겹으로 만드는 데 제한이 없다. 내가 퀴어 페미니즘을 통합하고 명료하게 표현하기를 열망하는 것처럼, 다른 이들도 다른 분야에서 퀴어한 시각을 통합하고 분명히 표현했다.[6]

　　퀴어 이론과 페미니즘을 연결시켰을 때 또 다른 결과는, 그 연결이 방향을 탐색하려 하는 페미니즘에 방향을 준다는 것이다. 특히 이는 동시대의 페미니즘, 특히 제3물결 페미니즘을 향해 있다. 이러한 페미니즘은 엘리자베스 키슬링\을 포함해 포스트페미니즘으로 지칭되는 일부 사람들에게는 덜 매력적이다. 포스트페미니즘에 대한 키슬링의 언급은 페미니즘의 종말을 알리기 위한 것이 아니며, 오히려 "페미니즘을 묵살하기 위해서 페미니즘을 가져오는" 솔직하지 못한 과정의 확인이다. 포스트페미니즘은 여성과 남성 간의 사회적, 경제적 평등과 같이 페미니즘적 이상을 성취하기 위해 필요한 조건이 이미 마련되어 있다고 말한다. 여성들은 이미 여성에게 열린 그 기회를 이용하기만 하면 된다. 이것은 대체로 페미니즘 제1물결의 절정이라고 여겨진 1920년에 제19조 개정안이 통과된 후 미국에 널리 퍼진 태도를 떠올리게 한다. 당시 여성에게 투표권을 허용하는 것은 대체로 사회·경제적 평등과 같은 페미니즘적 이상을 성취하기 위해 필요한 조건이라고 여겨졌다. 여성들은 그저 선거권을 행사할 수 있기를 원했다. 그들은 그저 스스로 선택할 수 있기를 원했다. 이와 마찬가지로, 포스트페미니즘은 선택할 수 있는 능력을 페미니즘의 상징으로 지지한다. 이는 지금의 문화에 대중적으로 널리 퍼져 있으며, 특히 여성을 변신시켜주는 텔레비전 프로그램과 잡지 카피가 선택 능력에 대해 말한다. 그리고 여기서 여성이 지닌 표현의 자유는 여성에게 위험한 성형수술의 범위를 '선택'할 수 있는 충분한 재정적 자원을 여성이 가질 수 있도록 하는 그러한 '자유'로 종종 환원된다. 선택의 자유라는 문제를 이런 방향으로 던져버리는 것은 여성이

\　　Grigg-Spall, 2010.

사회화를 겪는 문화적 조건—여성에게 건강한 신체는 마르거나 굴곡이 있거나, 그을렸거나 창백하거나, 키가 크거나 작거나, 곱슬머리이거나 직모이거나 무엇이든 간에 충분하지 않다고 믿도록 만드는—을 비판할 기회를 잃게 됨을 의미한다.

　　　포스트페미니즘과 제3물결 페미니즘은 적어도 표면적으로는 약간의 유사점을 가지고 있다. 이 둘은 사실상 제2물결 페미니즘에 대한 대안으로서 존재하므로 이는 놀랄 만한 일은 아니다. 어쨌든 리베카 워커는 페미니즘의 시대가 끝났고 포스트페미니즘 시대가 시작되었다는 『뉴욕타임스』의 선언에 대한 응답으로서 "제3물결"이라는 표현을 대중화하는 데 도움을 주었다.﹨ 실제로 포스트페미니즘과 제3물결 페미니즘은 제2물결 페미니즘이 명백히 그 유용성을 다했다고 여긴다. 먼저 포스트페미니즘의 경우 제2물결 페미니즘이 그 임무를 완수했다고 여기기 때문이다. 제2물결 페미니즘은 동시대 여성이 소중한 선택권을 행사할 수 있도록 다양한 선택지를 제공했다. 한편 제3물결 페미니즘의 경우, 이 장의 마지막 절에서 다뤄지듯이 가부장제 해체에 대한 동시대의 접근법과 비교할 때 제2물결 페미니즘이 단순히 시대에 뒤떨어진다고 여긴다. 포스트페미니즘의 중요한 특징은 다음과 같다. 퀴어 이론, 제3물결 페미니즘 그리고 그에 따른 퀴어 페미니즘이 주류 문화에 대한 비판적 관점을 제공하는 반면, 포스트페미니즘은 페미니즘적 표현이라는 허울로 가장한 채 선택, 특히 소비자의 선택을 촉진함으로써 주류 문화를 강화한다. 이때 퀴어 페미니즘은 비판적 관점으로서의 페미니즘이 계속 발전하는 방향으로 이어지는 길을 제시할 수 있다.

퀴어 페미니즘에서의 페미니즘

레즈비언 여성, 게이 남성, 양성애자, 트랜스젠더인 사람들에 대한
편견의 역사가 페미니즘 안에 있듯이, 퀴어 이론을 비롯한 섹슈얼리티
연구에도 여성에 대한 편견의 역사가 있다.[7] 퀴어 페미니즘이 젠더를
분명하게 강조하는 것은 이러한 문제를 예방하기 위한 확실한
전략이다. 또한 페미니즘 경전에 인종차별주의와 계급주의의
역사가 있었던 것과 마찬가지로, 퀴어의 경전에도 인종차별주의와
계급주의의 역사가 있다.[8] 다시 한 번, 나는 또 다른 비판적 관점이나
추가적인 차단의 겹이 이러한 편견의 발생을 걸러내는 데 유용할 수
있다고 제안한다.

　　억압의 형태를 다루는 퀴어 이론의 가치에도 불구하고,
'페미니즘'이라는 용어와 '퀴어'라는 용어를 한 쌍으로 묶는 것은
문제적이다. 이분법적 사고에 대한 퀴어 이론의 급진적 비판에 따른
결과 중 하나는, 여성성 같은 젠더 범주뿐 아니라 여성 같은 섹스
범주를 포함하여 모든 범주의 실재를 부정하는 것이다. 실제로 여성이
없다면, 여성성이 실제로 존재하지 않는다면, 여성이 없고 실제로는
남성도 없다면, 젠더와 섹스 정체성을 중심으로 조직된 이론적
관점은 거의 가치가 없는 것처럼 보일 것이다. '페미니즘'이라는
용어가 기존의 젠더 및 젠더 이분법을 참조하는 한, 이분법적 형태의
범주화를 거부하는 것은 이상하게 보일지도 모른다.

　　이 명백한 모순에도 불구하고, 나는 이 표현이 지닌 모순에
대한 충분한 지식을 가진 채 의도적으로 문제적 이름표인 '퀴어
페미니즘'을 선택했다. 예를 들어 나는 의미를 영구적으로 고정할
수 없지만 실제로는 특정 문맥에서 그것을 지시하기 위해 끊임없이
협상해야 한다는 것을 이해하기 위해, 포스트구조주의와 특히

＼　　Baumgardner and Richards,
　　2000 : 77.

데리다로부터 충분히 배웠다.[3] 이는 성차별주의, 인종차별 및 기타 여러 형태의 억압이 어떻게 작동하는지에 관한 것이다. 기대와 이상은 끊임없이 재검토되고 수정된다. 이는 기대와 이상이 달성되기 어려운 이유 중 하나이기도 하다. 그럼에도 불구하고, 이러한 기대와 이상은 우리가 받게 되는 판단들에 저항할 수 있는 기준을 형성한다. 성차별주의와 인종차별에 대응하기에 앞서, 관련된 의미들이 배치된 억압의 맥락과 관련하여 어떻게 고정되었는지 인식할 필요가 있다. 이는 1985년 가야트리 스피박이 "전략적 본질주의"라고 부른 것을 연상케 한다.ʼ 전략적 본질주의는 공동의 목표와 이해관계를 가진 집단들이 편의와 연합전선을 위해 공개적으로는 그들 자신이 본질적으로 동일하다고 일시적으로 나타내면서, 이와 동시에 진행 중이며 덜 대중적인 의견 불일치와의 논쟁에 참여하는 전략이다.

그리고 나는 이 용어를 사용함으로써 '페미니즘'이라는 개념에 내재된 문제에 관심을 끌 수 있기를 희망한다. 퀴어 이론의 발상과 마찬가지로, 여성 또는 그 어떤 집단을 향한 현재 및 과거의 억압은 궁극적으로 이분법적 사고에서 기인하는 것으로 보인다. 이분법적 사고는 필연적으로 이와 관련된 이분법 안의 특권층에게 우선권을 부여한다. 따라서 페미니즘이라는 개념은 페미니즘이 해결하고자 하는 바로 그 문제를 강화한다는 점에서 의심스럽고, 미심쩍으며, 이런 의미에서 그 자체로 퀴어하다. 그럼에도 '페미니즘'을 유지하는 것은 독자들에게, 그 반대의 의도에도 불구하고, 세계는 그저 우연히 이분법으로 구성되었으며 그 결과로서 여성 또는 여성으로 지정된 사람들이 종종 불이익을 받는다는 것을 상기시킨다. '퀴어 페미니즘'에서의 '페미니즘'이 주요한 언어적 그리고 개념적 변형을 통해 무의미해질 때까지 혹은 무의미해지지 않는 한, '퀴어 페미니즘'의 '페미니즘'은 여전히 유의미할 것이다.

퀴어 페미니즘 실천들

분명하게 정리된 결론으로 끝내기보다는 마지막으로 퀴어 페미니즘의 정신을 보여주는 몇 가지 초기 사례에 대해 간단하게 토론할 거리를 제공하고자 한다. 이 사례들에 대한 토론이 단지 학문적인 실천일 뿐 아니라 살아 있는 경험의 일부로서 퀴어 페미니즘이 지속적으로 발전하는 데 영감을 줄 수 있기를 희망한다. 내가 선택한 사례는 문화 교란, 급진적 치어리딩, 소규모 독립 출판물 잡지 제작 그리고 '이스트 밴 포르노 집단'이라는 이름으로 조직된 단체가 정통 포르노를 퀴어 페미니즘의 가능한 대안적 개념 중 하나로 모색하는 프로젝트다. 나는 이 주제들을 간략하게 다루려고 한다. 내가 한 예비적 소개에 이어, 일부 독자들이라도 이 책 전체에 걸쳐 다루어진 이론적 문제들과 유사한 실천들을 계속 탐구하기를 바란다.

문화 교란은 미디어와 광고에 익숙한 기호와 메시지를 사용하여, 영리한 묘기와 장난을 통해 이 기호들을 보다 진보적이고 비판적인 태도를 전달하는 것으로 바꾸어서 소비주의에 저항하고 기업의 권력에 보복하는 전략을 의미한다.[x] 클라인은 특히 문화 교란의 성공적인 사례에 대해 설명한다.

> 런던에 박스프레시라는 고급 의류 회사가 있다. 그들은 사파티스타 해방군의 이미지를 이용해서 옷을 팔기로 했고 부사령관 마르코스의 이미지를 가게의 쇼윈도에 장식했다. 일부 현지 활동가들은 이것이 결코 멋지지 않다고 판단하여, 사파티스타 해방군처럼 차려입은 채 전단지를 배포했다. 그 활동가들은 결국 박스프레시를 상대로 실제 사파티스타 해방군이 어떤 이들인지에 대해 정보를 주는 장치를 상점에

[\]   Spivak, 1996.

[x]   Klein, 1999; Lasn, 2000.

설치하도록 동의를 이끌어냈다. 또한 박스프레시는 특정 제품 라인의 수익을 사파티스타 해방군에 기부하기로 했다!`

다른 예는 잡지 『애드버스터즈Adbusters』 또는 해당 웹사이트ˣ에서 볼 수 있다. 『애드버스터즈』에는 많은 주류 잡지에 실리는 것과 동일한 광고 이미지를 이용한 예술적 재작업이 종종 등장하지만, 광고는 전혀 없다. 나오미 클라인은 "페미니스트들은 원래 문화적 재전파자들의 일부였다"＊고 제안했으며, 이는 게릴라 걸스를 보면 분명하다. "사실, 유머, 인조모피로 차별과 싸우다"라는 제목을 내건 게릴라 걸스의 웹사이트는 그들의 활동을 다음과 같이 설명한다.

> 우리는 로빈 후드, 원더우먼, 배트맨과 같은 익명의 공상적 박애주의자들의 전통에 있는, 마스크를 쓴 페미니스트 어벤저스다. 정치, 예술, 영화, 대중문화의 성차별주의, 인종차별 및 부패를 어떻게 노출시킬 수 있을까? 사실, 유머 그리고 어이없는 비주얼을 통해 우리는 하층에 있는 것, 부제로 다루어진 것, 간과된 것, 터무니없이 불공평한 것을 드러낸다. 지난 몇 년 동안 우리는 오스카 수상 시기에 할리우드에서 안티 영화 산업 게시판을 공개했다. 베니스 비엔날레, 이스탄불, 멕시코시티에서 거대한 규모의 프로젝트를 창조했다. 우리는 뉴욕 현대미술관에서 열린 페미니스트 미래 심포지움에서 해당 미술관을 비난했고, 워싱턴 포스트의 전체 페이지에서 워싱턴 D.C.의 박물관을 조사했으며, 아테네, 빌바오, 몬트리올, 로테르담, 사라예보, 상하이에서 대규모 포스터와 배너를 전시했다.＊

급진적 치어리딩은 문화 교란과 비슷한데, 익숙한 무언가—이 경우에는 치어리딩—를 가져와서 이것을 꽤나 색다른 메시지—이 경우에는 페미니스트의 정치적 메시지—로 전환한다. 급진적 치어리딩이란 활동가 그룹인데, 이들은 다양한 사회적·정치적 원인과 관련된 대중적 시위나 저항에 참여하기 위해 단위를 구성하거나 임시로 모인다.[10] 전통적인 치어리더와 마찬가지로 급진적 치어리더는 종종 짧은 스커트를 착용하고 청중의 열기를 북돋우기 위해 응원수술을 흔든다. 그러나 전통적인 치어리더와는 달리 그들은 보통 반체제 미학을 전시한다. 급진적 치어리더에 관한 더 자세한 정보는 급진적 치어리딩 아카이브에서 온라인으로 수집된 것을 참조할 수 있다. 「시스템이 당신을 집어 삼키게 하지 마라—힘을 내라!Don't Let The System Get You Down—Cheer up!」는 뉴욕 시의 급진적 치어리더가 제작한 간략하지만 재미있고 유익한 다큐멘터리다. 이 영상과 함께, 인쇄 배포할 수 있는 몇 가지 응원이 실린 잡지가 보너스 자료로 수록되었다.✱

잡지zine[11]는 상업 출판사가 아닌 곳에서 제작된 독립 출판물이다.[12] 이는 잡지 제작자 또는 편집자로 하여금 인쇄물로 인쇄할 수 없는 콘텐츠를 자유롭게 선택할 수 있게 한다. 이 독립 잡지는 페미니즘의 창의적 작업과 정치적 표현을 위한 것으로, 특히 제3물결 페미니스트들 사이에서는 중요한 출구다.

여러 면에서 제3물결 페미니즘은 이전 페미니즘의 엄숙성과 배타성에 대항한 영 페미니스트들의 반응에서 출현했다. 따라서 제3물결 페미니즘은 통일된 태도나 신념의 집합으로 구성되지 않는다. 그래서 페미니즘 잡지는 그것을 만드는 사람들과 마찬가지로, 성 산업을 원칙적인 문제로 비난할 뿐

╲   Bullock, 2002에서 재인용.   ✱   www.guerrillagirls.com.
✕   www.adbusters.org   ✱   Nedbalsky and Christmas, 2004.
✱   같은 곳.

아니라 성 노동자의 경험을 찬양할 것이다. 그리하여 그 잡지는
정치적으로 함께 규탄하고 정치적 행동주의를 촉진할 것이며,
전통적인 여성의 역할을 부인할 뿐 아니라 바느질 양식,
요리법, 패션에 대한 조언도 다룰 것이다.`

잡지를 제작하면 기존의 출판 수단에 접근할 수 없는 사람에게
게이트키핑ˣ 과정을 우회할 수 있는 기회를 줄 수 있다. 이 기회는
지배적인 패러다임을 뒤흔들고 퀴어링하는 내용을 포함하는, 아직
만들어진 적 없는 대안적인 콘텐츠를 만들어낸다.
　　지배적인 패러다임을 퀴어링하는 대체 콘텐츠의 또 다른
예는 이스트 밴 포르노 집단의 예에서 찾을 수 있다. 이 집단은 퀴어
페미니스트 포르노그래피를 만들 가능성을 모색하기 위해 모였다.
그들의 영화 「비밀리에 제작된Made in Secret」은 이 탐험을 다큐멘터리
양식으로 보여준다. 「비밀리에 제작된」은 이스트 밴 포르노 집단이
어떻게 생겨났는지를 기록하고 그 과정을 시간 순으로 보여주는데,
포르노 영화를 제작하는 과정뿐 아니라 페미니스트 모델 집단의
합의를 통해 해당 영화의 배포를 결정하는 과정도 담고 있다.
「비밀리에 제작된」은 그러나 적어도 관습적 의미에서는 다큐멘터리라
하기는 어렵고, 이스트 밴 포르노 집단은 사실 통상 포르노그래피라고
할 만한 것을 제작한 적이 없을지도 모른다. 이들이 제작한 포르노
영화 「바이크 섹슈얼Bike Sexual」은 실제로 공개된 적이 없으며 확인
가능한 사본도 없다. 게다가, 「비밀리에 제작된」의 포장에 쓰인 설명은
그것의 특징을 다음과 같이 설명한다.

　　당신은 이 영화를 다큐멘터리 섹션에서 발견했을지도
　　모르겠다. 이것은 흔히 그렇게 묘사되고, 그럴 만한 이유가
　　없는 것도 아니다. 그러나 대부분의 이분법적인 표식(남성/

여성, 게이/이성애자 등)과 마찬가지로, '다큐멘터리'라는 용어는 다큐멘터리가 묘사하는 진정한 본질을 드러내는 만큼이나 생략할 수도 있다. 그래서 영화 제작자인 우리는 이 영화를 다큐멘터리라고 부르지 않는다고 말해두는 것이, 아마 의미가 있을 것이다.*

그것 자체의 사실적 진실성을 질문함으로써 「비밀리에 제작된」은 사실과 허구의 경계를 흐리게 만든다. 하지만 영화가 퀴어 페미니스트 포르노의 가능성을 탐색하고 영화를 만들기 위해 함께 모인 사람들이 이스트 밴 포르노 집단으로 정체화하는 한, 「비밀리에 제작된」을 "이스트 밴 포르노 집단의 이야기"라고 설명할 수 있는 진실에 흡사한 것은 정말로 존재한다. 다큐멘터리와 드라마 사이의 가장 기초적인 구분의 안정성에 도전함으로써 이 영화는 친숙한 개념을 퀴어링한다. 하지만 이것이 퀴어 영화가 지닌 유일한 의미는 아니다. 「바이크 섹슈얼」 제작에 관련된 참가자들이 나누는 대화는 동성애와 이성애 사이의 이분법적 구분뿐 아니라 이성애를 가로지르는 방식으로 섹슈얼리티를 탐구하는 동시에 철저히 페미니스트적 실천으로 그렇게 하는 과정을 묘사한다.

생각과 행동

✦   본문에 기초하여, 전략적 본질주의 개념을 자신의 언어로 설명해보라. 이 개념을 퀴어 페미니즘에 적용하는 것은 어떤

\   Marinucci, 2006b: 375.
✕   편집자나 기자와 같은 기사 결정권자가 뉴스를 선택하는 일. 예를 들어 주요 포털 사이트의 뉴스 기능이 게이트키핑이다. —옮긴이.

✳   East Van Porn Collective, 2005.

장점과 단점이 있는가?

✦ 당신의 상상력과 본문 내용, 추가 자료, 인터넷 그리고 다른
이들과의 대화를 통해서, 퀴어한, 페미니즘적인, 또는 퀴어하면서
페미니즘적인 문화 교란의 사례를 정리해보라.

✦ 급진적 치어리딩 아카이브를 탐색한 후에, 급진적 치어리딩 팀에서
사용해볼 만한 다양한 응원 레퍼토리를 모아보라.

✦ 「비밀리에 제작된」을 시청해보라. 당신은 퀴어 페미니즘적인
포르노그래피를 제작하는 것이 가능하다고 믿는가? 만약
아니라면 그 이유는 무엇인가? 만약 그렇다면 그것이 어떻게 주류
포르노그래피와 다를지 설명해보라. 페미니즘적 포르노그래피
제작이 바람직하다고 생각하는가? 그 이유는 무엇인가?

✦ 당신이 이해하는 퀴어 페미니즘과 관련된 발상이나 논쟁을
전달하거나 탐구하기 위한 독립 잡지를 고안해보라.

9장 우리는 모두 퀴어하다

─라이먼 프랭크 바움, 『오즈의 허수아비』 중에서

"너한테는 이상한queer 친구들이 있구나.
내겐 그게 보여." 고양이는 확신에 차서
대답했다.

연대자라는 말

LGBT+ 공동체의 구성원으로 정체화하지 않은 사람들을 위해, 구성원이 아닌 연대자로서 그들의 지위를 표시하기 위한 범퍼 스티커와 티셔츠, 소셜 미디어의 밀어주기와 해시태그가 있다. 연대한다는 표현은 LGBT+ 쟁점에 관심이 집중되고 LGBT+ 사람들과 공동체에 영향을 미치는 정치적 조치가 있을 때 특히 유행한다. 예를 들어 프라이드 축제와 정치 집회에는 "이성애자이지만 편협하지 않은"과 "나는 이성애자다. 그러나 나는 혐오하지 않는다"와 같은 구호가 대다수다. 또한, 더 이상 동성 결혼을 금지할 수 없다는 2015년 6월 26일의 대법원 판결까지 이어져온 소셜 미디어 트렌드를 들 수 있다. 많은 이성애자를 포함해 수많은 이가 판결을 지지하면서 #이성애자연대자들#straightallies이라는 해시태그와 함께 무지개 색 필터로 프로필 사진을 장식했다.`

　　　이러한 종류의 연대가 지닌 잠재적 이점은 특히 기업 내 다양한 관행을 변화시키기 위해 기업을 보이콧하는 사례에서와 같이, 특정한 변화를 일으키는 권력의 지위에 있는 사람들을 압박하고자 하는 상황에서 특히 분명하다. 레스토랑 크래커 배럴에 대한 1991년의 불매운동을 예로 들 수 있다. 크래커 배럴은 2002년 회사의 차별 금지 정책에 성적 지향이 추가될 때까지 이성애자 유지 정책을 위반한 11명의 동성애자 직원을 해고했다.[1] 좀 더 최근에 있었던 비교적 단기 사례로, 소매점 타깃이 극렬한 반동성애 후보인 톰 에머를 지지하는 정치행동위원회에 15만 달러를 기부했던 2010년 해당 소매점에 대해 진행되었던 불매운동이 있다. 타깃의 사장인 그레그 스타인하펠은 직원에게 사과의 메시지를 신속히 전달했으며, 2014년 8월에 타깃은 법정 조언서를 작성하는 다른 회사들의 움직임에 동참함으로써 동성 결혼에 열린 지지를 표명했다.[2] 아마도 이러한 변화는 적어도 부분적으로는 불매운동의 성공에 기인한 것이었고, 불매운동의 성공은 아마 이들 기업이 영구화하고 부추긴다고 고발당했던 차별로부터 직접적 영향을 받지 않는 많은 사람의 참여로 인한 것일 수 있다.

그러나 이러한 연대에 정치적 효용성이 있다고 해서 '이성애자 연대자들'이라는 개념이 문제적이지 않은 것은 아니다. 이 개념뿐 아니라 규범적 섹슈얼리티의 헤게모니에 저항하면서 연대를 창출하는 대안적인 틀과 관련된 몇 가지 문제를 개관해보겠다. 여기에서 주장되는 대안 그 자체에 문제가 전혀 없는 것은 아니지만, 그럼에도 이러한 대안은 기존의 틀이 이미 한계에 이른 상황에서는 유용할 수 있다.

동성애자-이성애자 이분법은 지나치게 단순하다

사람들이 어떤 집단의 연대자로 자신을 지시하거나 지시를 받을 때, 이러한 지시에는 그들은 그 집단의 구성원으로 정체화하지 않지만 그럼에도 불구하고 그러한 정체성을 지닌 사람들의 이익을 지지한다는 함축이 동반된다. '이성애자'와 '연대자'의 결합은 규범적 섹슈얼리티와 LGBT+ 섹슈얼리티 간의 지나치게 단순한 이분법에 의존한다. 문제가 되는 것은 예컨대 다음과 같다. 어떤 이들에게는, 만약 선택을 해야만 한다면 '이성애자'가 '레즈비언' '게이' 혹은 '양성애자 또는 트랜스젠더'보다는 좀 더 나은 기술어일 것이나,

╲ 이 장에서 저자는 이성애자와 동성애자를 지시하는 데 스트레이트straight와 게이gay를 사용한다. 이하 해당 표현들을 이성애자와 동성애자로 번역했다. —옮긴이.

동시에 그들은 스스로를 LGBT+ 공동체의 단순한 지지자라기보다는 구성원이라고 여긴다는 점이다. 또 어떤 이들은 이성애자로도 LGBT+ 공동체의 구성원으로도 정체화하지 않는다. 다시 말해서, 동성애자-이성애자 이분법에 포함된 범주는 배타적이지도 않고 철저하지도 않다. 사람들은 이 이분법의 양쪽에 다 속할 수도 있고, 어느 쪽에도 속하지 않을 수도 있다.

LGBT+와 이성애자는 상호 배타적이지 않다

이성애자 연대자들이라는 개념은 첫째, 문제의 공동체의 구성원이거나, 둘째, 이성애자이지만 잠재적 연대자로서 공동체의 밖에 위치해 있다는 두 가능성만을 허용한다. 그러나 이성애자와 LGBT+의 범주 양쪽에 똑같이 적합한 사람으로 여겨질 수 있는 수많은 상황이 있다. 또 이성애자로 정체화하지만 '연대자'라는 표식이 LGBT+ 공동체 내에서 자신의 역할을 표현하기에 사실상 부적절하다고 여기는 사람들도 있다.[3]

예를 들어 스스로 이성애자로 정체화하는 트랜스 남성과 트랜스 여성을 그저 LGBT+ 커뮤니티의 연대자로 여기는 것은 완전히 적합하지 않을 수 있다. 마찬가지로 자신의 파트너가 트랜스젠더임을 알게 된 사람들은 그들의 파트너가 이행 중이기 때문에, 혹은 그러한 이행에도 불구하고 자신을 이성애자로 정체화할 수 있다. 예를 들어, 레즈비언 커플로 시작했지만 남성으로 정체화하는 파트너의 이행으로 인해 이성애 관계로 기술하는 것이 좀 더 적합한 상황이 되는 커플을 가정해보자. 반대로, 아마도 이성애자로서 시작한 커플 관계이나〔여성이 남성으로 정체화함에 따라〕두 명의 남성이라 하는 편이 적합해진 경우를 가정해보자. 이 경우에 시스젠더인 남성은 그가 남성인 파트너에게 끌린 것을 예외적으로 여기거나 또는 이런 일이 이성애자에서 동성애자 혹은 양성애자로 이행할 충분한 확신을 줄 만큼 규칙적으로 일어나지는 않을 것이기에, 이성애자로 계속 정체화할 수 있다. 이러한 상황에서 이성애자 정체성을 채택하거나 유지한다고 해서 LGBT+ 공동체의 구성원 자격이 없는 것은 아니다. 또한 이러한 커플들이 스스로를 단지 공감하는 연대자가 아니라 LGBT+ 공동체에 속한 구성원으로 여기며 다른 이들도 그렇게 생각하는 것은 정말로 당연한 일이다.

지금까지의 예는 모두 트랜스 정체성을 언급했다. 다른 유형의 예로, 한 사람은 양성애자로 정체화하고 다른 한 사람은 이성애자로 정체화하면서 양성애자 파트너의 젠더와 같은 제3의 구성원을 포함하는 성 경험을 정기적으로 행하는 커플을 가정해보자. 이 상황에서 이성애자인 파트너는 이성애자로 정체화하더라도 스스로를 연대자가 아니라 LGBT+ 공동체의 일원으로 동시에 정체화할 수 있다. 이러한 사례는 다른 무수히 많은 사례와 마찬가지로, 연대자와 이성애자를 한 쌍으로 묶는 것 그리고 흔히 동성애자와 이성애자를 대조시키는 것 모두에 도전한다.

LGBT+와 이성애자는 모든 가능성을 망라하지 못한다

이성애자와 LGBT+라는 범주 둘 다에 적합한 사람들이 있고 그래서 LGBT+ 공동체의 구성원인 동시에 이성애자로 정체화하는 사람들이 있는 것처럼, 정체성이 이러한 범주에 특히 적합하지 않은 사람들도 있다. 양성애자 여성과 남성이 있고, 이들이 오랜 기간 동성 파트너와의 만남을 갖지 않은 채 모노가미의 관계(일대일 관계)를 맺고 이성애자들과 실질적으로는 구별할 수 없는 방식으로 섹슈얼리티를 표현한다고 가정해보자. 모노가미 파트너가 된 일부 사람들은 일상적인 대화에서 양성애자 정체성을 주장하기 위해 노력을 기울일지라도, 다른 사람들은 그들과 상호작용을 맺는 데 이 사실이 대체로 무관하다고 여길 수 있다. 또 어떤 이들은 양성애자로 정체화하기를 주저할 수도 있는데, 이는 그들이 거주하는 주류 공동체에 정체성을 숨기기를 원해서가 아니다. 오히려 그들이 지금 새로운 파트너를 찾고 있거나 미래에 그렇게 할 것으로 기대되지 않는 한, 여성과 남성 모두에 성적 지향을 갖는다고 그들 자신을 설명하는 것은 오해의 소지가 있기 때문이다. 이와 같은 상황에서 이러한 유형의 사람들은 이성애자이거나 LGBT+ 공동체의 구성원으로 간단히 정체화할 수 없다. 다시 말해 동성애자와 이성애자 사이의 이분법, 또는 LGBT+ 공동체의 구성원인 사람들과 실질적 또는 잠재적 연대자로서 그 공동체의 외부에 존재하는 사람들이라는 이분법에 포함된 범주들은 적어도 어떤 이들에게는 똑같이 적합하지 않다.

이분법이 이러한 가능성의 범위를 제한한 결과, 자신을 때때로 동성애자 또는 이성애자로 추정하도록 함으로써 사람들이 자신을 오해하게 하거나, 섹슈얼리티에 대해 불편할 정도로 세부적인 내용을 제공하도록 함으로써 오해를 피하게 하는 양가 선택만이 강요된다. 예를 들어, 게이 또는 레즈비언으로 추정되는 사람들은 그들의 '커밍아웃' 이야기를 공공 관계 프로젝트의 일환처럼 공유하도록 요청받을 수 있는 반면, 이성애자로 추정되는 사람들은 자신의 지위를 '연대자들'로 광고하도록 요청받을 수 있다. 복잡한 정체성을 지닌 사람들 중 적어도 일부에게는, 커밍아웃 이야기를 전하는 대신 연대자라는 스티커를 붙이는 데 동의하는 것이 간단한 문제가 아니다. 또한 그 반대도 마찬가지다. 오히려 대부분의 사람이 전통적인 이성애 결혼이라고 생각할 관계를 맺고 있다 해도 종종 혹은 가끔씩 동성 파트너와 관계하는 것에 대해 상세하고 개인적인 설명이 필요할 것이다. 이러한 사례들은 20세기 초반부터 중반까지의 북미 상황을 연상시킨다. 그 당시에는 대중이 게이 정체성이라는 가능성에 아직 익숙하지 않았고, 그로 인해 성인 남성은 결혼한 사람이거나 (이성애자인) 바람둥이 독신 남자로 여겨졌다. 어떤 범주에 속하는지를 물었을 때, 동성애자 남성에게는 자신을 이성애자라고 왜곡하거나 더 많은 개인 정보를 제공해야 하는 선택권만이 있었다. 이성애자이고 결혼했거나 이성애자이고 독신이라는 단 두 가지 가능성을 전제하는 것은 이성애 특권의 아주 명백한 표현이다. 그러나 이보다는 덜 명백하다 해도 이성애자이거나 동성애자라는 단 두 가지 가능성을 전제하는 것 역시도 이성애 특권을 표현한다.

동성애자-이성애자 이분법은 이성애자 특권을 강화한다

지금까지 개괄한 대로, 사람들은 반드시 동성애자와 이성애자라는 이분법의 한쪽과 다른 쪽으로 필연적으로 단순 구분되지 않는다. 이것이 시사하는 바는 이러한 이분법이 단지 이미 고유하게 존재하는 대조를 묘사한다기보다는, 실제로 이성애자 정체성을 규범으로 지칭하고 동성애자 또는 LGBT+ 정체성을 그 규범의 반대에 위치시킴으로써 그 대조를 유지하는 데 참여한다는 것이다. 규범적 정체성 범주에 속한 구성원인 연대자의 지위에 초점을 맞춤으로써, 이성애자 연대자 개념은 동성애와 이성애 이분법에 의해 강화된 대조를 더 선명하게 만든다. 따라서 이성애자 연대자는 종종 LGBT로 정체화한 사람들과 그렇지 않은 사람들 사이에 최소한으로 놓인 가교를 닫아버리는 작용을 하게 되며, 이성애자 연대자 개념은 바로 그 거리를 유지하는 기능을 한다.

이성애자 특권은 이성애자 연대자들과 LGBT+ 공동체들의 관계에 스며든다. 이에 대한 첫 번째 예는 많은 연대자 그리고 잠재적 연대자가 품는 기대다. 이들은 LGBT+ 공동체와 LGBT+로 정체화하는 사람들에게 자신들이 영향력이 있거나 적어도 영향력이 있어야 한다고 기대한다. 이와 관련된 이성애 특권의 두 번째 예는 LGBT+

공동체가 항상 연대자를 환영해야만 한다는 믿음에도 불구하고, 이성애자 연대자들은 LGBT+로 정체화한 사람들과 관련된 사안이 자신에게 불편과 위험을 초래한다면 이를 포기할 수 있다는 것이다. 사실상 이 포기할 자유는 이성애자 특권의 세 번째 예를 정당화하는 것처럼 보이는데, 이는 이성애자들의 지지를 존중함으로써 전형적 이성애자 특권의 또 다른 예를 강화한다. 바로 많은 이성애자 연대자가 자신들의 의견이 LGBT+ 문제에서 중요하다는 변함없는 믿음을 갖는 것이다.

LGBT+ 공동체에 환영받을 것이라는 기대

규범적 기준을 따르지 않는 관계에 있는 사람들이 게이 또는 레즈비언 나이트클럽과 같이 지정된 안전지대를 벗어난 곳에서 애정을 자유롭게 표현하는 것은 위험하다. 이성애자 특권이란 이성애자들이 사실상 그 어떤 곳에서든 자신을 표현할 자유를 갖는다는 것이다. 이성애자들은 이성애자의 주류 공동체 또는 LGBT+ 공동체에서 자신들이 환영받고 수용되는 느낌을 갖기를 대체로 자주 기대한다. 특히 이에 대한 신랄한 예는, 이성애자로 추정되는 이들의 참여가 해마다 점점 늘고 있는 프라이드 축제가 많은 사람에게, 다른 사람의 시선을 신경 쓰기를 잠시 멈춘다는 의미의 이벤트로서 인기가 높다는 사실이다.

많은 사람이 LGBT+에게 안전한 공간에 LGBT+인 사람들만큼이나 이성애자를 포함 하는 것을 기쁘게 생각하지만, 이 침입에 분개하는 사람들도 있다. 예를 들어, 제이 바먼은 "프라이드 축제가 언제 10대 청소년을 위한 파티가 되었는지" 묻는다.`
마찬가지로 찰스 화이트는 "이성애자 사회가 프라이드 축제를 전유하는 것을 보면 꽤 재밌다. 당신들은 우리의 모든 삶 형식을 천천히 빨아내어 본인 것으로 만들려 안달이 난 것 같다"고 말하면서

"그래, 우리한테서 훔쳐갈 것이 아직 남았구나. 우리는 망할 프라이드 축제조차 우리만의 것으로 할 수 없군"이라고 덧붙였다.[×]

LGBT+ 공동체를 지지하지 않을 자유

LGBT+에게 안전한 다양한 장소가 생겨났지만 이성애자 연대자들은 그들의 이성애자 정체성을 유지하려고 애쓴다. 실제로 ('이성애'에 강조점을 둔) 이성애자 연대자들로서 지위를 주장하는 것은 이성애 특권을 강화한다. 그러나 연대자를 '이성애자'라고 기술하지 않더라도 LGBT+ 공동체의 (**구성원**이 아닌) **연대자**의 지위를 주장하는 것은 이성애 특권을 강화한다. 고등학생과 대학생들이 이성애자와 동성애자의 연합을 수립하거나 추진하는 사례를 생각해보라. 그들의 고된 노력과 협력에도 불구하고, 조직의 구성원 중 최소한 몇 명이 이성애자로 정체화한다는 사실을 그토록 명확성과 확신을 갖고 전달하는 것에 어떤 이점이 있는지 묻고 싶다. 짐작되는 한 가지 답은 이성애자 연대자를 모집하는 것이 더 쉽다는 것인데, 구체적으로 말하면 그들을 연대자로 정체화하는 것이 그들이 연대감을 주장하는 바로 그 사람들과 거리를 둘 수 있도록 하기 때문이다.

연대를 공개적으로 비판함으로써 전통을 깨뜨린 다른 비평가들 그리고 화이트와 관련된 일부가 인정하듯, 연대를 포기하는 것이 더 이롭다면 연대자들은 LGBT+ 공동체에게 현재 표하는 지지를 포기할 수 있는 자유를 갖고 있음을 인식하고 있다. 이 논리에 따르면 이성애자 연대는 이성애 특권과 관련된 이점을 경험하면서 LGBT+ 억압과 관련된 혐의를 피하며, LGBT+ 문제에 대해서 단순히 동일한 지분을 갖지 않는다. 그보다도, 화이트는 LGBT+ 쟁점을 향한 지금의 관심을 유행으로 여기면서 다음과 같이 묻는다. "그 관심이 식어버리면 매클모어가 마침내 은퇴할 때 (제발 하느님 곧이요)

\   Barmann, 2015.
×   White, 2015.

이성애자 연대자들이여, 우리를 버릴 것인가요?"`

LGBT+ 공동체가 고마워할 것이라는 기대

매클모어는 힙합에서 영감을 얻은 워싱턴 주 출신 팝 음악 듀오인 매클모어와 라이언 루이스의 일원이다. 그들은 새로운 값비싼 쓰레기를 구입하는 대신에 재미있고 경제적인 대안으로서 중고품 가게 쇼핑을 찬미하는 노래로 대중적 인기를 얻었다. 첫 번째 히트곡 "중고품 할인 판매점Thrift Shop"과 두 번째 싱글인 "우리를 붙잡을 순 없어Can't Hold Us" 둘 다 2013년 빌보드 100순위에서 1위를 기록했는데, LGBT+ 공동체의 관심을 끌었던 것은 같은 앨범(The Heist)의 세 번째 싱글이다. 몇 주 동안 11위라는 어색한 자리에 머물던 "같은 사랑Same Love"은 매클모어의 게이 삼촌들에게 헌정되었다.

매클모어와 라이언 루이스는 다소 논란의 소지가 있었던 최고의 랩 앨범 그래미 상을 포함해서 그 외 권위 있는 모든 상을 받았을 뿐 아니라.[4] LGBT+ 공동체의 관심과 찬사를 받았다. 그러나 그 상은 결국 반동을 이기지 못했고, 어떤 사람들은 이성애자 연대자는 고작 저 정도만 하면 LGBT+ 공동체로부터, 일각에서는 부적절한 수준이라고 여길 정도의 칭찬을 얻을 수 있다는 점을 지적했다. 어떤 이들은 하모니 로드리게스 공주가 "연대자 극장ally theater"이라고 말한 현상을 제안한다. 이 현상은 자기 선언적이고 자기 찬양적인 연대자가 특히 소셜 미디어에서 좋은 연대자의 역할을 수행하는 것이다. 이러한 찬사에 대한 기대는 이성애자 특권의 또 다른 표현인데, 연대자들에게 그들이 표하는 지지는 의무 이상의 것이며[5] 따라서 칭찬받을 만하다는 인식을 제공하는 것이 바로 이성애자 특권이기 때문이다.

LGBT+ 공동체를 승인할 특권

결국 이성애자 연대자들이 제공하는 지원은 전형적인 승인의 표현에 해당하며, 특히나 특권에 대한 강력한 표현이다. 한 집단의 사람들이 다른 집단의 사람들의 존재가 자신의 승인을 받을 만하다는 견해를 제시할 수 있다는 것은 우스꽝스러운 우월처럼 보인다. 이러한 주제넘은 가정은 어느 정도 특권이 있는 사람들에 의해 주로 제시된다. 흑인을 위한 짐 크로 사우스에서 분수대를 백인과 함께 쓰는 것에 대해 흑인이 반발하지 않았다고 기술한 것이 얼마나 이상했는지 상기해보자. 또는 비정규직 노동자가 자신보다 고용주가 더 높은 임금을 받는 것을 승인한다고 회사에 말하는 것이 얼마나 이상한지 생각해보라. 학생들이 교사가 선택한 시험 문제를 인정한다는 표현이 이상한 것도 마찬가지다.

　　　이러한 예가 이상하게 보인다면 이는 관련된 다른 사람의 승인 또는 비승인을 고려할 수준의 특권이 없는 사람들이 승인을 제안하고 있기 때문이다. 다시 말해서, 이성애자 연대자들은 자신들의 비승인의 중요성을 명백히 가정하는 위치에 있기 때문에 자신들의 승인의 중요성 또한 미리 가정한다.

연대자에서 공범자로

LGBT+ 공동체의 구성원들과 (이성애자로 추정되는) 연대자와의 관계에 내재된 이러한 문제에도 불구하고, 연대자로 정체화하는 사람들의 지지는 매우 유용할 수 있다. LGBT+ 공동체에 대한 지지를 얻는 동시에 앞서 제시한 몇 가지 문제점을 방지하기 위한 하나의 방법은 연대자와 공범자의 구별이 만드는 차이를 고려하는 것이다.

　　　투쟁에서 (대체로 단기간의) 지지 또는 연대를 제공하는 연대자의 위험성은 공범자의 위험성과 크게 다르다. 우리가

＼　　같은 글.

맞서 투쟁할 때, 해방을 향한 투쟁에 함께 연루될 때, 우리는
공범자들이다.`

그러므로 문제는 연대자를 공범자로 변화시켜 하나가 되는 것이다.

규범적 섹슈얼리티에 대한 개념적 대안으로서 (레즈비언,
게이, 심지어는 LGBT+가 아닌) 퀴어를 사용하면, 규범적
섹슈얼리티의 헤게모니에 저항할 때 이러한 종류의 목적의 통합을
촉진할 수 있다. 7장에서 논의했듯 게일 루빈의 "특권 집단"은 규범적
섹슈얼리티와 "일탈적" 섹슈얼리티를 가르는 기준이 종종 사람들이
선호하는 파트너의 섹스 이외의 기준에 기반한다는 것을 보여준다.
루빈은 이성애자 파트너 관계와 동성애자 파트너 관계 간의 대조뿐
아니라 다음과 같은 대조들, 즉 파트너와의 성적 행위와 자신과의
성적 행위, 단일한 파트너와의 성적 행위와 여러 파트너와의 성적
행위, 사랑의 표현으로서 성적 행위와 돈을 대가로 한 성적 행위, 오직
몸만을 가지고 하는 성적 행위와 도구를 사용하는 성적 행위 간의
대조를 인정한다. 루빈은 이를 여러 쐐기로 분할된 원으로 표현했고
각 쐐기는 다양한 성적 표현의 차원을 나타낸다. 표현의 규범적인
형태는 한 쐐기의 가장 안쪽을 차지하고, 일탈적 형태는 원의 바깥쪽에
놓인다(그림 7.2 참조). 루빈은 이 원에 많은 쐐기를 포함시켰고, 더
많을 수도 있었다.

적절하고 받아들여질 수 있거나 정상적인 것과 부적절하고
받아들여질 수 없거나 일탈적인 것 사이의 구별이 존재하거나
심지어는 존재할 수 있는 섹슈얼리티는 다양한 차원을 가지며,
그 차원의 수에는 제한이 없다. 루빈의 원은 무한히 나눌 수 있는
파이로 생각할 수 있다. 충분히 많은 조각이 되었을 때, 적어도 이
중 몇 조각에서라도 바깥쪽의 딱딱한 껍질 부위에 위치하지 않는
섹슈얼리티를 가진 사람이 있으리라고는 상상하기 어렵다. 껍질은

일탈적이다. 가장자리는 퀴어하다. 이런 의미에서 모든 사람은 적어도 어떤 면에서는 성적으로 일탈적이다. 이런 의미에서 모든 사람은 적어도 약간은 퀴어하다. 심지어 이성애와 동성애라는 한 쌍의 대조를 나타내는 섹스 파이의 한 조각에서 끈적끈적한 중심에 가깝고 껍질의 가장자리에서 멀리 있는 사람들조차도 그러하다. 껍질의 가장자리에 있거나 그곳에 근접한 성적 표현에 대한 공격으로서 레즈비언과 게이, 또는 LGBT+ 공동체가 받는 억압을 재구성하는 것은 곧 그러한 억압의 대상인 성적 일탈의 양식을 재구성하는 것이다. 그럼으로써 단순한 연대자들은 그들 자신의 권리에 대한 이해 관계자들로 변화한다.

　　이러한 개념적 변화는 동성애 성향을 가져서 퀴어인 사람이 가령 특이한 성향을 가져서 퀴어인 사람보다 흔히 더 큰 억압을 겪는다는 점을 부인하기 위한 것이 아니다. 서로 다른 집단의 사람들이 겪는 억압 수준의 양적 차이를 인정하는 동시에, 그 억압이 질적으로 유사함을 인정하는 것은 가능하다. 저임금 노동자들은 다른 직급보다는 조금 나은 그들의 임금이 어쨌든 문제적이라는 것을 부정하지 않으면서도 다른 직급이 훨씬 형편없는 임금을 받는다는 데 동의할 수 있다. 나아가 그들은 시급 9달러인 노동자에게 혜택이 더 큰 임금 인상을 요구할 때 시급 12달러인 노동자들의 지지를 얻기 위해 9달러와 12달러가 모두 충분하지 않다는 인식을 이용할 수 있다.

　　이러한 개념적 변화는 또한 마찬가지로 모든 사람이 모든 상황에서 퀴어로 정체화하기 시작하거나 그래야만 한다고 제안하기 위한 것이 아니다. 첫째, LGBT+ 사람들 및 공동체에 열렬히 반대하는 사람들은 그들에게도 필연적으로 어떤 종류의 일탈 행위가 있음을 인정하지 않을 것이다. 특히 그들이 만약 부끄러움을 느끼고 그들의 부끄러움이 다른 형태의 일탈을 가혹하게 기소하는 데 기여한다면 말이다. 개념적 변화의 핵심은 연대자들이 드러내는 대체로 순간적인 관심을 LGBT+ 공동체와의 긴밀하고 지속적인 연대로 바꾸는 것이다.

＼　Indigenous Action Media, 88.

이성애자 연대자 개념은 일탈적 범주(이성애자 연대자는 흔히 자신의 입장을 이 범주 밖에서 주장한다)의 안과 밖에 있는 사람들 사이에 구별을 강화함으로써, 이성애자 연대자들과 그들이 지지하고자 하는 공동체들의 사이를 무심코 틀어지게 한다. 그러나 퀴어 정체성은, 그것이 누구에게나 적용된다면, 매우 많은 사람에게 적용됨으로써 그것이 오직 작은 소수집단에만 적용되어왔음을 드러내고 궁극적으로 규범적 범주를 약화시킨다.

생각과 행동

✦ 자신이 이성애자임을 단언하면서 연대자로 정체화하는 사람들의 사례를 찾아보라.

✦ 본문에 기초하여, "연대자 극장"이라는 용어를 자신의 언어로 설명해보라.

✦ LGBT+ 공동체를 지지함으로써 찬사를 듣거나 그러한 찬사를 기대하면서 연대자로 정체화하는 이들의 사례를 찾아보라.

✦ 본문에 기초하여, '연대자'와 '연대' 개념의 차이를 자신의 언어로 설명해보라.

✦ 사용자로 하여금 자신이 지지하는 LGBT+ 그리고/또는 퀴어 공동체와 무심코 거리를 두게 하지 않으면서 연대를 표현하는 데 사용될 수 있는 배너, 스티커, 티셔츠 등의 물건을 디자인해보라.

주

두 번째 판 서문_____

1 '흑인의 생명도 소중하다Black Lives Matter'에 관한 정보와 배경에 대해서는 blacklivesmatter.com을 참조하거나 인터넷에서 #blacklivesmatter 해시태그를 검색해보라.

2 급진적인 변화에 반대하는 '반동backlash' 현상에 관한 초기 논의에 대해서는 Faludi(1991) 참조.

1장_____

1 생물학에서 '양성애자bisexual'라는 용어는 "두 가지 섹스의 해부학이나 기능을 포함하는 구조, 또는 개인이나 개인들의 집합"(Kinsey et al., 1948: 657)을 지칭한다. 그러나 동성애와 이성애 둘 다를 표현하는 경향을 가진 사람들에게 해부학적 이원성이라는 특징은 없으므로 킨제이는 "그러한 개인들을 양성애자라고 부르는 것은 부적절하다"(1948: 657)고 발언했다.

2 본질주의는 젠더 및 인종 개념에 관련된 범주들처럼 다른 정체성 범주들에도 적용될 수 있으며 적용되어왔다. 더 구체적인 의미에서 본질주의는 최소한 고대 그리스의 철학자인 플라톤까지 거슬러 올라가며, 플라톤은 모든 일반적인 용어나 범주가 보편적인, 영원한, 순수한, 신성한 원형을 반영한다고 주장했다. 플라톤은 이러한 원형을 번역에 따라 '형상forms'이나 '이데아ideas'라고 불렀다. 이러한 버전의 본질주의는 주로 **유명론**과 대조되며, 유명론에 따르면

그 어떤 범주든 이질적인 구성원들을 통합시키는 유일한 것은 그들에게 우연히 같은 이름이 주어졌다는 우연적인 사회적 사실뿐이다. 예를 들어 고대 그리스의 철학자인 아리스토텔레스는 플라톤에 대한 응답으로서 실재reality는 보편적 실재universals 또는 **유형**보다는 개인 또는 **표상**으로 구성된다고 주장했다.

3 '사회적 구성주의'를 가리켜 'constructivism'이 아니라 'constructionism'이라는 용어를 사용하기로 결정한 것은 주로 저자에 따른 선호의 문제다. 본질주의가 그렇듯 사회적 구성주의도 젠더 및 인종 개념에 관련된 범주들처럼 다른 정체성 범주들에도 적용될 수 있으며 적용되어왔다. 더 일반적인 의미에서 사회적 구성주의란 실재가 인간에게 알려진 바와 같이 인간이 만들어낸 산물이라는 신념이다.

4 '이분법적'이란 어떤 형태의 본질주의에 주로 기여하는 이원론 또는 이원적 구분을 지칭한다.

5 고대 그리스 용어에 관해 조언해준 Ben Therrell에게 감사한다.

6 가령 인종 범주를 비롯해 다른 사회적 범주들에 대해서도 유사한 주장이 제기될 수 있다. Terrance MacMullen이 주목했듯이, "백인성whiteness의 역사는 백인이 아니라고 규정된 사람들을 주로 배제함으로써 어떻게 백인성의 경계가 획정되어왔는지 보여준다(MacMullen, 2009: 55)."

7 이러한 비유는 시력이 손상된 독자들에게 아마도 접근 불가능할 것이다. 그 대안으로서 촉각적인 사례를 대신 생각해보자. 자주 인용되는 우화에서 시력이라는 이점이 없는 개인들은 그들이 코끼리를 만난 경험을 이해하려 시도한다.

한 사람이 꼬리를 만지면서 밧줄이라는 개념적 틀을 사용하는 반면, 다른 사람은 다리를 만지면서 나무라는 개념적 틀을 사용하고, 또 다른 사람들도 각자 그렇게 한다. 전체적인 코끼리를 설명하는 개념적 틀이 없다면, 그들은 개별적인 요소들을 완전히 이해할 수 없다. 꼬리를 밧줄이 아닌 꼬리로 이해하려면 패러다임의 전환이 필요하다.

8 상대주의의 기술적descriptive 형태와 규범적prescriptive 형태를 구별하는 것도 유용하다. 기술적 상대주의가 개인에 따라 그리고 문화에 따라 신념과 실천이 달라진다는 꽤 비논쟁적인 관념에 이르는 반면에, 규범적 상대주의는 신념과 실천을 더 좋은 것과 더 나쁜 것으로 구별하는 일이 어떤 경우에도 유의미할 수 없다는 결론으로 이어진다. 상대주의에 대한 모든 언급이 사실과 허구 간의 구별을 없애버리는 극단에 이르지는 않는다. 그러나 절대적 진실과 객관적 실재라는 개념에 도전하는 것이 그런 방향으로 미끄러운 비탈을 내려오게 한다는 우려가 만연하다.

9 모든 이론과 모든 패러다임이 필연적으로 경험적 증거와 일치하는 것은 아니지만, 그럼에도 불구하고 다수의 이론과 다수의 패러다임은 흔히 경험적 증거와 일치한다. 이러한 이유로 흔히 증거만으로는 다른 것이 아닌 하나의 이론이나 하나의 패러다임을 결정하기에는 어려움이 있다. 다른 방식으로 표현하자면, 이론과 패러다임은 흔히 불충분하게 결정된다. 불충분 결정underdetermination은 어렵지만 중요한 개념이며, 이에 대해서는 3장에서 더 구체적으로 다룬다.

10 남색pederasty이 문자 그대로는 소년들의 사랑을 지칭하지만, 이 말은 일반적으로 성인 남성과 더 어리지만 사춘기는 지난 남성 간의 성적 관계를 가리켜 사용된다.

그리고 남색은 어떤 성인과 사춘기 이전의 소년 또는 소녀 간의 성적 관계를 지칭하는 소아성애와 구별된다.

11 인터섹스는 생물학적 여성으로도 생물학적 남성으로도 명확하게 구별되지 않는 생물학적 특징을 타고난 사람을 지칭한다. 인터섹스인 사람들은 많은 경우에 그들의 신체적 외양을 여성이나 남성으로 인정될 수 있는 젠더 정체성과 더 가깝게 일치시키기 위해서, 출생 후 얼마 안 되어 의료적 개입을 받는다. 역사적으로 '자웅동체'라는 용어는 지금은 인터섹스로 더 흔하게 식별되는 특정한 형태들을 지칭하는 데 사용되었다. '자웅동체'라는 용어는 만약 그것이 인터섹스인 모든 몸을 포괄적으로 지칭하는 데 사용된다면 잠재적으로 오해의 소지가 있다. 이 말은 남성의 생식기와 여성의 생식기가 모두 있음을 의미하지만, 인터섹스인 모든 몸이 이에 부합하는 것은 아니다. 어떤 사람들은 자웅동체로 정체화되기를 선호하지만, 더 많은 사람들이 인터섹스로 지정되기를 선호한다. 게다가 어떤 사람들은 이 용어를 구식, 몰이해, 심지어는 모욕적이라고 간주한다. 인터섹스에 대해서는 4장에서 더 구체적으로 논의한다.

12 "두 영혼"이라는 용어는 'berdache'라는 용어에 대한 대안이며, 'berdache'는 인류학자들이 다양한 아메리카 원주민 부족 안에서 젠더 경계를 가로지르는 사람을 포괄적으로 지칭할 때 사용했다. 이제 많은 원주민이 이 용어를 부주의하며 때로는 심지어 모욕적이라고 여긴다. 때문에 많은 이가 특정한 부족의 명칭보다는 두 영혼을 포괄적인 대체어로 선호한다. 젠더 가로지르기 그리고 다양한 아메리카 원주민들의 문화에 나타난 젠더 가로지르기를 묘사하는 데 사용된 용어에 관한 논의로는 『Men as Women, Women as Men』(Sabine Lang, 1998) 참조.

13 트랜스젠더는 생물학적 남성으로 태어났으나 내면적으로 그리고 흔히 사회적으로 여성으로 정체화하는 사람 그리고 생물학적 여성으로 태어났으나 내면적으로 그리고 흔히 사회적으로 남성으로 정체화하는 사람을 지칭한다. 모두가 그런 것은 분명 아니지만, 일부 트랜스젠더 남성과 여성은 그들의 신체적 외양을 그들이 내면적으로 경험하는 정체성과 더 가깝게 일치시키기 위해서 의료적 개입을 추구한다. 트랜스젠더 정체성에 대해서는 5장에서 더 구체적으로 논의한다.

14 Prima facie는 문자 그대로 "처음 볼 때는on first appearance"을 의미하는 라틴어 표현이다.

15 이성애규범성은 이성애를 표준으로 존속시키는 표현 방식, 특히 성적인 표현 방식이 흔히 미묘하면서도 엄격하게 강제된다는 특징을 설명하기 위해서 흔히 사용된다.

2장＿＿＿＿＿＿＿＿＿

1 남성들 간의 친밀함에 대한 사례로는 『My Dear Boy: Gay Love Letters Through the Centuries』(Rictor Norton, 1998) 참조.

2 이번 장에서 레즈비언 정체성의 역사를 서술하기에 앞서 동성애자 게이 남성들의 역사를 먼저 서술하기로 결정한 것은, 여성의 앞에 남성을 상징적으로 위치시키는 익숙한 관례에 동참한다는 단점을 가진다. 그럼에도 불구하고 이는 이러한 정체성 범주들이 서양 문화에서 집단적으로 의식되기 시작한 순서를 모방한다는 장점이 있다. 게이 정체성이 대부분의 역사에서 은폐되었다면,

레즈비언 정체성은 훨씬 오랫동안 은폐된 채 남겨졌다. 이 장의 자료 전개 방식에는 이 사실이 반영되어 있다.

3 오늘날 남색은 항문 섹스를 특정하게 지칭하는 데 흔히 사용되지만, 그것은 또한 더 일반적으로 페니스가 질에 흡입되는 것을 제외한 그 어떤 성교도 지칭한다. 주로 잉글랜드에서 사용되는 항문성교buggery도 유사한 함축을 갖는다.

4 더 구체적으로 말하면, 푸코는 동성애가 처음 출현한 날짜로 1870년 Westphal이 발행한 기사를 인용했다(Foucault, 1990:43).

5 빅토리아 시대는 1837년부터 1901년까지의 빅토리아 여왕 통치와 관련되며, 당시 많은 사람이 해당 시기를 대영제국의 절정기로 여겼다. 이 시기에 이루어졌던 농업에서 산업으로의 이행은 정치적 이해관계, 경제적 관계, 계급 구조 그리고 사회적 삶의 다른 많은 측면에 굉장한 영향을 미쳤다.

6 도착이 확산되던 19세기의 경향에 따라, 동시대 성과학자인 존 머니는 50개가 넘는 구체적인 **성도착증**의 목록을 만들어왔다(1988: 179-180). '성도착증'이라는 용어를 사용하면서 도착을 시대에 뒤떨어지게 부르는 것을 피하고 있지만, 그럼에도 불구하고 해당 용어는 성적 쾌락과 욕망에 대해서 "특이하며 개인적으로나 사회적으로 용납될 수 없는" 형태들을 지칭한다(Money, 1988:216).

7 게이는 동성애자와 마찬가지로 때로 남성뿐 아니라 여성의 동성애를 지칭하는 데에도 사용된다. 그러나 여성 동성애에 대해서는 레즈비언이 사용되는 반면, 게이는 남성 동성애에 대해서 더 흔히

사용된다.

8 래드클리프 홀의『고독의 우물』출판에
이어, 1928년 잉글랜드에서는 엘리자베스
보엔의『호텔The Hotel』, 버지니아 울프의
『올랜도』그리고 콤프턴 매켄지의『비범한
여성들Extraordinary Women』이
출판되었으며, 모두 레즈비언 주제를
포함했다.

9 페미니즘은 흔히 제1물결, 제2물결,
제3물결로 구분된다. 제1물결은 19세기와
20세기 초반의 미국에서 여성의 참정권
또는 투표권과 관련해서 가장 크게 탄력
받았던 여성운동을 지칭한다. 1920년에
제19조 개정안이 비준되면서 열정이
시들해졌지만, 1960년대 초반에 여성의
사회적, 경제적 억압이 지속되는 것에
대한 우려가 커지면서 탄력이 회복되었다.
페미니즘이 제3물결에 진입했는지에
대해서는 의견 불일치가 있다. 일각에서는
동시대 페미니즘을 제2물결의 연속으로
간주하는 반면, 다른 일각에서는 최근
여성들의 자기 정의 간에 존재하는
차이들이 주목받고 있다는 점을 제3물결의
떠오르는특징이자 이전 세대가 가졌던
법적, 경제적 관심으로부터의 단절로
간주한다. 제3물결 페미니즘은 7장과
8장에서 더 구체적으로 논의한다.

10 Lucretia Mott, Ernestine Rose,
Elizabeth Cady Stanton을 예로 들 수
있다.

11 여성운동의 제1물결을 더 철저히
검토하려면『Feminism: The Essential
Historical Writings』(Schneir, 1994)
참조.

12 단순히 포르노그래피를 언급하기보다
주류 포르노그래피를 언급하는 것은
페미니스트의 관점에서 흔한 성차별적
요소 없이 포르노그래피를 생산하려는

시도를 인정한다.

3장 _____

1 성 정체성의 범주들에 대한 이러한 논의
중 일부는「GLBT(and sometimes
Q)」(Marinucci, 2005)라는 글에
포함되었다.

2 「오즈의 마법사」에서 도로시 역을 연기했던
주디 갈런드는 1950년대 이래로 게이의
우상이 되었으며, "도로시의 친구"라는
구절은 때때로 게이 남성을 비공식적으로
지칭하는 말로 사용된다. 그럼에도
불구하고, 스톤월에 있었던 많은 사람은
갈런드의 죽음이 그 항쟁의 원인과
관련된다는 점을 부인한다.

3 스톤월 항쟁과 이를 둘러싼 사건들에
대한 역사적 설명으로는『Stonewall:
The Riots That Sparked the Gay
Revolution』(David Carter, 2004) 참조.

4 어떤 경우에 LGBTQ 또는 GLBTQ에서의
Q는 퀘스처닝이 아닌, 이번 장의 다음
파트에서 보다 구체적으로 논의할 '퀴어'를
나타낸다.

5 실제로 이분법적 대립은 훨씬 더 널리
확장되며, 육체와 정신, 자연과 문화,
감정과 지성, 수동성과 능동성 등등의
대조를 포함한다. 이는 여성적인 것과
육체, 자연, 감정, 수동성 등을 연결하며
이러한 연결은 젠더·섹스·섹슈얼리티와는
관련 없는 이유들로 육체, 자연, 감정, 또는
수동성과 관련되는 집단의 구성원들에게
영향력을 갖는다. 가령 아메리카
원주민과 자연, 라틴 아메리카인과 감정,
육체적 장애를 가진 사람들과 수동성이
연결된다고 가정하는 문화적 고정관념을
생각해보라.

6 젠더, 섹스, 섹슈얼리티 개념들은 서로 밀접하게 관련되어 있지만, 그럼에도 그것들을 구분하는 것은 흔히 유용하다. 주로 젠더는 여성적이고 남성적이라고 흔히 간주되는 특징들의 집합체를 지칭하는 반면 주로 섹스는 여성과 남성의 것으로 흔히 간주되는 특징들의 집합체를 지칭한다. 일반적으로 젠더는 사회적으로 획득된 것이라 믿어지는 반면, 일반적으로 섹스는 생물학적으로 타고난 것이라 믿어진다. 후반부의 장에서 다루었듯이, 이러한 설명은 섹스의 생물학을 둘러싸고 있는 여러 복잡성을 경시한다. 마지막으로 섹슈얼리티는 특히 친밀한 파트너를 선택하는 것과 관련되는 친밀함의 실천들을 지칭한다. 섹슈얼리티가 사회적으로 획득된 것인지 아니면 생물학적으로 타고난 것인지에 대해서는 광범위한 의견 불일치가 있다.

7 포스트모더니즘에서는 이미 익숙한 이러한 표현들은 퀴어 이론을 젠더·섹스·섹슈얼리티에 대한 포스트모던적 해석이라고 보는, 과도하게 단순하지만 어쩌면 설득력 있는 서술에서 도움을 받았을 것이다.

8 이런 도전은 고전적인 어린이 텔레비전 시리즈 「Sesame Street」에서 "이 중에서 어느 것이 다른 것들과 다른가요?"라는 질문을 던지면서 되풀이되는 부분과 그때 나오는 노래로부터 영감을 받았다.

4장 _____

1 sine qua non은 필수적인 조건을 의미하는 라틴어다.

2 라이머의 일생에 대한 꽤 감동적인 설명으로는, 비록 성차별주의 함의로부터 완전히 자유롭지는 않지만 『As Nature Made Him: The Boy Who was Raised as a Girl』(John Colapinto, 2000) 참조.

3 3절에서 논의했듯이, 일반적으로 젠더는 여성과 남성이 구별되게 하는 사회적으로 획득된 특징들을 지칭하는 방식으로서 섹스와 대조된다.

4 출생 시 지정된 것과는 다른 섹스 범주들로 이행하는 과정은 5장에서 더 구체적으로 논의된다.

5장 _____

1 남성 및 남성성에 관련된 용어를 사용하는 것에 대한 대안으로서 때로는 'women' 대신 'womyn'을, 'woman' 대신 'womon'을 사용한다.

2 급진적 페미니즘을 포함해 페미니즘의 다양한 형태에 대해서는 7장에서 구체적으로 논의한다.

3 MWMF 논란에 관한 더 많은 배경과 논쟁에 대해서는 에미 고야마가 기록한 기사와 링크 모음 참조. http://www.eminism.org/michigan

4 젠더 개념에 대해서는 6장에서 구체적으로 논의한다.

5 이러한 일반화에는 많은 예외가 있다. 예를 들어 『Whipping Girl』(Serano, 2007)은 페미니스트와 트랜스 정체성에 대한 교차적인 분석에서 트랜스젠더 정체성을 언급하지 않고 트랜스섹슈얼 정체성을 언급한다.

6 '트랜스포비아' '호모포비아'라는 용어들은 LGBT+ 개인과 공동체에 대한 부정적인 태도를 지칭하는 데 널리 사용된다.

그러나 이런 용어들이 문자 그대로 진단 가능한 정신건강 질환을 지칭하지 않는 한, 이러한 용어가 포비아라고 알려진 다양한 정신건강의 상태들 중 하나에라도 해당하는 사람들의 경험을 무심코 축소할 수 있다는 점을 언급할 가치가 있다. 이는 진단 가능한 정신건강 상태가 아닌 (그러나 어쩌다보니 편협해진) 사람들을 진단 가능한 정신건강 상태인 사람들과 같은 범주에 포함시킴으로써, 그들을 비판하거나 그들에게 수치심을 주기 위한 시도다. '제정신이 아닌insane'과 '미친crazy'을 비난하는 용어로 사용하는 것과 마찬가지로, 이는 정신건강 상태가 좋지 않은 사람들을 불필요하게 모욕한다. 이는 또한 최근에 비방 용어로 '게이'를 사용하는 경향을 상기시킨다.

7 캠프 트랜스에 대한 더 많은 정보는 다음 참조. http://www.camp-trans.org

8 부치는 남성으로 정체화하지 않으면서 전통적으로 남성적인 스타일로 자신을 표현하는 일부 레즈비언 여성들을 포함한 일부 여성을 지칭하는 데 흔히 사용된다. 다시 말해서 부치 여성들(또는 간략히, 부치들)은 트랜스젠더로 정체화하지 않는다. 부치 정체성은 때때로 펨 여성들(또는 간략히, 펨들)의 전통적으로 여성적인 스타일과 대조된다.

9 이 맥락에서 패킹packing이란 일부 트랜스 남성과 심지어 일부 부치 여성이 몸에 페니스가 있는 것과 비슷해지고자 옷 밑에 딜도나 다른 인공기관을 부착하는 실천을 나타낸다.

10 여기에 인용된 작업들은 주디스의 이름으로 출간되었으나, 핼버스탬은 최근 들어 스스로를 주디스/잭 핼버스탬, 주디스 잭 핼버스탬 또는 때때로 그저 잭 핼버스탬으로 정체화하기 시작했다.

11 축약어 MTF는 남성에서 여성으로 전환한male to female 트랜스젠더, 즉 트랜스 여성을 빠르고 쉽게 지칭하기 위해 때때로 사용된다. 축약어 FTM은 여성에서 남성으로 전환한female to male 트랜스젠더, 즉 트랜스 남성을 빠르고 쉽게 지칭하기 위해 때때로 사용된다.

12 '시스젠더'라는 용어는 트랜스젠더로 정체화하지 않는 사람들의 젠더 표현이 트랜스젠더로 정체화하는 사람들의 젠더 표현보다 더 진짜이거나 더 선호될 수 있음을 불가피하게 암시하는 용어들인 '생물학적인' '보통의' 등에 의존하지 않으면서 트랜스젠더가 아닌 사람들을 지칭하는 방법으로 도입되었다. 그러나 어떤 사람들에 따르면 시스젠더는 문제가 있는, 심지어는 아마도 스스로를 패배시키는 용어다. 이는 예를 들자면 레즈비언, 게이 또는 양성애자로 자신을 정체화하지만 트랜스젠더로는 정체화하지 않는 사람들이 그들 자신의 젠더 정체성과 젠더 표현, 그리고 젠더 정체성과 젠더 표현에 대한 문화적 기대 간에 불일치를 경험하지 않음을 시스젠더가 암시한다고 해석될 수 있기 때문이다.

6장＿＿＿＿＿＿＿＿＿

1 또는, 아마도 이러한 구별을 없애면 지배적 집단의 구성원에게 제공하는 특권이 제거될 것이라는 두려움이 숨어 있다.

2 정체성 정치는 젠더, 인종 또는 민족성과 같은 동일한 정체성 범주의 구성원들 간의 연대에 기반을 둔 정치적이고 이론적인 활동과 관련하여 사용된다.

3 실존주의는 대개, 특히 20세기 전반 동안에 장 폴 사르트르, 시몬 드 보부아르 그리고 다른 많은 이와 관련한 철학적 학파의

사상을 지시한다. 비록 이론가들 사이에 다양성이 존재하지만, 서로 다른 관점 사이에 흐르는 공통의 맥락은 인과 관계로 결정된 물리적 세계에서 의미를 찾는 것이다.

4   젠더는 궁극적으로 '속屬'과 같은 뿌리에서 파생하며, '종류' 또는 '부류'를 뜻한다.

5   어떤 생식기 구조를 여성으로 그리고 그것과 다른 것을 남성으로 인식하는 것 자체가 사회적으로 협상될 수 있으므로, 어떤 사람들은 젠더뿐 아니라 섹스와 젠더가 사회적으로 구성된다는 견해를 가진다.

6   돌봄 윤리를 지지하는 이들과 에코페미니즘을 지지하는 어떤 이들뿐 아니라 대부분의 문화 페미니스트가 여성들이 남성들에 비해 선천적으로 보살핌을 잘한다는 전제를 받아들이고 있는 반면 다른 많은 이, 특히 대다수의 자유주의 페미니스트들은 이에 동의하지 않을 것이다. 페미니즘의 다양한 분절 사이의 연속성과 불연속성은 7장에서 상세히 다루어진다.

7   2009년 미국 케널 클럽과 2010년 웨스트민스터 케널 클럽에 의해 아이리시 레드와 화이트 세터가 최근 인정됨에 따라 새로운 품종이 계속 제작되고 있다.

8   개의 품종이 수세대에 걸친 가축화와 다양한 특성의 육종을 거친 늑대에서 유래했다는 것은 널리 받아들여지는 사실이다.

9   발견적 학습은 정확도나 정밀도가 부족한 경우에도 실용적인 효용성이라는 점에서 가치가 있는 문제 해결 절차 또는 기법이다.

10   남성적 용어의 일반적인 사용 한계에 대한 철저한 논의는 「Myth of the Neutral 'Man'」(Moulton, 1977) 참조.

11   레슬리 파인버그는 또한 5장에서 언급한 소설 『스톤 부치 블루스』(1993)의 저자이며 『Transgender Warriors』(1996), 『Trans Liberation』(1998), 『Drag King Dreams』(2006) 등 좀 더 이론적인 분석들도 저술했다.

12   일부는 단수 주체들과 'they' 그리고 'their' 복수 대명사 사이의 수 불일치를 용납할 수 없다고 여기지만, 다른 이들은 특히 비공식적인 맥락에서 점점 더 일상화되어 가는 이러한 사용을 상당히 편안해 한다.

13   더 구체적으로 말하자면, 유럽이나 북미의 백인이자, 정식으로 교육받은 중산층, 비장애인, 기독교도 이성애자 남자가 성체성의 대다수 측면에 지배적 이상이다. 좀 더 정체성에 대해 더 떠올릴지라도, 실상 아이러니한 사실은 이 같은 총칭적 용어가 지시하는 일반적으로 "평범한 사람"이 상당히 드물다는 것이다.

14   1장에서 상세히 논의한 본질주의는 대개 단순한 편의성이나 인간 발명이 아닌, 가장 근본적 수준에서 개개의 범주 구성원들을 정의하는 특질들에 기초한 가장 일반적 범주로 개별 사물들을 조직할 수 있다는 믿음과 관련하여 사용된다.

15   자연 종에 대한 헌신이 반드시 본질주의에 대한 헌신을 수반하지는 않는다. 눈에 띄는 예외는 존 뒤프레의 "무차별한 사실주의promiscuous realism"를 들 수 있다. 이에 따르면, 자연은 실제 종들의 많은 중복된 집합들로 나누어진다. 이러한 설명은 어떤 것도 특정한 하나의 범주로 완전히 정의될 수 없으며, 이것들은 자연 종의 복합적인 범주들에 동시적으로 속할 수 있다는 것을 의미한다(Dupré, 1993).

16   '헤게모니'라는 용어는 타인에게 지배하는

영향력을 발휘하는 권력, 특히 국가의 권력을 의미한다. 흔히 이 영향은 너무 강하기 때문에 자연스러워 보이고 결과적으로 눈에 띄지 않게 된다.

17 형상 이론은 때때로 본래의 고대 그리스어대로 이데아 이론이라 번역된다.

18 엘렌 식수의 「Sorties」(2008: 63)에서 이분법적 사고의 전체주의적 특징에 대한 초기 분석을 볼 수 있다. 여기에서는 능동성과 수동성, 태양과 달, 문화와 자연, 낮과 밤, 아버지와 어머니, 머리와 마음 등과 같은 사고의 동일한 이분법적 상태의 표현으로서 대립쌍들의 열을 제시한다.

7장 _____

1 이전 장에서 간략히 논의한 것처럼, 『Woman on the Edge of Time』(Piercy, 1976)은 어떤 젠더 역할의 시행이나 젠더 사회화 없이, 동성애와 이성애 간의 차이를 두지 않고서도 그리고 성적 탐색을 하는 것에 대해서 심지어 아이들까지 포함하여 어떠한 낙인도 찍지 않으면서도 어떻게 사회가 작동할 수 있을지에 대해 꽤 상세하게 다룬다.

2 '남근중심주의'가 남성을 선호하는 편견을 지칭하듯이, '여성중심주의'는 여성을 선호하는 편견을 종종 의도적으로 채택하는 것을 지칭한다.

3 인본주의에 대한 이러한 이해는 종교적 관점들에 대한 대안으로 잘 정립된 그것의 사용법과는 구별된다.

4 『Bitch』는 제3물결 페미니즘과 밀접한 관련이 있는 독립 잡지다. 보다 자세한 내용은 http://bitchmagazine.org 참조.

5 다문화 페미니스트들의 작품에 대한 소개를 보려면, 『This Bridge Called My Back: Writings by Radical Women of Color』(Anzaldua and Moraga, 1981) 참조.

6 1970년대 미국에 있었던, 첫째, 레즈비언 페미니스트와 다른 페미니스트들 간의 긴장, 둘째, 레즈비언 페미니스트들과 다른 레즈비언들 간의 긴장에 대한 생생한 묘사는 영화 「If These Walls Could Talk 2」(2000)에서, 특히 두 번째 장면 "1971"에서 볼 수 있다.

7 간단히 말해서, 칸트의 의무론적 윤리는 올바른 이유(즉, 의무이며 개인적인 이익을 위한 것이 아니기에)를 위해 옳은 일(즉, 보편적으로 일관되게 적용될 수 있는 원칙에 따라 행동하는 것)을 하는 것이 도덕을 구성한다고 제안한다.

8 간단히 말해서, 밀의 공리주의 윤리는 도덕이 행복이나 기쁨을 극대화하고 관련된 모든 사람의 불행이나 고통을 최소화하는 데 있다고 제안한다.

9 흑인 여성의 독특한 인식론적 관점에 대한 논의로는 Patricia Hill Collins(1990) 참조.

10 제2물결과 제3물결 페미니즘의 태도 사이의 긴장에 대한 생생한 묘사는 다큐멘터리 「Live nude girls unite」(2000)에서 볼 수 있다. 여기에서 어머니와 딸 두 페미니스트 활동가는 성 산업에 대해 서로 다른 시각을 드러낸다.

11 '호모포비아'라는 용어는 LGBT+ 개인과 공동체에 대한 부정적인 태도를 지칭하는 데 널리 사용된다. 그러나 이런 용어들이 문자 그대로 진단 가능한 정신건강 질환을 지칭하지 않는 한, 이러한 용어가 포비아라고 알려진 다양한 정신건강의

상태들 중 하나에라도 해당하는 사람들의 경험을 무심코 축소할 수 있다는 점을 언급할 가치가 있다. 이는 진단 가능한 정신건강 상태가 아닌 (그러나 어쩌다보니 편협해진) 사람들을 진단 가능한 정신건강 상태인 사람들과 같은 범주에 포함시킴으로써, 그들을 비판하거나 그들에게 수치심을 주기 위한 시도다. '제정신이 아닌insane'과 '미친crazy'을 비난하는 용어로 사용하는 것과 마찬가지로, 이는 정신건강 상태가 좋지 않은 사람들을 불필요하게 모욕한다. 이는 또한 최근에 비방 용어로 '게이'를 사용하는 경향을 상기시킨다.

8장

1 예를 들어, 베티 프리던이 이끌었던 전미여성기구(NOW)가 그 초반에 레즈비언 조직으로 간주될까 두려워 레즈비언의 관심을 노골적으로 배제했다는 점을 생각할 수 있다. 프리던이 전미여성기구의 레즈비언 회원 자격을 "라벤더 위협Lavender Menace"이라고 언급했다는 소문이 돌았다. 이 명칭은 결국 전미여성기구와 주류 페미니즘 운동에서 자신들에 대한 배제에 항의하기 위해 결성된 레즈비언 그룹의 이름으로 채택되었다.

2 페미니즘이 "진짜" 여성을 조롱한다는 이유로 남성 동성애자의 드래그 퍼포먼스에 비판적인 것, 문란하다는 이유로 남성 동성애자들 간의 성적 친밀감을 비판하는 것을 예로 들 수 있다.

3 어떤 집단에 대해 가장 강력하게 편견을 표현하는 방식 중 하나가 바로 그 존재 자체를 부인하는 것이라는 점을 고려하면, 페미니즘 문학의 경전에서 양성애자 여성(또는 그 문제에 대한 남성)에 대한

언급이 거의 없다는 점은 중요하다.

4 페미니즘 문학의 경전에서 트랜스젠더 여성과 남성에 대한 언급은 거의 없다. 사실 5장에서 논의했듯, 미간간 여성 음악 축제에서 트랜스 여성을 배제한 것은 페미니스트 운동의 중심에서 출현한 트랜스 정체성에 대한 가장 중요한 논의다.

5 이러한 문제들은 다른 많은 이론가에 의해 매우 철저히 문서화되어왔다. 특히 효과적인 예로는 Angela Davis(1981), Alice Walker(1983), Patricia Hill Collins(1990) 등이 있다.

6 예를 들어, 퀴어 이론과 인종 이론의 교차점에 대한 논의로는 Barnard(2004)와 Ferguson(2004), 언어와 민족적 정체성의 상호 연관된 문제에 대한 퀴어적 탐구로는 Rodriguez(2003), 성 정체성과 전 지구적 시민권의 관계를 탐구하는 에세이 모음집은 Cruz Malav and Manalansan(2002) 참조. 퀴어 이론과 젠더, 인종, 계급 간의 연결을 다루는 초기의 간결하지만 간단한 설명은 Harris(1996) 참조.

7 섹슈얼리티 연구에서의 성차별주의는 많은 장소에서 많은 사람에 의해 논의되어왔다. 초기의 게이 권리운동에서 여성과 여성 문제가 사실상 배제된 것은 '레즈비언'이라는 용어를 동시대의 방언으로 도입한 숨은 이유로서 대개 확인된다. 이 역사에 대한 간명한 요약으로는 Jagose(1996: 44-57) 참조.

8 예를 들어, 섹슈얼리티 연구에서의 인종차별주의와 계급주의는 Barnard(2004), Ferguson(2004), Rodriguez(2003)에서 다루어진다.

9 데리다에 대해 더 알고 싶다면 『A Derrida

Reader』(1991)가 좋은 출발점이다.

10 문자 그대로 "이것을 위해"를 뜻하는 라틴어 표현인 ad hoc는 오직 특수한 목적을 위해서만 발생하는 것을 지시하고, 종종 더 영구적인 무언가에 대조되는 무언가를 가리킨다.

11 'zine'은 그것이 유래한 '잡지magazine'라는 단어의 발음 그대로 발음된다는 것에 주의하라.

12 다양한 종류의 광범위한 독립출판물의 복제물을 비롯한 보다 많은 정보는 Duncomb(1997) 참조.

9장

1 크래커 배럴이 차별 행위에 대한 비난을 계속 받아왔기 때문에 이 불매운동의 성공은 다소 제한적일 수 있다. 2004년 인종차별을 방지하기 위해 관리 경영 훈련을 변경하기로 합의했으나, 100번의 개인 소송을 초래한 인종주의 혐의는 인정하지 않았다. 2006년 이 회사는 2004년에 해고된 여성이 제기한 성차별과 성희롱 혐의로 기소되었다(Dees, 2006).

2 모순적이게도 타깃은 복음주의 기독교 목사인 프랭클린 그레이엄(빌리 그레이엄의 아들)에 의해, 2015년 6월 "게이 친화적인" 회사라는 점에서 불매운동 명단에 선정되었다.

3 명명의 중요성은 LGBT + 정체성의 경우 일반 플러스 기호로 표시되는 섹슈얼리티에 대한 새로운 범주 정체화에 의해 인정된다. 정체성이 명명 작업을 통해 존재하게 되면, 그러한 정체성 범주는 이전에 어느 것도 적합하지 않은 이들에 의해 빠르게 채워진다. 비이분법적

정체성 범주의 다소 갑작스러운 성장은 이에 대한 최근의 예다. 그러나 불행히도 LGBT + 우산 아래에서 모인 다양한 정체성 범주를 이성애의 기준에 반대하는 것으로 배치하여 개념적으로 등가인 동성애로 환원할 때, 이들 범주는 사라진다.

4 매클모어와 랩 아티스트 켄드릭 라마는 둘 다 2014년 그래미 시상식에서 일곱 부문의 후보에 올랐다. 매클모어는 베스트 랩 앨범 부문에서 4개의 상을 받았다. 많은 사람이 라마가 베스트 랩 앨범 상을 수상하리라고 믿었으나 그는 수상하지 못했다. 사실 매클모어도 라마가 베스트 랩 앨범의 정당한 수상자라고 의견을 표명한 이들 중 하나였다. 시상식이 몇 주 전에 매클모어는 『The Source』(Khari, 2014)에 "그 상이 켄드릭에게 가야한다고 생각한다. (…) 힙합은 왜 켄드릭이 강탈당했는지를 이해한다"라고 말했다. 그리고 상을 수상한 후 라마에게 "너는 도둑맞았어. 나는 네가 이기길 바랐어. 네가 상을 탔어야 했어. 내가 널 강탈했다니, 이상하고 짜증나는 일이야"라고 메시지를 보냈다(Newman, 2014에서 인용). 켄드릭 라마가 베스트 랩 앨범 상을 받을 만한 자격이 있다는 평가는 부분적으로 예술적 가치에 근거한 것이지만, 이것은 또한 정체성 문제와도 관련이 있다. 백인 남성인 매클모어가 흑인 남성인 켄드릭 라마를 이김으로써, 베스트 랩 앨범은 백인 특권의 영향을 시사하게 된다.

5 "의무 이상의supererogatory"라는 용어는 도덕적으로 요구되는 것은 아니지만 도덕적으로 칭찬할 만한 행동을 가리키기 위해 흔히 철학자들이 사용한다.

참고문헌

두 번째 판 서문

Faludi, S. (1991). *Backlash: The Undeclared War Against American Women.* New York: Crown Publishing.

FBI(Federal Bureau of Investigation) (2014). Table 1: Incidents, offenses, victims, and known offenders, by bias motivation. *2014 Hate Crimes Statistics.* https://www.fbi.gov/about-us/cjis/ucr/hate-crime/2014/tables/table-1.

The Guardian (n.d.). The Counted (interactive online database maintained by the *Guardian*). http://www.theguardian.com/us-news/ng-interactive/2015/ /the-counted-police-killings-us-database#.

MSNBC (2015). More transgender people reported killed in 2015 than any other year. November 18, 2015. http://www.msnbc.com/msnbc/ transgender-people-reported-killed-2015-any-other-year.

Neimark, J. (1995). The culture of celebrity. *Psychology Today.* May/June 1995. /the-culture-celebrity.

Time Magazine (2015). The transgender tipping point. May 29, 2014.

TVT (Trans Respect Versus Transphobia Worldwide) (n.d.). International Day Homophobia 2015. http://www.transrespect-transphobia.org/en_project/tmm-results/idahot-2015.htm.

US Census Bureau (n.d.). Quick facts. http://www.census.gov/quickfacts//00.

초판 서문

Baum, L. F. (2005). *15 books in 1: L. Frank Baum's original "Oz" series.* Shoes and Ships and Sealing Wax, Ltd. (original works published 1908–20).

Benson, K. (2010). Personal communication.

Harding, S. (1993). Rethinking standpoint epistemology: What is "strong" objectivity? In L. Alcoff and E. Potter (eds.), *Feminist Epistemologies* (pp. 49–82). New York: Routledge.

Moulton, J. (1996). A paradigm of philosophy: The adversary method. In A. Garry and M. Pearsall (eds.), *Women, Knowledge, and*

Reality: Explorations in Feminist Philosophy (2nd edn.). New York: Routledge.

Warren, K. J. (2000). *Ecofeminist Philosophy: A Western Perspective on What it is and Why it Matters*. Lanham, MD: Rowman and Littlefield.

1장

추가 자료

학술논문

McIntosh, M. (1968). The homosexual role. *Social Problems*, 16 (2), 182-92.

Halperin, D. M. (1989). Is there a history of sexuality? *History and Theory* 28 (3), 257-74.

Nanda, S. (1990). Hijras as neither man nor woman, in Nanda, *Neither Man nor Woman: The Hijras of India*, pp. 13-23. Belmont, CA: Wadsworth Publishing.

Nanda, S. (1990). *Neither Man nor Woman: The Hijras of India*. Belmont, CA: Wadsworth.

Whitehead, H. (1981). The bow and the burden strap: A new look at institutionalized homosexuality in native north America. In H. Whitehead and S. Ortner (eds.), *Sexual Meanings: The Cultural Construction of Gender and Sexuality*, pp. 80-115. Cambridge: Cambridge University Press.

웹사이트

The Kinsey Institute, especially selections from the 1947 and 1953 "Kinsey Reports." http://www.kinseyinstitute.org/research/ak-data.html.

기록물

Nibley, L. (2009). *Two-spirits*. Independent Lens.

Hamer, D. and Wilson, J. (2015). *Kuma Hina*. Independent Lens.

영화

Condon, B. (2004). *Kinsey*. Fox Searchlight Pictures.

참고문헌

Almaguer, T. (1991). Chicano men: A cartography of homosexual identity and behavior. *differences: A Journal of Feminist Cultural Studies, 3*(2), 75-100.

Baum, L. F. (2005). *15 books in 1: L. Frank Baum's original "Oz" series.* Shoes and Ships and Sealing Wax, Ltd. (original works published 1908-20).

Carrier, J. M. (1976). Cultural factors affecting urban Mexican male homosexual behavior. *The Archives of Sexual Behavior, 5*(2), 103-24.

Condon, B. (2004). *Kinsey.* Fox Searchlight Pictures.

Dover, K. J. (1978). *Greek Homosexuality.* Cambridge, MA: Harvard University Press.

Halperin, D. M. (1989). Is there a history of sexuality? *History and Theory, 28*(3), 257-74.

Hammonds, E. (1986). Race, sex, AIDS: The construction of "other." *Radical American, 20*(6), 28-36.

Hubbard, T. K. (Ed.). (2003). H*omosexuality in Ancient Greece and Rome: A Sourcebook of Basic Documents.* Berkeley: University of California Press.

Iannone, A. P. (2001). *Dictionary of World Philosophy.* London: Routledge.

Katz, J. N. (1996). *The Invention of Heterosexuality.* New York: Plume.

King, J. L. (2005). *On the Down Low: A Journey into the Lives of "Straight" Black Men who Sleep with Men.* New York: Harlem Moon.

Kinsey, A. C. (1941). Criteria for a hormonal explanation of the homosexual. *Journal of Clinical Endocrinology and Metabolism, 1,* 424-8.

Kinsey, A. C., Pomeroy, W. B., and Martin, C. E. (1948). Sexual Behavior in the Human Male. Philadelphia, PA: W.B. Saunders.

Kinsey, A. C., Pomeroy, W. B., Martin C. E., and Gebhard, P. H. (1953). *Sexual Behavior in the Human Female.* Philadelphia, PA: W. B. Saunders.

The Kinsey Institute (n.d.). *Selected Research Findings from Kinsey's Studies.* homoprev.html.

The Kinsey Institute (1999). *Kinsey's Heterosexual-homosexual Rating Scale.* hhscale.html.

Kuhn, T. S. (1970). *The structure of scientific revolutions.* Chicago, IL: University Chicago Press (original work published in 1962).

Lancaster, R. N. (1987). Subject honor and object shame: The construction of homosexuality and stigma in Nicaragua. *Ethnology*, 27(2), 111-25.

Lang, S. (1998). *Men as Women, Women as Men: Changing Gender in Native American Cultures* (J. L. Vantine, trans.). Austin: University of Texas Press.

MacMullan, T. (2009). *Habits of Whiteness: A Pragmatist Reconstruction*. Bloomington: Indiana University Press.

McIntosh, M. (1968). The homosexual role. *Social Problems*, 16(2), 182-92.

Nanda, S. (1990). *Neither Man nor Woman: The Hijras of India*. Belmont, CA: Wadsworth Publishing.

Percy, W. A., III. (1996). *Pederasty and Pedagogy in Archaic Greece*. Urbana: University of Illinois Press.

Roscoe, W. (1991). *The Zuni Man-woman*. Albuquerque: University of New Mexico Press.

Stein, E. (1992). *Forms of Desire: Sexual Orientation and the Social Constructionist Controversy*. New York: Routledge.

Weeks, J. (2003). *Sexuality* (2nd edn.). New York: Routledge (original work in 1986).

Whitehead, H. (1981). The bow and the burden strap: A new look at homosexuality in native north America. In H. Whitehead and S. Ortner (eds.), *Sexual Meanings: The Culture Construction of Gender and Sexuality*, pp. 80-115. Cambridge: Cambridge University Press.

Williams, W. L. (1986). *The Spirit and the Flesh: Sexual Diversity in American Indian Culture*. Boston, MA: Beacon Press.

2장

추가 자료

학술논문

Foucault, M. (1990). Part three: Scientia sexualis, *The History of Sexuality, Volume 1: An Introduction* (R. Hurley, trans.), pp. 51-73. New York: Vintage Books.

D'Emilio, J. (1983). Capitalism and gay identity. In A. Snitow, C. Stansell, and S. Thompson (eds.), *Powers of Desire: The Politics of Sexuality* (pp. 100-13). New York: Monthly Review Press.

Newton, E. (1993). Just one of the boys, *Cherry Grove, Fire Island: Sixty Years in America's First Gay and Lesbian Town*, pp. 221-34. Boston, MA: Beacon Press.

Vicinus, M. (1992). "They wonder to which sex I belong": The historical roots of the modern lesbian identity. *Feminist Studies 28* (3), 467-97.

서신

Norton, R. (1998). *My Dear Boy: Gay Love Letters Through the Centuries*. San Francisco, CA: Leyland Publications. (Much of this material is available online at http://www.rictornorton. co.uk/dearboy.htm.)

소설

Hall, R. (1990). *The Well of Loneliness: A 1920s Classic of Lesbian Fiction*. New York: Anchor Books (original work published in 1928).

Woolf, V. (1993). *Orlando: A Biography*. New York: Quality Paperback Book Club (original work published in 1928).

참고문헌

Baum, L.F. (2005). *15 books in 1: L. Frank Baum's original "Oz" series*. Shoes and Ships and Sealing Wax, Ltd. (original works published 1908-20).

Bray, A. (1995). *Homosexuality in Renaissance England* (2nd edn.). New York: Columbia University Press.

D'Emilio, J. (1983). Capitalism and gay identity. In A. Snitow, C. Stansell, and S. Thompson (eds.), *Powers of Desire: The Politics of Sexuality* (pp. 100-13). New York: Monthly Review Press.

Ellis, H. (2007). *Studies in the Psychology of Sex, Volume 2: Sexual Inversion*. Chareleston, SC: BiblioBazaar, LLC (original work published in 1897).

Faderman, L. (1981). *Surpassing the Love of Men: Romantic Friendship and Love Between Women from the Renaissance to the Present*. New York: William Morrow and Co.

Finch, N. (1995). *Stonewall*. BBC Warner.

Foucault, M. (1990). *The History of Sexuality, Volume 1: An Introduction* (R. trans.). New York: Vintage Books (original work published in French 1976).

Hall, R. (1990). *The Well of Loneliness: A 1920s Classic of Lesbian Fiction*. York: Anchor Books (original work published in 1928).

Jagose, A. (1996). *Queer Theory: An Introduction*. New York: NYU Press.

Kennedy, E. and Davis, M. (1993). *Boots of Leather, Slippers of Gold: The History of a Lesbian Community*. New York: Routledge.

Krafft-Ebing, R. von (2007). *Psychopathia Sexualis: With Especial Reference to the Antipathic Sexual Instinct, a Medico-forensic Study* (F. J. Rebman, trans.). Whitefish, MT: Kessinger Publishing, LLC (original work published 1892).

Marcus, S. (1966). *The Other Victorians*. New York: Basic Books.

McIntosh, M. (1968). The homosexual role. *Social Problems, 16*(2), 182-92.

Money, J. (1988). *Gay, Straight, and In-between: The Sexology of Erotic Orientation*. New York: Oxford University Press.

Newton, E. (1993). *Cherry Grove, Fire Island: Sixty Years in America's First Gay and Lesbian Town*. Boston, MA: Beacon Press.

Pharr, S. (1988). *Homophobia: A Weapon of Sexism*. Berkeley, CA: Chardon Schneir, M. (Ed.). (1994). *Feminism: The Essential Historical Writings*. New Vintage Books.

Vicinus, M. (1992). "They wonder to which sex I belong": The historical roots the modern lesbian identity. *Feminist Studies 28*(3), 467-97.

Weedon, C. (1987). *Feminist Practice and Poststructuralist Theory*. Oxford: Blackwell.

3장

추가 자료

학술논문

Kuhn, T. S. (1970). Chapter X: Revolutions as changes of world view, *The Structure of Scientific Revolutions* (pp. 111-35). Chicago, IL: University of Chicago Press.

Sedgwick, E. K. (1990). *The epistemology of the closet*, in The Epistemology of the Closet, pp. 67-90. Berkeley: University of California Press.

Halperin, D. M. (2003). The normalization of queer theory. *Journal of Homosexuality, 45* (2-4), 339-43.

기록물

Thomas, A. (2005). *Middle Sexes: Redefining He and She*. HBO
    Documentary Films.

영화

Finch, N. (1995). *Stonewall*. BBC Warner.
Emmerich, R. (2015). *Stonewall*. Centropolis Entertainment.

참고문헌

Baum, L. F. (2005). *15 books in 1: L. Frank Baum's original "Oz" series*. Shoes
    and Ships and Sealing Wax, Ltd. (original works published
    1908-20).

Butler, J. (1990). *Gender Trouble: Feminism and the Subversion of Identity*.
    New York: Routledge.

Carter, D. (2004). *Stonewall: The Riots that Sparked the Gay Revolution*.
    New York: St. Martin's Press.

Foucault, M. (1990). *The History of Sexuality, Volume 1: An Introduction*
    (R. Hurley, trans.). New York: Vintage Books (original work
    published in French in 1976).

Hall, R. (1990). *The Well of Loneliness: A 1920s Classic of Lesbian Fiction*.
    New York: Anchor Books (original work published in 1928).

Halperin, D. M. (2003). The normalization of queer theory. *Journal of
    Homosexuality*, 45(2-4), 339-43.

Jagose, A. (1996). *Queer Theory: An Introduction*. New York: NYU Press.

Kuhn, T. S. (1970). *The Structure of Scientific Revolutions*. Chicago, IL:
    University of Chicago Press (original work published in
    1962).

Marinucci, M. (2005). GLBT (and sometimes Q). *The F-word Ezine*,
    Spring.

Marx, K. (1970). Theses on Feuerbach. In K. Marx and F. Engels,
    *The German Ideology, Part One, with Selections from Parts Two
    and Three and Supplementary Texts* (C. J. Arthur, ed.). New
    York: International Publishers (original work published
    posthumously in 1888).

Sedgwick, E.K. (1990). The epistemology of the closet, in *The
    Epistemology of the Closet*, pp. 67-90. Berkeley: University of
    California Press.

4장

추가 자료

학술논문

Fausto-Sterling, A. (1993). The five sexes: Why male and female are
    not enough. *The Sciences, 33* (2), 20-25.

Dreger, A. D. (1998). "Ambiguous sex" - Or ambivalent medicine?
    Ethical issues in the treatment of intersexuality. *The Hastings
    Center Report, 28* (3), 24-35.

기사

Kolata, G. (1992). Who is female? Science can't say. *The New York Times.*
    February 16, 1992. http://www.nytimes.com/1992/ 02/16/
    weekinreview/ideas-trends-who-is-female-science-can-
    t-say.html.

Saner, E. (2008). The gender trap. *The Guardian.* July 30, 2008.
    http:// www.theguardian.com/sport/2008/jul/30/
    olympicgames2008. gender.

Hsu, J. (2008). Olympics wise up on gender testing, finally. *Live
    Science.* August 5, 2008.http://www.livescience.com/2741-
    olympics-wise-gender-testing-finally.html.

Borel, B. (2011). The tricky case of Caster Semenya: How sports and
    science classify sex. *Live Science.* August 28, 2011. http://
    www. livescience.com/15810-caster-semenya-gender-sex-
    test.html.

Jordan-Young, R. and Karkazis, K. (2012). You say you're a woman?
    That should be enough. *The New York Times.* June 17, 2012.
    http://www.nytimes.com/2012/06/18/sports/olympics/
    olympic-sex-verification-you-say-youre-a-woman-that-
    should- be-enough.html.

웹사이트

Intersex Society of North America. http://www.isna.org.

기록물

Lahood, G. (2012). *Intersexion.* Ponsonby Productions.

영화

Puenzo, L. (2007, 2008). *XXY.* Film Movement.

참고문헌

Baum, L. F. (2005). *15 books in 1: L. Frank Baum's original "Oz" series*. Shoes and Ships and Sealing Wax, Ltd. (original works published 1908-20).

Colapinto, J. (1997). The case of John/Joan. *Rolling Stone*. December 11, 1997, 54-97.

Colapinto, J. (2000). *As Nature Made Him: The Boy who was Raised as a Girl*. New York: Perennial.

Coventry, M. (2000). Making the cut. *Ms. Magazine 10*(6), 52-60.

Dreger, A. D. (1998a). "Ambiguous sex" - Or ambivalent medicine? Ethical issues in the treatment of intersexuality. *The Hastings Center Report, 28*(3), 24-35.

Dreger, A. D. (1998b). *Hermaphrodites and the Medical Invention of Sex*. MA: Harvard University Press.

Fausto-Sterling, A. (1993). The five sexes: Why male and female are not enough. *The Sciences*, 33(2), 20-25.

ISNA (Intersex Society of North America) (n.d.). *Frequently Asked Questions*.

Irigaray, L. (1985). *This sex which is not one*. In This Sex Which is not One Porter, trans.), pp. 23-33. Ithaca, NY: Cornell University Press (original published in French in 1977).

Kolata, G. (1992). Who is female? Science can't say. *The New York Times*. 16, 1992.

Saner, E. (2008). The gender trap. *The Guardian*. July 30, 2008.

Thomas, A. (2005). *Middle Sexes: Redefining He and She*. HBO Documentary Films.

Ward, P. (2000). *Is it a Boy or a Girl?* Great Falls, VA: Discovery Channel.

5장

추가 자료

학술논문

Stone, S. (1991). In K. Straub and J. Epstein (eds.), *Body Guards: The Cultural Politics of Gender Ambiguity*. New York: Routledge. http://sandystone.com/empire-strikes-back.pdf.

Rubin, G. (1992). Of catamites and kings: Reflections on butch, gender, and boundaries. In J. Nestle (ed.), *A Persistent Desire:*

A Butch-femme Reader (pp. 466-82). Boston, MA: Alyson Publications.

선언문

Feinberg, L. (1992). *Transgender Liberation: A Movement Whose Time has Come*. World View Forum. Also reprinted in McCann, C. and Kim, S., eds. (2010). *Feminist Theory Reader: Local and Global Perspectives* (pp. 148-60). New York: Routledge.

Serano, J. (2007). Trans woman manifesto. In *Whipping Girl: A Transsexual Woman on Sexism and the Scapegoating of Femininity* (pp. 11-20). Emeryville, CA: Seal Press.

웹아카이브

Documents on Michigan/Trans Controversy. http://www.feminism.org/michigan/documents.html.

웹사이트

Trans Advocate. http://www.transadvocate.com/so-someone-called-you-a-terf-now-what_n_15325.htm.

기록물

Livingston, J. (1990). *Paris is Burning*. Miramax.
Davis, K. (2001). *Southern Comfort*. Docurama Films.
Baur, G. (2002). *Venus Boyz*. Clockwise Productions.
Arnold, C. (2012). *Trans*. Rose Mark and Sex Smart Films.

소설

Feinberg, L. (1993). *Stone Butch Blues*. San Francisco, CA: Firebrand Books.

참고문헌

Baum, L. F. (2005). *15 books in 1: L. Frank Baum's original "Oz" series*. Shoes and Ships and Sealing Wax, Ltd. (original works published 1908-20).

Baur, G. (2002). *Venus Boyz*. Clockwise Productions.

Beth X (1999). Trans exclusion at Michigan women's music festival. *AntiJen Pages: A Young Transsexual Newsletter*, Vol. 1, December 1999. http://bethx.txt.

Cvetkovich, A. and Wahng, S. (2001). Don't stop the music: Roundtable with workers from the Michigan womyn's music festival.

GLQ: A Journal of Lesbian and Gay Studies, 7(1), 131-151.

Feinberg, L. (1993). Stone Butch Blues. San Francisco: Firebrand Books.

Halberstam, J. (1998). Transgender butch: Butch/FTM border wars and the continuum. GLQ: A Journal of Lesbian and Gay Studies, 4(2), 287-310.

Halberstam, J. and Hale, C. J. (1998). Butch/FTM border wars. GLQ: A Journal of Lesbian and Gay Studies, 4(2), 283-5.

Hale, C. J. (1998). Consuming the living, dis(re)membering the dead in the Borderlands. GLQ: A Journal of Lesbian and Gay Studies, 4(2), 311-48.

Howell, C. (1999). Protest called for – Women's music festival discriminatory still in effect. Press release, June 24, 1999. http://eminism.org/gpac.txt.

Jagose, A. (1996). Queer Theory: An Introduction. New York: NYU Press.

Jeffreys, S. (2003). Unpacking Queer Politics. Malden, MA: Polity Press.

Koyama, E. (n.d.). Michigan/Trans Controversy Archive. http://www.eminism.

Koyama, E. (n.d.). Michigan/Trans Controversy FAQ: Introduction. http://eminism.org/michigan/faq-intro.html.

Lamm, N., et al. (2001). MWMF Trans-inclusion Petition. http://eminism.org/michigan/20011218-lamm.txt.

Martin, B. (1994). Sexualities without genders and other queer utopias. Diacritics, 24(2-3), 104-21. Productions (1975). Why Women-only Concerts? Statement released 1975. http://eminism.org/michigan/womenonly.gif.

Peirce, K. (1999). Boys Don't Cry. Twentieth Century Fox.

Raymond, J. (2006). Sappho by surgery: The transsexually constructed lesbian- feminist. In S. Stryker and S. Whittle (eds.), The Transgender Studies Reader. New York: Routledge (original work published 1979).

Rubin, G. (1992). Of catamites and kings: Reflections on butch, gender, and In J. Nestle (ed.), A Persistent Desire: A Butch-Femme Reader 466 82). Boston, MA: Alyson Publications.

Serano, J. (2007). Whipping Girl: A Transsexual Woman on Sexism and the Scapegoating of Femininity. Emeryville, CA: Seal Press 2007.

Stone, S. (1991). The empire strikes back. In K. Straub and J. Epstein (eds.), Body Guards: The Cultural Politics of Gender Ambiguity. New York: http://sandystone.com/empire-strikes-back.pdf.

Urquhart, V. (2015). A dispatch from the shifting, porous border between butch and trans. Slate. April 24, 2015. http://www.slate.com/blogs/outward/2015//24/butch_and_trans_a_

dispatch_from_the_shifting_border.html.

Vogel, L. (2000). Michigan womyn's music festival affirms womyn born space. Press release. July 24, 2000. http://eminism.org/michigan/20000724-vogel.txt.

6장
추가 자료

학술논문

Moulton, J. (1977). The myth of the neutral "man." In M. Vetterling-Braggin, Elliston, and J. English (eds.), *Feminism and Philosophy* (pp. 124-37). Totowa, NJ: Littlefield Adams.

Lorber, J. (1994). Night to his day: The social construction of gender. *In Paradoxes of Gender* (pp. 13-36). New Haven, CT: Yale University Press.

Butler, J. (1993). Imitation and gender insubordination. In H. Abelove, M. A. Barale, and D. M. Halperin (eds.), *The Lesbian and Gay Studies Reader* (pp. 307-20). New York: Routledge.

언어에 관한 안내서

Warren, V. L. (1986) American Philosophical Association, Committee on the Status of Women in the Profession, Guidelines for the nonsexist use of language. *Proceedings and Addresses of the American Philosophical Association, 59* (3), 471-84.

American Psychological Association, Committee on Lesbian and Gay Concerns (1991). Avoiding heterosexual bias in language. *American Psychologist, 46* (9), 973-4.

Hale, J. (n.d.). Suggested rules for non-transsexuals writing about transsexuals, transsexuality, transsexualism, or trans___. http://www.sandystone.com/hale.rules.html.

Walsh, B. (2015). Washington Post drops the "mike" and the hyphen in "e-mail." Washington Post. December 4, 2015. https://www.washingtonpost.com/opinions/the-post-drops-the- mike-and-the-hyphen-in-e-mail/2015/12/04/ccd6e33a-98fa- 11e5-8917-653b65c809eb_story.html.

소설

Le Guin, U. (1969). *The Left Hand of Darkness.* New York: Walker.

Piercy, M. (1976). *Woman on the Edge of Time*. New York: Alfred A. Knopf.

참고문헌

American Psychological Association, Committee on Lesbian and Gay Concerns (1991). Avoiding heterosexual bias in language. *American Psychologist*, 46(9), 973-4.

Baum, L. F. (2005). *15 books in 1: L. Frank Baum's original "Oz" series*. Shoes and Ships and Sealing Wax, Ltd. (original works published 1908-20).

Beauvoir, S. de (1974). *The Second Sex* (H. M. Parshley, trans.). New York: Vintage Books (original work published in French in 1949).

Butler, J. (1990). *Gender Trouble: Feminism and the Subversion of Identity*. New York: Routledge.

Butler, J. (1993). Imitation and gender insubordination. In H. Abelove, M. A. Barale, and D. M. Halperin (eds.), *The Lesbian and Gay Studies Reader* (pp. 307-20). New York: Routledge.

Cixous, H. (2008). Sorties. In D. Lodge and N. Wood (eds.), *Modern Criticism and Theory: A Reader* (3rd edn.) (pp. 359-65). Malaysia: Pearson Education.

Couchran, G. and Harpending, H. (2009). *The 10,000 Year Explosion: How Civilization Accelerated Human Evolution*. New York: Basic Books.

Dupré, J. (1993). *The Disorder of Things: Metaphysical Foundations of the Disunity of Science*. Cambridge, MA: Harvard University Press.

Frye, M. (1996). The necessity of differences: Constructing a positive category of Women. *Signs* 21(4), 991-1010.

Hale, J. (n.d.). *Suggested Tules for Non-transsexuals Writing about Transsexuals, Transsexuality, Transsexualism, or Trans___*. http://www.sandystone.com/hale.rules.html.

Kornblith H. (1993). *Inductive Inference and its Natural Ground*. Cambridge, MA: MIT Press.

Lewis, M. (1975). Early sex differences in the human: Studies of socioemotional development. *Archives of Sexual Behavior*, 4(4), 329-35.

Lorber J. (1994). Night to his day: The social construction of gender. *In Paradoxes of Gender* (pp. 13-36). New Haven, CT: Yale University Press.

Mishra, V., Roy, T. K., and Retherford, R. D. (2004). Sex differentials in childhood feeding, health care and nutritional status. *Population and Development Review*, 30(2), 269-95.

Moulton, J. (1977). The myth of the neutral "man." In M. Vetterling-Braggin, Elliston, and J. English (eds.), *Feminism and Philosophy* (pp. 124-37). Totowa, NJ: Littlefield Adams.

Pande, R. (2003). Selective gender differences in childhood nutrition and immunization in rural India: The role of siblings. *Demography*, 40(3), 395-418.

Piercy, M. (1976). *Woman on the Edge of Time*. New York: Alfred A. Knopf.

Plato (1991). *The Republic* (B. Jowett, trans.). New York: Vintage Books work written c. 380 bce).

Spruijt-Metz, D., Li, C., Cohen, E., Birch, L., and Goran, M. (2006). influence of mother's child-feeding practices on adiposity in children. *The Journal of Pediatrics*, 148(3), 314-20.

University of Wisconsin-Milwaukee (n.d.). Gender Pronouns. Lesbian, Gay, Transgender Resource Center. http://uwm. edu/lgbtrc/support/pronouns.

Walsh, B. (2015). *Washington Post* drops the "mike" and the hyphen in "e-mail." The Washington Post. December 4, 2015. https://www.washington post.com/opinions/the-post-drops-the-mike-and-the-hyphen-in-e-mail/2015/12/04/ ccd6e33a-98fa-11e5-8917-653b65c809eb_story.html.

Warren, V. L., American Philosophical Association, Committee on the Status of Women in the Profession (1986). Guidelines for the nonsexist use of language. *Proceedings and Addresses of the American Philosophical Association, 59(3)*, 471-84.

7장

추가 자료

학술논문

Rich, A. (1980). Compulsory heterosexuality and lesbian existence. *Signs: Journal of Women in Culture and Society, 5* (4) 647-50.

Lorde, A. (1984). The master's tools will never dismantle the master's house. In *Sister Outsider: Essays and Speeches* (pp. 110-13). New York: Crown Publishing.

Fudge, R. (2006). Everything you always wanted to know about feminism but were afraid to ask. *Bitch Magazine, 31*, 58-67. http://bitchmagazine.org/article/everything-about-feminism.

인터뷰

Butler, J. (1994). Interview with Gayle Rubin: Sexual traffic. *differences: A Journal of Feminist Cultural Studies 6* (2-3), 62-98.

블로그와 웹사이트

Feministing(http://feministing.com)
Black Girl Dangerous (http://www.blackgirldangerous.org)
National Organization for Women (http://now.org)
Feminist Majority Foundation (http://feminist.org)
Ms.Magazine(http://msmagazine.com)
BitchMagazine(https://bitchmedia.org)
National Women's Studies Association (http://www.nwsa.org)
Our Bodies, Ourselves (http://www.ourbodiesourselves.org)

기록물

Query, J. (2000). *Live Nude Girls Unite*. Constant Communication.

영화

Anderson, J., Coolidge, M., and Heche, A. (2000). *If These Walls Could Talk 2*. HBO Films.

참고문헌

Anderson, J., Coolidge, M., and Heche, A. (2000). *If These Walls Could Talk 2*. HBO Films.

Anzaldua, G. (1987). *Borderlands/la frontera: The New Mestiza*. San Francisco, CA: Aunt Lute.

Anzaldua, G. and Moraga, C. (Eds.) (1981). *This Bridge Called My Back: Writings by Radical Women of Color*. Watertown, MA: Persephone Press.

Baum, L. F. (2005). *15 books in 1: L. Frank Baum's original "Oz" series*. Shoes and Ships and Sealing Wax, Ltd. (original works published 1908-20).

Baumgardner, J. and Richards, A. (2000). *Manifesta: Young Women, Feminism, and the Future*. New York: Farrar, Straus and Giroux.

Bunch, C. (1975). Lesbians in revolt. In *Lesbianism and the Women's Movement* (pp. 29-37). Oakland, CA: Diana Press.

Butler, J. (1990). *Gender Trouble: Feminism and the Subversion of Identity*. New York: Routledge.

Butler, J. (1993) *Bodies That Matter: On the Discursive Limits of "Sex."* New York: Routledge.

Butler, J. (1994). Interview with Gayle Rubin: Sexual traffic. *differences: A Journal of Feminist Cultural Studies 6*(2-3), 62-98.

Collins, P. H. (1990). *Black Feminist Thought: Knowledge, Consciousness, and the Politics of Empowerment*. New York: Routledge.

Crenshaw, K. W. (1994). Mapping the margins: Intersectionality, identity politics, and violence against women of color. In M. A. Fineman and R. Mykitiuk (eds.), *The Public Nature of Private Violence* (pp. 93-118). New York: Routledge.

Davis, A. Y. (1981). *Women, Race, and Class*. New York: Random House.

Enloe, C. (1995). The globetrotting sneaker. *Ms. Magazine*, 5(5), p. 10 (6 pp.).

Fudge, R. (2006). Everything you always wanted to know about feminism but afraid to ask. *Bitch Magazine*, *31*, 58-67.

Gilligan, C. (1982). *In a Different Voice: Psychological Theory and Women's Development*. Cambridge, MA: Harvard University Press.

Hackett, E. and Haslanger, S. (eds.). (2006). *Theorizing Feminisms: A Reader*. New York: Oxford University Press.

Haraway, D. (1991). Situated knowledges: The science question in feminism the privilege of partial perspective. In *Simians, Cyborgs, and Women: The Reinvention of Nature* (pp. 183-201). New York: Routledge.

Harding, S. (ed.) (2003). *The Feminist Standpoint Theory Reader: Intellectual and Political Controversies*. New York: Routledge.

Harding, S. (1993). Rethinking standpoint epistemology: What is "strong"? In L. Alcoff and E. Potter (eds.). *Feminist Epistemologies* (pp. 49-82). New York: Routledge.

Hartmann, H. (1981). The unhappy marriage of Marxism and feminism: Towards a more progressive union. In L. Sargent (ed.), *Women and Revolution* (pp. 1-41). Boston, MA: South End Press.

hooks, b. (2000). *Feminist Theory: From Margin to Center*. Boston, MA: South End Press (original work published in 1984).

Jagger, A. and Rothenberg, P. (eds.). (1978, 1984, 1993), *Feminist Frameworks: Alternative Theoretical Accounts of the Relations*

Between Women and Men. New York: McGraw-Hill.

Kant, I. (1998). *Groundwork of the Metaphysics of Morals* (M. Gregor, trans.). Cambridge: Cambridge University Press (original work published in German in 1785).

Kolmar, W. and Bartkowski, F. (eds.). (1999, 2003, 2009). *Feminist Theory: A Reader*. New York: McGraw-Hill.

Longino, H. (1990). *Science as Social Knowledge: Values and Objectivity in Scientific Inquiry*. Princeton, NJ: Princeton University Press.

Lorber, J. (1994). Night to his day: The social construction of gender. In *Paradoxes of Gender* (pp. 13-36). New Haven, CT: Yale University Press. MacKinnon,

MacKinnon, C. (1987). Feminism, Marxism, method, and the state: Toward feminist jurisprudence. In S. Harding (ed.), *Feminism and Methodology* (pp. 135-56). Bloomington and Indianapolis: Indiana University Press.

McCann, C. and Kim, S. (eds.). (2002, 2009). *Feminist Theory Reader: Local and Global Perspectives*. New York: Routledge.

Mies, M. (1986). *Patriarchy and Accumulation on a World Scale: Women in the International Division of Labour*. London: Zed Books.

Mill, J. S. (1970). The subjection of women. In A. Rossi (Ed.), *Essays on Sex Equality: John Stuart Mill and Harriet Taylor Mill* (pp. 125-56). Chicago, IL: of Chicago Press (original work published in 1869).

Mill, J. S. (2001). *Utilitarianism*. Indianapolis, IN: Hackett (original work in 1863).

Noddings, N. (1984). *Caring: A Feminine Approach to Ethics and Moral Education*. Berkeley: University of California Press.

Piercy, M. (1976). *Woman on the Edge of Time*. New York: Alfred A. Knopf. Query, J. (2000). *Live Nude Girls Unite*. Constant Communication.

Reed, E. (1970). Women: Caste, class, or oppressed sex? In *Problems of Women's Liberation* (pp. 64-76). New York: Pathfinder.

Rich, A. (1980). Compulsory heterosexuality and lesbian existence. *Signs: Journal of Women in Culture and Society, 5*(4) 647-50.

Rubin, G. (1975). The traffic in women: Notes on the "political economy" of In R. R. Reiter (ed.), *Toward an Anthropology of Women* (pp. 157-210). York: Monthly Review, 1975.

Rubin, G. (1982, 1992). Thinking sex: Notes for a radical theory of the politics sexuality. In C. Vance (ed.), *Pleasure and Danger: Exploring Female Sexuality* (pp. 267-319). London: Pandora Press.

Smith, D. (1987). *The Everyday World as Problematic: A Feminist Sociology*. MA: Northeastern University Press.

Tong, R. (1989). *Feminist Thought: A Comprehensive Introduction*. Boulder, Westview Press.

Tong, R. (1998, 2008). *Feminist Thought: A More Comprehensive Introduction*. Boulder, CO: Westview Press.

Walker, A. (1983). *In Search of Our Mothers' Gardens: Womanist Prose*. New York: Harcourt Brace Jovanovich.

Warren, K. J. (1997). Taking the empirical data seriously. In K. J. Warren (ed.), *Ecofeminism: Women, Culture, Nature* (pp. 3-20). Bloomington: Indiana University Press.

Warren, K. J. (2000). *Ecofeminist Philosophy: A Western Perspective on What it is and Why it Matters*. Lanham, MD: Rowman and Littlefield.

Weedon, C. (1987). *Feminist Practice and Poststructuralist Theory*. Cambridge, MA: Blackwell.

Wollstonecraft, M. (1967). *A Vindication of the Rights of Woman*. New York: Norton (original work published in 1792).

8장

추가 자료

학술논문

Harris, L. A. (1996). Queer black feminism: The pleasure principle. *Feminist Review, 54*, 3-30.

Spivak, (1996). Subaltern studies: Deconstructing historiography. In D. Landry and G. Maclean (eds.), *The Spivak Reader: Selected Works of Gayati Chakravorty Spivak* (pp. 203-36). London: Routledge (original work published in 1985).

백과사전의 표제항

Marinucci, M. (2006). Zines. In L. Heywood (ed.), *The Women's Movement Today: An Encyclopedia of Third-wave Feminism* (pp. 374-6). Westport, CT: Greenwood Publishing Group.

Marinucci, M. (2006). DIY. In L. Heywood (ed.), *The Women's Movement Today: An Encyclopedia of Third-wave Feminism* (p. 96). Westport, CT: Greenwood Publishing Group.

Bullock, M. (2002). Interview with Naomi Klein. *Index Magazine*.
http://www.indexmagazine.com/interviews/naomi_klein.
shtml.

Radical Cheerleading Archives. http://do.remifa.so/archives/
radicalcheers/start.html.

Zine Wiki.http://zinewiki.com.

Frenzy (N.D.). Guide to zine making, *Instructables.com*. http:// www.
instructables.com/id/Guide-To-Zine-Making.

Microcosm Publishing (2002). *The Stolen Sharpie Revolution*. Portland,
OR: Microcosm Publishing.

East Van Porn Collective (2005). *Made in Secret: The Story of the East Van
Porn Collective*. One Tiny Whale.

참고문헌

Barnard, I. (2004). *Queer Race: Cultural Interventions in the Racial Politics
of Queer Theory*. New York: Peter Lang.

Baum, L. F. (2005). *15 books in 1: L. Frank Baum's original "Oz" series*. Shoes
and Ships and Sealing Wax, Ltd. (original works published
1908-20).

Baumgardner, J. and Richards, A. (2000). *Manifesta: Young Women,
Feminism, and the Future*. New York: Farrar, Straus and
Giroux.

Bullock, M. (2002). Interview with Naomi Klein. *Index Magazine*.
http://www. indexmagazine.com/interviews/naomi_klein.
shtml.

Collins, P. H. (1990). *Black Feminist Thought: Knowledge, Consciousness,
and the Politics of Empowerment*. New York: Routledge.

Cruz-Malavé, A. and Manalansan, M. F. (eds.). (2002). *Queer
Globalizations: Citizenship and the Afterlife of Colonialism*. New
York: NYU Press.

Davis, A. Y. (1981). *Women, Race, and Class*. New York: Random House.

Derrida, J. (1991). *A Derrida Reader*, P. Kamut (ed.). New York: Columbia Press.

Duncomb, S. (1997). *Notes from Underground: Zines and the Politics of Alternative Culture*. London: Verso.

East Van Porn Collective (2005). *Made in Secret: The Story of the East Van Porn Collective*. One Tiny Whale.

Ferguson, R. A. (2004). *Aberrations in Black: Toward a Queer of Color Critique*. Minneapolis: University of Minnesota Press.

Grigg-Spall, H. (2010). Reproductive writes: I choose my choice: An interview with Elizabeth Kissling, *Bitch Media*, March 22, 2010. http://bitchmagazine.org/post/reproductive-writes-i-choose-my-choice-an-interview-with-elizabeth-kissling.

Harris, L. A. (1996). Queer black feminism: The pleasure principle. *Feminist Review, 54*, 3-30.

Jagose, A. (1996). *Queer Theory: An Introduction*. New York: NYU Press.

Klein, N. (1999). *No Logo: Taking Aim at the Brand Bullies*. New York: Picador.

Lasn, K. (2000). *Culture Jam: How to Reverse America's Suicidal Consumer Binge - And Why We Must*. New York: Harper Collins.

Marinucci, M. (2006a). DIY. In L. Heywood (ed.), *The Women's Movement Today: An Encyclopedia of Third-wave Feminism* (p. 96). Westport, CT: Publishing Group.

Marinucci, M. (2006b). Zines. In L. Heywood (Ed.), *The Women's Movement Today: An Encyclopedia of Third-wave Feminism* (pp. 374-6). Westport, Greenwood Publishing Group.

Microcosm Publishing (2002). *The Stolen Sharpie Revolution*. Portland, OR: Publishing.

Nedbalsky, J. and Christmas, M. (2004). *Don't Let The System Get You Down - Cheer Up!* (An independently produced documentary video).

Rodriguez, J. M. (2003). *Queer Latinidad: Identity Practices, Discursive Spaces*. New York: NYU Press.

Spivak, G. (1996). Subaltern studies: Deconstructing historiography. In Landry and G. Maclean (eds.), *The Spivak Reader: Selected Works of Gayatri Chakravorty Spivak* (pp. 203-36). London: Routledge (original work published in 1985).

Walker, A. (1983). *In Search of Our Mothers' Gardens: Womanist Prose*. New York: Harcourt Brace Jovanovich.

9장

추가 자료

학술논문

Indigenous Action Media (2015). Accomplices not allies: Abolishing the ally industrial complex. In Cindy Milstein (ed.), *Taking Sides* (pp. 85-96). Oakland, CA: AK Press.

블로그

Barmann, J. (2015). When, exactly, did Pride become a party for straight teens? *SFist*, June 29, 2015. http://sfist. com/2015/06/29/when_exactly_did_pride_become_a_par. php.

White, C. (2015). If you're straight you need to stop using rainbow profile pics. *The Tab Durham*, June 29, 2015. http:// thetab. com/uk/durham/2015/06/29/if-youre-straight-you-need- to-stop-using-rainbow-profile-pics-19577.

Rodriguez, P. H. (2015). Caitlyn Jenner, social media and violent "solidarity": Why calling out abusive material by sharing it is harmful. *Black Girl Dangerous*, June 8, 2015. http:// www. blackgirldangerous.org/2015/06/caitlyn-jenner- social-media- and-violent-solidarity-calling-out-abusive- material-sharing-it.

참고문헌

Barmann, J. (2015). When, exactly, did Pride become a party for straight teens? *SFist*, Jun 29, 2015. http://sfist. com/2015/06/29/when_exactly_did_pride_ become_a_par. php.

Baum, L. F. (2005). *15 books in 1: L. Frank Baum's original "Oz" series.* Shoes and Ships and Sealing Wax, Ltd. (original works published 1908-20).

Dees, D. (2006). Cracker Barrel sued for discrimination – again. *Mother Jones.* February 13, 2006. http://www.motherjones.com/ mojo/2006/02/ cracker-barrel-sued-discrimination-again.

Indigenous Action Media (2015). Accomplices not allies: Abolishing the ally industrial complex. In Cindy Milstein (ed.), *Taking Sides* (pp. 85-96). Oakland, CA: AK Press.

Khari (2014). Macklemore graces cover of 4th annual Source Magazine

"Man Of The Year" issue. *The Source*. January 7, 2014. http://
thesource. com/2014/01/07/macklemore-graces-cover-of-
4th-annual-source-magazine- man-of-the-year-issue.

Macklemore & Ryan Lewis (2012). *The Heist* (Macklemore, LLC).

Newman, M. (2014). Macklemore says the Grammys handed Best
Rap Album out to the wrong act. *Hitfix*, January 27, 2014.
http://www.hitfix.com/news/ macklemore-says-the-
grammys-handed-best-rap-album-out-to-the-wrong-
WdcIuDCFrSPE.99.

Rodriguez, P. H. (2015). Caitlyn Jenner, social media and violent
"solidarity": calling out abusive material by sharing it is
harmful. *Black Girl Dangerous*, June 8, 2015. http://www.
blackgirldangerous.org/2015/06/ caitlyn-jenner-social-
media-and-violent-solidarity-calling-out-abusive-
material-sharing-it/.

White, C. (2015). If you're straight you need to stop using rainbow
profile pics. *The Tab Durham*, June 29, 2015. http://thetab.
com/uk/durham/2015/06/29/ if-youre-straight-you-need-
to-stop-using-rainbow-profile-pics-19577.

부록: 용어와 개념

이 절은 본문 전체에서 모은 구절로 구성된 내용으로, 용어사전과
매우 흡사하다. 추상적인 개념과 퀴어 이론, 페미니즘 및 관련 주제와
연관된 논란의 여지가 있는 용어의 사용법에 대해 설명하거나 논평하는
구절로 이루어졌다. 그러나 보통의 용어집과는 달리 이 절은 상세하게
기술하고 정밀하게 설명하기보다는 더 많은 논평과 토론을 제공한다.
또한 항목을 사전적 순서로 정렬하는 대신 본문에 등장한 순서와
비슷하게 제시했다. 그 장점은 첫째, 일반적으로 탈문맥적인 사전적
정의가 아니라 본문에서 사용된 문맥에서 용어를 파악함으로써 개념에
대한 보다 미묘하고 풍부한 이해를 도울 수 있다. 관련 구절을 직접
확인하고자 하는 독자는 찾아보기를 이용하기 바란다. 이 형식의
두 번째 장점은 용어가 장과 절에 따라 나열되었다는 것이다. 즉, 이
부록은 개별 장과 전체 절의 내용을 복습하거나 책의 각 장과 전체 절을
책의 나머지 부분과 분리해서 읽으려 하는 독자에게 유용하다.

1부 섹슈얼리티

1장 섹슈얼리티의 사회적 구성

본질주의

본질주의란 동성애와 다른 정체성
범주들이 그러한 범주들에 속하는 사람들의
근본적인 본성을 이루는 선천적 특징들을
반영한다는 신념이다. 본질주의적 설명은
동성애를 사회적 우연성의 산물이라기보다는
인간 조건의 영속적인 특징으로 간주하기
때문에, 본질주의를 수용하는 사람들은
동성애가 역사적, 문화적으로 보편적이라고
흔히 가정한다.

본질주의는 젠더 및 인종 개념에 관련된
범주들처럼 다른 정체성 범주들에도 적용될 수
있으며 적용되어왔다. 더 구체적인 의미에서
본질주의는 최소한 고대 그리스의 철학자인
플라톤까지 거슬러 올라가며, 플라톤은 모든
일반적인 용어나 범주가 보편적인, 영원한,
순수한, 신성한 원형을 반영한다고 주장했다.
플라톤은 이러한 원형을 번역에 따라 **'형상'**이나
'이데아'라고 불렀다. 이러한 버전의 본질주의는
주로 유명론과 대조되며, 유명론에 따르면 그
어떤 범주든 이질적인 구성원들을 통합시키는
유일한 것은 그들에게 우연히 같은 이름이
주어졌다는 우연적인 사회적 사실뿐이다. 예를
들어 고대 그리스의 철학자인 아리스토텔레스는
플라톤에 대한 응답으로서 실재는 보편적
실재 또는 유형보다는 개인 또는 **표상**으로
구성된다고 주장했다.

이분법

이분법은 이원론 또는 이원적 구별을 지칭하며, 주로 본질주의적인 일부 형태로 사용된다.

사회적 구성주의

어떤 이론가들은 동성애에 대한 본질주의적 관점이 레즈비언 여성과 게이 남성의 권익에 가장 크게 기여한다는 대중적인 가정에 반대하면서, 그 대신 성적 쾌락과 욕망에 관한 범주들이 역사적, 문화적으로 발전된 것이라 제안한다. 이 명제는 흔히 사회적 구성주의라고 불리며, 동성애자, 레즈비언, 게이, 양성애자와 같이 대안적인 성 정체성 범주들뿐 아니라 이성애자 정체성에도 적용된다. 이는 특정한 성적 행위가 그것이 발생하는 사회적 맥락에 유일하다는 것을 의미하지는 않는다. 성적 욕망과 관련되거나 성적 쾌락에 기여하는 광범위한 육체적 상호작용과 몸적 자극은 문화적이고 역사적인 경계들을 가로질러 발생한다. 그러나 이러한 상호작용과 자극이 사회적으로 확립된 섹슈얼리티의 개념과 성 정체성의 범주들에 대해서 갖는 관계는 결코 보편적이지 않다.

본질주의와 마찬가지로 사회적 구성주의는 젠더 및 인종 개념에 관련된 범주들처럼 다른 정체성 범주에도 적용될 수 있으며 적용되어왔다.

의미론적 전체론

의미론적 전체론에 따르면, 다양한 과학 안에서 사용되는 전문 용어는 신념들이 뒤얽힌 망의 일부분이며, 따라서 모든 개별 용어의 의미는 더 많은 어휘와 그것에 상응하는 신념 체계를 직간접적으로 참조함으로써만 완전히 이해될 수 있다. 과학자들의 세뇌는 크게는 언어 습득의 문제이고, 습득된 언어는 증거의 기준을 결정하며, 따라서 인정되고 설명되는 경험적 사실들의 범위를 결정한다. 이러한 설명은 의미론적 원자론과 대조하기 위해서 때로 의미론적 전체론이라고 불린다.

의미론적 원자론

전체론은 더 큰 전체를 참조함으로써 개별적인 부분들을 설명하는 반면, 원자론은 전체를 구성하는 부분들을 참조함으로써 전체를 설명한다.

패러다임

패러다임 개념은 의미론적 전체론 개념이 확장된 것이며, 특히 1962년 토머스 쿤에 의해 과학 실천의 측면에서 발진했다. 쿤은 과학적 용어들의 의미가 그 용어들이 발생하는 전체적인 틀, 즉 패러다임에 의존적이라고 주장했다. 쿤은 또한 모호한 이미지가 하나보다 많은 해석 틀로 구성되듯이, 경험적 증거가 하나보다 많은 패러다임으로 구성되는 경우가 흔하다고 주장했다.

불충분결정

모든 이론과 모든 패러다임이 필연적으로 경험적 증거와 일치하는 것은 아니지만, 그럼에도 불구하고 다수의 이론과 다수의 패러다임은 흔히 경험적 증거와 일치한다. 이러한 이유로 흔히 증거만으로는 다른 것이 아닌 하나의 이론이나 하나의 패러다임을 결정하기에는 어려움이 있다. 다른 방식으로 표현하자면, 이론과 패러다임은 흔히 불충분하게 결정된다.

상대주의

극단적인 유형의 상대주의에 따르면, 실재와 해석 간에는 어떤 관련성도 없고 사실과 허구 간에는 어떤 구별도 없다. 상대주의의 기술적 형태와 규범적 형태를 구별하는 것은 유용하다. 기술적 상대주의가 개인에 따라 그리고 문화에 따라 신념과 실천이 달라진다는 꽤 비논쟁적인 관념에 이르는 반면에, 규범적 상대주의는 신념과 실천을 더 좋은 것과 더 나쁜 것으로 구별하는 일이 어떤 경우에도 유의미할 수 없다는 결론으로 이어진다. 상대주의에 대한 모든 언급이 사실과 허구 간의 구별을 없애버리는 극단에 이르지는 않는다. 그러나 절대적 진실과 객관적 실재라는 개념에 도전하는 것이 그런 방향으로 미끄러지는 비탈을 내려오게 한다는 우려가 만연하다.

남색

나이가 더 많은 남성과 더 적은 남성 간의 성적 관계는 흔히 남색이라고 불리며, 이는 고대 그리스에서 흔한 일이었다. 남색이 문자 그대로는 소년들의 사랑을 지칭하지만, 이 말은 일반적으로 성인 남성과 더 어리지만 사춘기는 지난 남성 간의 성적 관계를 가리켜 사용된다. 남색은 어떤 성인과 사춘기 이전의 소년 또는 소녀 간의 성적 관계를 지칭하는 소아성애와는 구별된다.

히즈라

'히즈라'라는 용어는 여성처럼 옷을 입고 중간적 젠더 역할을 하면서 살기 위해 외과적 거세 수술을 받은, 남성이나 인터섹스로 태어난 사람들에게 적용된다.

인터섹스

인터섹스는 생물학적 여성으로도 생물학적 남성으로도 명확하게 구별되지 않는 생물학적 특징을 타고난 사람을 지칭한다. 인터섹스인 사람들은 많은 경우에 그들의 신체적 외양을 여성이나 남성으로 인정될 수 있는 젠더 정체성과 더 가깝게 일치시키기 위해서, 출생 후 얼마 안 되어 의료적 개입을 받는다.

자웅동체

역사적으로 '자웅동체'라는 용어는 지금은 인터섹스로 더 흔하게 식별되는 특정한 형태들을 지칭하는 데 사용되었다. '자웅동체'라는 용어는 만약 그것이 인터섹스인 모든 몸을 포괄적으로 지칭하는 데 사용된다면 잠재적으로 오해의 소지가 있다. 이 말은 남성의 생식기와 여성의 생식기가 모두 있음을 의미하지만, 인터섹스인 모든 몸이 이에 부합하는 것은 아니다. 어떤 사람들은 자웅동체로 정체화되기를 선호하지만, 더 많은 사람들이 인터섹스로 지정되기를 선호한다. 게다가 어떤 사람들은 이 용어를 구식, 몰이해, 심지어는 모욕적이라고 간주한다.

트랜스젠더

트랜스젠더는 생물학적 남성으로 태어났으나 내면적으로 그리고 흔히 사회적으로 여성으로 정체화하는 사람과 생물학적 여성으로 태어났으나 내면적으로 그리고 흔히 사회적으로 남성으로 정체화하는 사람을 지칭한다. 모두가 그런 것은 분명 아니지만, 일부 트랜스젠더 남성과 여성은 그들의 신체적 외양을 그들이 내면적으로 경험하는 정체성과 더 가깝게 일치시키기 위해서 의료적 개입을 추구한다.

두 영혼

'두 영혼'이라는 용어는 'berdache'라는 용어에 대한 대안이며, 'berdache'는 인류학자들이 다양한 아메리카 원주민 부족 안에서 젠더 경계를 가로지르는 사람을 포괄적으로 지칭할 때 사용했다. 이제 많은 원주민이 이 용어를 부주의하며 때로는 심지어 모욕적이라고 여긴다. 때문에 많은 이가 특정한 부족의 명칭보다는 두 영혼을 포괄적인 대체어로 선호한다. 가령 주니 족은 출생 시에는 남성으로 정체화했으나 성인이 된 이후 여성으로 사는 사람들을 부르기 위해 '라마나lhamana'라는 용어를 사용한다. 나바호 족은 남성의 몸과 여성의 영혼을 가진 사람들에게 '나드리히nadleehi'라는 용어를 사용한다. 하와이에서는 정신적으로 남성적이면서도 여성적인 사람들을 부를 때 '마후mahu'라는 용어를 사용한다. 전통적으로 두 영혼 사람들은 흔히 치료사로 일했으며 종교적인 의례를 수행했다.

이성애 규범성

이성애 규범성은 이성애를 표준으로 존속시키는 표현 방식, 특히 성적인 표현 방식이 흔히 미묘하면서도 엄격하게 강제된다는 특징을 설명하기 위해서 흔히 사용된다.

2장 레즈비언과 게이 정체성의 사회적 역사

남색

오늘날 남색은 항문 섹스를 특정하게 지칭하는 데 흔히 사용되지만, 그것은 또한 더 일반적으로 페니스가 질에 흡입되는 것을 제외한 그 어떤 성교도 지칭한다. 주로 잉글랜드에서 사용되는 항문성교buggery도 유사한 함축을 갖는다.

담론

일상적인 맥락에서 담론이란 그저 구술되거나 글로 표현되는 대화 또는 논의를 지칭한다. 그러나 푸코가 사용했을 때 이 용어는 더 광범위하게 지식이 사회적으로 생산되고 재생산되는 과정을 지칭하게 된다.

성전환

의료계는 19세기 후반까지 여성 동성애를 인정하지 않았고, 성과학자들은 20세기 초반에 그들이 '성전환'이라고 불렀던 상태, 즉 동성인 사람에게 성적으로 끌리는 것을 포함해 젠더가 완전히 뒤바뀌는 특징을 가진다고 믿었던 상태에 대해서 다루었다. 성 연구자인 크라프트에빙과 엘리스의 아이디어는 엘리스가 서문을 썼던 래드클리프 홀의 1928년 소설인 『고독의 우물』에서 대중화되었다.

게이

때로 게이는 동성애자와 마찬가지로 동성애자 남성뿐 아니라 동성애자 여성을 지칭하는 데 사용된다. 그러나 레즈비언이 여성들 사이의 동성애를 지칭하는 데 사용되는 반면, 게이는 남성들 사이의 동성애를 지칭하는 데 더 자주 사용된다.

레즈비언

레즈비언은 '게이'라는 용어의 대안으로서 여성들 사이의 동성애를 지칭하는 데 흔히 사용된다.

레즈비언베이팅

레즈비언베이팅은 여성이 다른 여성과 성적 관계를 가져서가 아닌, 지정된 젠더 역할을 위반했다는 이유로 레즈비언이라는 딱지가 붙을 때 나타난다. 특히 페미니스트 원리를 체현한 여성들이 흔히 레즈비언이라고 특징지어진다. 레즈비언베이팅은 여성들이 페미니스트로 정체화하는 것을 막기 위해서 페미니스트 정체성을 레즈비언 정체성과 동일시함으로써 동성애에 대한 부정적인 대도를 이용하려는 시도이며, 흔히 성공적이다.

3장 퀴어한 대안들

혁명적 실천

여기에서 '실천'이라는 용어는 반복이나 연습이 아니라, 사회적 행동 및 상호작용 양식과 관련이 있다. 가령 카를 마르크스는 실천을 "감각적인 인간 활동"이라고 기술했으며, "환경의 변혁과 인간 활동의 변혁 또는 자기변혁 간의 일치는 오직 혁명적 실천으로만 상상되고 합리적으로 이해될 수 있다"고 언급했다(1970: 121).

패러다임 변화

마르크스가 혁명적 실천에 대해 말한 것처럼, 쿤은 혁명적 과학에 대해 말했다. 쿤에게 확립된 패러다임을 둘러싼 의견 일치를 특징으로 하는 정상과학 실천은 위기와 갈등을 특징으로 하는 혁명과학 실천과 대조를 이룬다.

과학적 실천 맥락에서의 패러다임 변화 또는 혁명, 그리고 정치적 실천이라는 보다 넓은 맥락에서의 패러다임 변화 또는 혁명 간에는 유사점이 존재한다. 과학 실천과 정치 실천에서 위기는 그에 상응하는 혁명에 대한 잠재력과 함께 발생하며, 확립된 패러다임이 스스로 그 창조를 도왔던 세계에 협조하기를 중단할 때 발생한다.

과학의 맥락에서 쿤은 "패러다임과 자연 세계가 조화를 이루는 데는 항상 어려움이 있다"고 언급했지만, 이러한 어려움은 주로 정상과학 실천 과정에서 해결된다(1970:

82). 패러다임과 자연 세계의 조화 또는 이론과 사실의 조화는 절대 완벽하지 않다. 그리고 정상과학 실천의 다수와 아마도 다른 맥락들에서의 정상 실천의 다수는 쿤이 "마무리 작업mop-up work"이라고 불렸던 것, 즉 수용된 패러다임을 확장하면서 명료화하는 것으로 구성된다(1970: 24). 그러나 난잡한 모든 것이 손쉽게 해치워지지는 않으며, 패러다임과 자연 세계 간의 모든 불일치가 쉽게 조화를 이룰 수도 없다. 쿤에 따르면 패러다임과 자연 세계 간에 존재하는 특히 완강한 불일치가 "정상과학의 그저 또 다른 퍼즐 그 이상으로 보일 때, 위기와 비상과학으로의 이행이 시작된다"(1970: 82).

동성애 옹호운동

동성애 옹호운동은 특히 1950년대 유럽과 미국에서, 동성애가 선천적이거나 출생 시 주어진 조건이라는 의료계의 합의에 주목함으로써 동성애자들의 권리를 방어했던 사람들과 조직들을 말한다.

게이 해방운동

일각에서는 동성애 옹호운동이 가진 미안해하는 태도 그리고 '동성애자'라는 용어가 의학적으로 함축하는 바에 분개했다. 이에 게이 정체성이 동성애자 정체성에 대한 대안으로 부상했으며, 게이 해방운동이 동성애 옹호운동에 대한 대안으로 부상했다.

1969년의 스톤월 항쟁은, 비록 지나치게 단순화된 것이긴 하지만, 게이 해방운동의 시작점으로 흔히 인용된다. 스톤월은 대부분의 고객이 흑인과 라틴계인 뉴욕의 게이 및 드래그 바로, 당시의 많은 다른 게이 바처럼 가끔 경찰의 급습을 당했다. 이러한 급습은 주로 춤추기, 키스, 크로스드레싱 같은 형태의 '외설' 죄에 대한 체포로 이어졌다. 그러나 스톤월이 1969년 6월 28일 이른 아침 급습당했을 때 고객들은 저항했으며, 그들은 주말 내내 투쟁을 이어갔다. 이처럼 갑작스러운 만장일치로 격분이 표출된 것은 1969년 6월 27일 그 장례식이 진행되었던, 게이들의 우상 주디 갈런드의 죽음에서 기인한 것으로 여겨지기도

한다. 그러나 보다 그럴듯한 설명은 게이 해방운동, 여성 해방운동과 흑인 민권운동을 포함하는 동시대의 다른 운동들과 마찬가지로 이러한 항쟁 또한 차별을 부정의로 받아들이는 의식이 성장했음을 보여주는 증거라는 것이다.

LGBT+ 운동

비록 게이가 남성뿐 아니라 여성에게도 사용될 수 있었지만 게이 해방운동은 주로 게이 남성들에게 집중하며 그들을 향했고, 많은 레즈비언 여성이 레즈비언의 정체성을 보다 명백하게 인지하고 포함하는 운동을 원했다. 이러한 요구의 결과로서, 동성애자 정체성은 대개 레즈비언 여성과 게이 남성 모두를 지칭한다. 레즈비언 여성을 때로 포함하여 '게이'라고 지칭하는 것에 비하면 게이 남성과 레즈비언 여성으로 지칭하는 것이 명백히 포괄적이다.

게이보다는 게이와 레즈비언 정체성을 언급하는 것이 더 포괄적인 반면, 이는 이성애에 대한 대안들의 범위 전체를 반영하지는 못한다. 양성애가 동성애 혹은 이성애에 전념하다 보면 결국에는 극복할 수 있는 일시적인 정체성이라는 대중적인 오해를 고려해보면, 이성애와 동성애로부터 구별되는 성적 정체성으로서 양성애를 확고히 하는 것은 특히 중요하다. 더 넓은 범위의 정체성과 사안을 망라하기 위해서, 대안적인 섹슈얼리티에 대한 언급은 양성애 정체성을 포함하도록 확장되었다. 이처럼 확장된 용어가 갖는 결점은 그것이 게이 정체성이나 심지어는 게이와 레즈비언 정체성에 대해 말하는 것보다 더 길고 좀 더 불편하다는 것이다. 이러한 이유로, 게이와 레즈비언 그리고 양성애자 정체성을 지칭하기 위해 GLB라는 축약형이 도입되었다. 일각에서는 여성이 늘 두 번째 자리에 오는 것 같다는 점을 인정하면서, 상징적으로 여성이 남성의 앞에 오도록 글자 순서를 재배치한 LGB를 선호했다.

여기에 최근 트랜스젠더 정체성을 추가해 이제는 친숙한 조합인 GLBT 혹은 LGBT를 완성했다. 레즈비언, 게이, 양성애자와 달리, 트랜스젠더 범주는 성적 파트너의 선택을

다루지 않는다. 그 대신 트랜스젠더 범주는 어떤 사람들이 자신에게 지정된 생물학적 섹스 범주와 여성 또는 남성으로 정체화하는 것 사이에서 경험하는 불일치를 다룬다. 그러나 대안적인 섹슈얼리티를 설명할 때 트랜스젠더를 포함시키는 것이 완전히 임의적이지는 않다. 레즈비언, 게이, 양성애자로 정체화하는 많은 사람이 이성애 규범 바깥에 있기 때문에 차별과 폭력을 경험하며, 이는 트랜스젠더로 정체화하는 사람 또한 마찬가지다. 레즈비언, 게이, 양성애자 그리고 트랜스젠더 정체성은 모두 널리 퍼진 기대에 대해서, 즉 생물학적 여성과 생물학적 남성은 반드시 각 섹스 범주에 지정된 특정한 태도와 행동을 나타내야 하며 또한 반드시 생물학적으로 반대의 섹스에 속하면서 젠더 범주들에 부합하는 사람들과 성적 파트너가 되어야 한다는 기대에 도전한다.

일각에서는 레즈비언, 게이, 양성애자, 트랜스젠더 정체성 혹은 LGBT 정체성이 이성애 규범의 대안에 대해서 완전하거나 독점적인 목록을 구성하지는 않는다는 점을 인정하면서, '퀘스처닝questioning'이나 '다른other' 혹은 그저 '+' 기호와 같은 추가 범주를 더함으로써 그 목록을 수정한다. '퀘스처닝'을 추가하는 것은 성적 정체성이 아마도 실험이나 탐색의 결과로서 시간이 지남에 따라 발전할 수 있음을 시사한다. '다른'이나 '+'를 덧붙이는 것은 항목별로 나눠진 목록에서 의도치 않게 누락된, 남아 있는 성적 정체성들도 포함하려는 마지막 시도로 기능한다. 확립된 패러다임을 구해내려는 또 다른 노력 속에서, 대안적인 섹슈얼리티를 지칭하는 사람들은 때때로 LGBTQ, LGBTO 또는 LGBT+를 사용한다.

무성애자

무성애자인 사람들은 성적 욕망이 없거나 거의 없다.

범성애자

범성애자인 사람들은 두 가지보다 많은 젠더 범주의 존재를 인정하며, 그들의 성적 욕망은 그 어떤 젠더 범주의 혹은 모든 젠더 범주의 사람들에게 향할 수 있다.

젠더

젠더, 섹스, 섹슈얼리티 개념들은 서로 밀접하게 관련되어 있지만, 그럼에도 그것들을 구분하는 것은 흔히 유용하다. 주로 젠더는 여성적이고 남성적이라고 흔히 간주되는 특징들의 집합체를 지칭한다. 일반적으로 섹스는 생물학적으로 타고난 것이라 믿어지는 반면, 일반적으로 젠더는 사회적으로 획득된 것이라 믿어진다.

섹스

젠더, 섹스, 섹슈얼리티 개념들은 서로 밀접하게 관련되어 있지만, 그럼에도 그것들을 구분하는 것은 흔히 유용하다. 주로 섹스는 여성과 남성의 것으로 흔히 간주되는 특징들의 집합체를 지칭한다. 일반적으로 젠더는 사회적으로 획득된 것이라 믿어지는 반면, 일반적으로 섹스는 생물학적으로 타고난 것이라 믿어진다.

섹슈얼리티

젠더, 섹스, 섹슈얼리티 개념들은 서로 밀접하게 관련되어 있지만, 그럼에도 그것들을 구분하는 것은 흔히 유용하다. 주로 섹슈얼리티는 특히 친밀한 파트너를 선택하는 것과 관련되는 친밀함의 실천들을 지칭한다. 섹슈얼리티가 사회적으로 획득된 것인지 아니면 생물학적으로 타고난 것인지에 대해서는 광범위한 의견 불일치가 있다.

퀴어 이론

확립된 패러다임에 대해서 보다 완전하게 혁명적인 대안인 퀴어 이론은 전반적으로 그리고 보다 특수하게는 젠더, 섹스, 섹슈얼리티에 관해서 이분법적이고 위계적인 추론을 피한다. 이는 퀴어 이론이 정의하기 어렵다고 악명이 높은 이유이기도 하다. 철학에서 성공적인 정의란, 정의되는 용어가 유의미하고 정확하게 적용될 수 있는 필요충분조건에 대한 명확한 설명이라고 흔히 이해된다. 달리 말하면 정의는 주어진 범주에 속한 것과 모든 것 사이에 문제가 없는 경계를 설정하며, 그렇게 함으로써 이분법적 추론을 초월하기보다는 이분법적 추론에 참여한다. 본질주의와 의미론적 일원론을 사회적 구성주의와 의미론적 전체론으로 바꾸는 퀴어 이론은, 의미가 개별적인 용어들의 정의에 따라서가 아니라 다양한 단어와 단어 간의 그리고 단어들 간의 맥락적인 관계에 의해 전달되는 것임을 인정한다. 이런 설명은 포스트모더니즘에서는 이미 익숙하며, 퀴어 이론을 젠더·섹스·섹슈얼리티에 대한 포스트모던적 해석이라고 보는, 과도하게 단순하지만 어쩌면 설득력 있는 서술에서 도움을 받았을 것이다.

2부 섹스

4장   반갑지 않은 개입

젠더퍼킹

보통의 사람들은 섹스를 결정하는 생물학적 기준에 접근할 수 없고 2차 성징이 항상 믿을 만하지는 않다는 점을 생각하면, 더 많은 혼동 없이 사람들을 섹스로 구분할 수 있다는 것은 놀랍다. 대부분의 사람을 여성이나 남성으로 인식할 수 있는 용이함은 그들의 생물학보다는 다양한 사회적 표시와 더 관련이 있다. 여성이든 남성이든 누구라도 드레스를 입거나 짧은 머리 스타일을 할 수 있다. 그럼에도 불구하고 만약 사람들이 비공식적으로는 젠더퍼킹이라고도 불리는 모호한 방식으로 자신을 나타내지 않는다면, 이런 사회적 표현들은 꽤 믿을 만하다.

쌍둥이 사례

출생 시 생물학적 남성으로 확인되었던 브루스 라이머는 포경수술 실패로 인해 외과적으로 여성으로 재지정되었다. 브루스는 브렌다로 개명되어 여자아이로 길러졌다. 브루스의 일란성 쌍둥이 형제 브라이언은 아무런 문제도 겪지 않았으며 남자아이로 길러졌다. 두 아이가 일란성 쌍둥이였기 때문에 이 사례는 많은 사람에게 여성과 남성 간의 구별은 주로 사회화에 기인한다는 이론을 경험적으로 시험할 기회로 여겨졌다. 처음에 브렌다의 재지정은 무척 성공적이라고 믿어졌으며, 이 "쌍둥이 사례"는 젠더 사회화의 증거로서 많은 여성학 교재에 인용되었다. 그러나 명백하게도 브렌다는 여자아이로서 완전히 편안하다고 느낀 적이 없었고, 결국 이번에는 데이비드 라이머라는 이름으로 남성의 정체성으로 되돌아갔다. 슬프게도 라이머는 끝내 평화를 찾지 못했고, 결국 2004년에 자살했다.

5장   반가운 이행

미시페스트

1976년, 리사와 크리스티 보걸 자매는 메리 킨디그를 포함한 친구들과 함께 여성에 의한 그리고 여성을 위한 음악을 피처링하면서 미시간에서 여름 축제를 조직했다. 지금은 미시간 여성womyn 음악 축제, '미시페스트', 혹은 그저 '미시간'이라고 불리며 MWMF로 축약되는 이 행사는 굉장히 성공적이었으며, 이번이 마지막 해가 될 것이라고 리사 보걸이 발표한 2015년까지 40년간 매해 개최되었다. 1978년의 홍보 전단에서 나타나듯이, 그 축제는 "여성으로 태어난 여성을 위한, 어머니들과 딸들의 모임"으로 여겨졌다. 리사 보걸에 따르면 "미시간의 전형적인 특징은 언제나 그곳이 분리되고, 스스로 정의되며, 깊이 명예로운 여성들의 공간을 창조해왔다는 것이다"(보걸, 2000). 흔히 "그 땅"이라고 간결하게 불리는 이 축제의 장은 배타적으로 여성들만을 위한 곳으로 지정되며, 여기에는 급진적 페미니즘의 일부 형태와 관련되는 분리주의자 의제에 대한 헌신이 반영되어 있다.

여성womyn

남성 및 남성성에 관련된 용어를 사용하는 것에 대한 대안으로서 때때로 'women' 대신 'womyn'을, 'woman' 대신 'womon'을 사용한다.

캠프 트랜스

여성으로 태어난 여성이라는 요건은 트랜스 여성들을 배제했으며, 이런 배제에 대한 격분은 캠프 트랜스의 창설로 이어졌다. 처음에 캠프 트랜스는 1991년 버크홀더가 캠프장에서 쫓겨난 데 항의하는 장소로 여겨졌고 몇 년 만에 약화되었다. 그러나 1999년, 트랜스를 포함하자는 의제를 다룬 워크숍이 지지를 받으면서 MWMF와 나란히 대안적인 축제의 장소로 다시 부상했다.

젠더 정체성 장애

많은 트랜스 활동가가 1980년 『정신 장애 진단 및 통계 편람(DSM-Ⅲ)』이 갱신될 때 젠더 정체성 장애(GID)를 하나의 심리적 장애로 포함시키는 것을 옹호했던 반면, 많은 페미니스트가 이것이 젠더 표현의 적합한 형태와 부적합한 형태 간에 유의미한 구별을 확립하려는 시도라는 이유로 GID를 거부했다. 비록 많은 트랜스 활동가가 GID를 의학적 진단으로 계속 사용하는 것에 찬성하지만, 그렇지 않은 이들은 다음에 갱신될 DSM에서 GID를 없애고자 노력하고 있다는 점에 주목할 가치가 있다. 게다가 GID를 DSM에 계속 포함시키는 것에 찬성하는 트랜스들은 흔히 처방되는 치료들, 주로 호르몬 요법과 섹스 재지정 수술에 보다 쉽게 접근하려는 실용적인 이유를 갖고 있다. 트랜스로 정체화하지 않는 페미니스트들은 대개 이런 실용적인 고려 사항들의 중요성을 인정하는 데는 느리고, 원칙에 근거한 반대를 표하는 데는 비교적 빠르다.

트랜스 남성

트랜스 남성은 출생 시 여성으로 지정되었으나 실제로는 남성으로 정체화하는 트랜스젠더다. 축약어 FTM은 여성에서 남성으로 전환한 female to male 트랜스젠더, 즉 트랜스 남성을 빠르고 쉽게 지칭하기 위해 때때로 사용된다.

트랜스 여성

트랜스 여성은 출생 시 남성으로 지정되었으나 실제로는 여성으로 정체화하는 트랜스젠더다. 축약어 MTF는 남성에서 여성으로 전환한 트랜스젠더 male to female, 즉 트랜스 여성을 빠르고 쉽게 지칭하기 위해 때때로 사용된다.

부치

부치는 남성으로 정체화하지 않으면서 전통적으로 남성적인 스타일로 자신을 표현하는, 일부 레즈비언 여성을 포함한 일부 여성을 지칭하는 데 흔히 사용된다. 다시 말해서 부치 여성들(또는 간략히, 부치들)은 트랜스젠더로 정체화하지 않는다. 부치 정체성은 때때로 펨 여성들(또는 간략히, 펨들)의 전통적으로 여성적인 스타일과 대조된다.

패킹

패킹은 일부 트랜스 남성과 심지어 일부 부치 여성이 몸에 페니스가 있는 것과 비슷해지고자 옷 밑에 딜도나 다른 인공기관을 부착하는 실천을 지칭한다.

시스젠더

'시스젠더'라는 용어는 트랜스젠더로 정체화하지 않는 사람들의 젠더 표현이 트랜스젠더로 정체화하는 사람들의 젠더 표현보다 더 진짜이거나 더 선호될 수 있음을 불가피하게 암시하는 용어들인 '생물학적인' '보통의' 등에 의존하지 않으면서 트랜스젠더가 아닌 사람들을 지칭하는 방법으로 도입되었다. 그러나 어떤 사람들에 따르면 시스젠더는 문제가 있는, 심지어는 아마도 스스로를 패배시키는 용어다. 이는 예를 들자면 레즈비언, 게이 또는 양성애자로 자신을 정체화하지만 트랜스젠더로는 정체화하지 않는 사람들이 그들 자신의 젠더 정체성과 젠더 표현, 그리고 젠더 정체성과 젠더 표현에 대한 문화적 기대 간에 불일치를 경험하지 않음을 시스젠더가 암시한다고 해석될 수 있기 때문이다.

젠더퀴어

'젠더퀴어'라는 용어는 섹스, 젠더,

섹슈얼리티에 대해 확립된 기존의 기대가
스스로를 이분법적 모델의 용어로 정의하기를
꺼리거나 그럴 수 없는 사람들에게는
부적절하다는 것을 드러내는 다양한 형태의
정체화 및 표현을 지칭할 때 사용된다.

3부 젠더

6장   변화하는 젠더

실존주의

실존주의는 대개, 특히 20세기 전반 동안에
장 폴 사르트르, 시몬 드 보부아르 그리고
다른 많은 이와 관련한 철학적 학파의 사상을
지시한다. 비록 이론가들 사이에 다양성이
존재하지만, 서로 다른 관점 사이에 흐르는
공통의 맥락은 인과 관계로 결정된 물리적
세계에서 의미를 찾는 것이다.

타자성

지배 집단에 포함되는 사람이 아니라,
거기에서 배제되는 사람들이 지배 집단을
정의한다. 자기와 다른 누군가·무언가의
정체성을 흔히 타자성이라고 부른다.

타자

보부아르는 실존주의자로서 자유와 결정론
사이의 긴장에 관심을 가졌으며, 어떤 누군가가
궁극적으로 무엇이 되는 필연성과 불가피성은
존재하지 않는다고 믿었다. 여성과 남성 간의
구별에 적용하면 이는 여성이기 위해서는
반드시 여성이 되어야 한다는 것을 뜻한다.
여성이 되는 과정은 여성으로 인식되거나
또는 남성과 구별되는 과정과 밀접하게 얽혀
있다. 남성 자아는 여성을 대상 혹은 '타자'로서
정체화함으로써, 그 자신은 주체이거나 오직
일자로서 단언된다.

어떻게 사람들이 여성과 남성을
식별하는지에 대한 설명은 이러한 정체성의
범주들이 우연적임을 제안한다. 정체성의
범주를 우연적이라고 간주하는 것은 그

범주들이 존재했고 아마 여전히 존재하지만,
본질적인 것이 아님을 인정하는 것이다. 이러한
의미에서 보부아르는 결국 무엇이 섹스와
젠더를 구별하는가를 예측했다.

젠더 중립적 언어

하나의 용어가 모든 다른 범주의 사람들을
똑같이 가리키는 데 사용될 때, 언어는
중립적이다.

젠더 포괄적 언어

복합적 용어가 둘 이상의, 이상적으로는
관련된 모든 범주의 사람들을 개별적으로
그리고 구체적으로 지시하는 데 사용될 때,
언어는 포괄적이다.

헤게모니

'헤게모니'라는 용어는 타인에게 지배하는
영향력을 발휘하는 권력, 특히 국가의 권력을
의미한다. 흔히 이 영향은 너무 강하기 때문에
자연스러워 보이고 결과적으로 눈에 띄지 않게
된다.

헤게모니적 이분법

'헤게모니'라는 용어는 타인에게 지배하는
영향력을 발휘하는 권력, 특히 국가의 권력을
의미한다. 흔히 이 영향은 너무 강하기 때문에
자연스러워 보이고 결과적으로 눈에 띄지 않게
된다. 이분법은 이원론 또는 이원적 구별을
지칭하며, 주로 본질주의적인 일부 형태로
사용된다. 섹스, 젠더, 섹슈얼리티에 대한 깊은
근본주의적 설명에서, 헤게모니적 이분법은
섹스, 젠더, 섹슈얼리티를 합쳐 남성과 여성을
근본적으로 정확히 둘로 구분되는 자연 종으로
지시한다.

자연 종

자연 종에 대한 전통적 학설은 적어도
어떤 범주는 임의적으로 또는 인위적이지
않으며 어떤 기본적 특징 혹은 그 범주 구성원이
공유하는 특징들로 연결된 것들의 집합을
나타낸다고 주장함으로써, 자연 세계에 대한
본질주의에 우선적으로 헌신한다. 1장에서 더

구체적으로 논의되었던 본질주의는 특정한 사물을 일반적인 범주로 조직화할 때, 오직 편리함이나 인간의 발명이 아니라 오히려 개별 범주의 구성원들을 가장 근본적인 수준에서 정의하는 특성에 근거할 수 있다는 믿음을 지칭할 때 주로 쓰인다.

플라톤의 형상

자연 종의 개념은 플라톤의 형상 개념과 매우 유사하다. 형상 이론은 플라톤의 많은 연구에서 다루어졌지만, 『국가』 제7권 동굴에 있는 죄수들의 우화로 특히 생생히 설명된다. 동굴의 우화는 벽에 비친 그림자만 볼 수 있도록 동굴 벽 앞에 묶인 수감자 무리를 묘사한다. 그림자는 불 앞에 놓인 물체에 의해 생겨난다. 이러한 유비는 불완전한 그림자와 물리적 세계의 불완전성 사이에서 그려진다. 물체가 단순한 그림자보다 더 현실적이고 완벽한 것이듯, 형상 또한 일상 세계에서 마주치게 되는 특수한 것보다 더 현실적이고 완벽하다. 일상 세계를 채우는 특수한 것들과 달리, 형상들은 다양한 특수 사물의 구성원이 되는 개념이나 범주와 마찬가지로 완벽하고 영원하고 보편적인 추상이다.

수행성

젠더가 수행적이라는 생각은 주디스 버틀러의 연구와 밀접하게 관련되어 있다. 드래그 퍼포먼스의 예를 빌리면서, 버틀러는 형상의 모방과 달리 드래그 또는 다른 젠더 수행에서 발생하는 모방은 원본이 없는 것임을 제시한다. 젠더가 모방하는 것은 실재하는 어떤 것이 아니다. 젠더가 모방하는 것은 단순히 젠더의 다른 수행이며, 그것은 그 자체로 단순히 모방이다. 버틀러는 "**젠더는 일종의 원본 없는 모방**이며, 사실상 젠더는 모방 그 자체의 효과와 결과로서 원본의 개념을 만들어내는 일종의 모방이다"라고 말한다(Butler, 1993).

퀴어링

헤게모니적 이분법을 유지하는 것은 적극적인 과정이기 때문에, 사람들은 개인으로서도 집단으로서도 헤게모니적 이분법을 의도적으로 방해하는 표현의 형식을 선택할 수 있는 힘을 갖는다. 이것은 기존 언어를 '퀴어링'하는 방법으로 특징지을 수 있다. 동사로 사용되는 '퀴어'는 헤게모니적 이분법과 관련된 생각, 기대 및 태도의 불일치에서 벗어나기 보다는 그러한 불일치에 주의를 집중시키는 과정을 의미한다. 헤게모니적 이분법을 붕괴시키는 것은 아주 조금이라도 패러다임을 '퀴어화'하는 데 기여한다.

7장   역동하는 페미니즘

제1물결

미국에서 사회적·정치적 운동으로서의 페미니즘은 종종 페미니즘적 개입에 대한 열정과 요구가 얼마나 강력한가에 따라 팽창하고 후퇴하는 파동의 은유로 제시된다. 여성운동의 첫 번째 물결은 1920년 미국 여성에게 투표할 법적 권리를 주었던 제19조 개정안이 통과된 참정권운동과 대체로 관련이 있다.

제2물결

미국에서 사회적·정치적 운동으로서의 페미니즘은 종종 페미니즘적 개입에 대한 열정과 요구가 얼마나 강력한가에 따라 팽창하고 후퇴하는 파동의 은유로 제시된다. 여성운동의 두 번째 물결은 보통 여성 해방운동이라 불리는 것과 관련이 있으며, 유급 노동인구에서 여성 증가, 여성 대상 폭력 문제에 대한 관심 증대 등 수많은 법적·사회적 발전을 이끌었다.

제3물결

미국에서 사회적·정치적 운동으로서의 페미니즘은 종종 페미니즘적 개입에 대한 열정과 요구가 얼마나 강력한가에 따라 팽창하고 후퇴하는 파동의 은유로 제시된다. 두 번째 물결이 끝났는가에 대해서는 의견 차이가 있지만 세 번째 물결이 시작되었다고 믿는 사람들은 일반적으로 사람들의 다양성과 특히 여성 안의 다양성을 환영하며 다원주의와 주로 관련된다.

남근중심주의

남근중심주의는 남성을 선호하는 편견을 지칭한다.

여성중심주의

여성중심주의는 여성을 선호하는 편견을 흔히 의도적으로 채택하는 것을 지칭한다.

페미니즘 이론

페미니즘 이론은 페미니즘의 질문과 관심을 다루는 이론화를 지칭한다.

자유주의 페미니즘

자유주의 페미니즘은 정치적 자유주의에 뿌리를 두고 있으며, 선하고 신중한 추론이 사회 정의를 수립하는 데 필요한 모든 것이라는 보편적 합리성을 전제한다. 정치적 자유주의와 마찬가지로, 자유주의 페미니즘은 출생의 우연이 권리와 기회와 같은 무형의 재화를 포함한 재화의 불평등한 분배를 정당화할 수 있다는 논의를 거부한다. 자연이 여성의 종속적 지위를 보장한다는 개념을 거부함으로써 자유주의 페미니즘은 섹스와 젠더를 구별한다. 자유주의 페미니즘에 따르면, 성차별주의는 나쁜 추론의 산물이며 페미니즘의 목표는 특히 법적 시스템 내에서 필요한 수정을 하는 것이다.

우머니즘

앨리스 워커는 백인 지향적이고 때로는 인종차별주의적이기까지 한 주류 페미니즘에 대한 대안으로서 우머니즘을 논리정연하게 설명했다. 우머니즘은 자유주의 페미니즘과 해방 전략에 대한 관심을 공유한다. 그러나 자유주의 페미니즘과는 달리 우머니즘은 교차성을 다룬다.

교차성

교차성은 흑인 여성의 삶에 인종, 젠더, 계급이 동시에 미치는 영향을 나타내기 위해 처음 사용되었고 이러한 동시적 영향이 단지 젠더(아마도 백인 여성들이 경험한)와 인종(아마도 흑인 남성들이 경험한)의 총합으로 환원할 수 없는 독특한 경험을 창출한다는 인식을 동반한다. 또한 성 정체성, 민족성, 장애 상태 등 교차하는 다른 정체성과 관련하여 사용되어왔다.

마르크스주의 페미니즘

자유주의 페미니즘에 대한 불만은 특히 자본주의하에서 여성의 종속에 기여하는 구조적 제약에 대한 분석을 요청했다. 마르크스주의가 자본주의를 억압의 근원으로 규정한 것처럼 마르크스주의 페미니즘은 자본주의를 여성 억압의 근원으로 규정한다. 이런 이유로 현대 서구 사회에서 여성의 역할은 생물학이 아니라 자본주의에 뿌리를 두고 있다. 이러한 관점에서 볼 때, 해결책은 분명하다. 여성이 전통적으로 대부분의 가사노동을 해왔지만 남성에 대한 여성의 경제적 의존을 전제로 한 사회 제도에서 이 노동은 인정받지 못한다. 여성들이 경제적 영향력을 얻기 위해서는 힘이 필요하다. 따라서 마르크스주의 페미니즘은 가사노동의 사회화 또는 더 나아가 임금노동 체제로 여성을 통합하는 데 찬성한다.

가부장제

가부장제는 여성 또는 여성성보다 남성 또는 남성성에 우선권을 부여하는 사회 구조를 지시하는 데 대체로 사용된다.

급진적 페미니즘

마르크스주의 페미니즘이 여성과 남성 간 사회적 불평등의 책임을 경제적 요인에 돌린다면, 급진적 페미니즘은 가부장제를 주요 요인으로 간주한다. 일부 급진적 페미니스트들은 남성이 여성을 억압하는 가부장제가 남성 생물학의 본래적 결과라고 믿는다. 이것은 트랜스 여성은 남성일 수밖에 없다고 간주하는 급진적 페미니스트들의 트랜스 배제적 태도를 설명해준다. 이는 흔히 트랜스 배제적 급진 페미니스트trans-exclusionary radical feminist, TERF라고 불리는 급진적 페미니즘의 소규모 분파다. 모든 급진적 페미니스트가 명시적으로 배타적인 것은 아니다. 급진적 페미니즘의 다양한 분절을 통일하는 것은 성차별주의의 근본 원천으로서의 가부장제에 대한 공통적 비판이다.

사회주의 페미니즘

사회주의 페미니즘은 마르크스주의와 급진적 페미니즘의 종합으로 출현한다. 사회주의 페미니즘은 마르크스주의 분석에서의 계급의 우위와 급진적 분석에서의 섹스의 우위성에 반대하는 대신에, 여성 종속의 이유를 자본주의와 남성의 성적 지배에서 찾는다. 이러한 이유로 이들은 사회주의적 개혁이 필요하지만, 흔히 숨겨진 여성 절반의 노동력을 다루는 경우에만 개혁 노력이 적절하다고 믿는다. 사회주의 페미니즘에 따르면, 하위 계층의 남성은 특권과 불이익을 동시에 받는다. 그들은 여성에 대해 권력을 지니고 있지만 더 큰 사회적 맥락에서는 권력이 부족하다. 남성들은 여성에 대한 권력 포기에 뚜렷하고 즉각적인 관심을 갖지 않기 때문에 사회주의 개혁은 페미니즘적이지 않다면 불충분하다.

다문화 페미니즘

다문화 및 글로벌 페미니즘은 지배적 백인 문화 밖에 있는 여성들의 살아 있는 경험에 대한 관심과 존중을 표명한다. 또한, 다문화 페미니즘은 때때로 "유색인 여성 페미니즘"이라고 불리기도 하는데, 이는 인종적이고 민족적인 소수자 여성들이 그들의 문화적 정체성에 젠더, 인종, 계급, 그리고 섹슈얼리티가 교차하면서 발생한 결과로서 경험하게 되는 독특한 문제를 다룬다.

글로벌 페미니즘

다문화 및 글로벌 페미니즘은 백인 미국인의 주류 문화 밖에 있는 여성들의 살아 있는 경험에 대한 관심과 존중을 표명한다. 글로벌 페미니즘은 지리적, 정치적 분리와 상관없이 모든 여성의 삶을 뗄 수 없게 상호 연결된 것으로 여기는 보다 넓은 관점을 제시한다. 특히 글로벌 페미니즘은 제국주의와 식민주의의 영향을 검토함으로써 여성 문제에 대한 분석에 국제 정치학을 가져온다.

페미니즘 윤리학

페미니즘 이론은 페미니즘의 질문과 관심을 다루는 이론화를 지칭한다. 이 논의와 밀접한 관련이 있는 이론화는 페미니즘의 관점, 태도 또는 지향이 철학적 질문과 관심에 적용되는 페미니즘 철학이다. 페미니즘 철학의 예시로는 페미니즘의 관점을 도덕 연구에 적용하는 페미니즘 윤리학이 있다.

돌봄 윤리

1980년대 초반의 연구는 윤리적 추론에 있어 여자아이와 여성이 남자아이와 남성과는 다른 양식을 가지는 경향이 있는 듯하다고 제안한다. 특히 이 연구는 다른 사람들을 돌보려는 자연스런 충동에 기반을 둔 윤리가 정의의 개념에 기반한 보다 익숙한 윤리 체계에 여성적이고 페미니즘적인 대안을 제공한다고 제시했다. 돌봄 윤리는 신중한 선택과 행동, 또는 그러한 선택과 행동을 통제하는 도덕적 규칙보다는 전체로서의 관계에 위치 지어진 것으로서 도덕에 대한 대안적 설명을 제공한다.

에코페미니즘

에코페미니즘은 보편적 도덕 규칙을 제시하려는 유혹에 저항하며, 대신 사람들 또는 사람 집단 간의 관계, 또한 사람들 또는 사람 집단 그리고 자연 세계의 다른 부분들 간의 관계에서 때때로 '지배 논리'라고 불리는 것을 드러내고 다루고자 한다. 궁극적으로, 지배 논리에 대한 에코페미니즘의 비판은 구체적으로는 가부장제, 더 일반적으로는 주인지배제에 대한 비판이다. 에코페미니즘의 지배 논리 비판은 서양 철학 전통에 대한 비판으로도 이어진다. 서양 철학의 전통은 다른 모든 것을 지배하는 인류 이성의 우월성, 그리하여 인간 종의 우월성을 확립하는 데 헌신했다.

주인지배제

가부장제가 성차별적 억압을 나타내듯이, 주인지배제는 동시대 서양 문화의 태도와 관행에 널리 퍼진 지배 논리를 구성하는, 다양하며 교차하는 형태의 억압을 더 광범위하게 지시한다.

페미니즘 인식론

페미니즘 이론은 페미니즘의 질문과 관심을 다루는 이론화를 지칭한다. 이 논의와 밀접한 관련이 있는 이론화는 페미니즘의 관점, 태도 또는 지향이 철학적 질문과 관심에 적용되는 페미니즘 철학이다. 페미니즘 철학의 예시로는 페미니즘의 관점을 지식 연구에 적용하는 페미니즘 인식론이 있다.

논리 경험주의

논리 실증주의라고도 하는 논리 경험주의는 실증주의 또는 경험주의와 논리의 결합을 설명한다. 실증주의는 경험을 통해 증명할 수 있는 경우에만 진술이 의미가 있다는 믿음이다. 논리는 진술들 사이의 형식적 관계를 분석하기 위한 체계다. 따라서 논리 경험주의는 경험적으로 검증 가능한 관찰 진술 형태의 데이터가 이론과 가설의 범위를 확증하기 위한 논리적 분석 대상이 될 때 지식, 특히 과학 지식이 산출된다고 설명한다. 이러한 설명은 과학자와 다른 인식론적 행위자가 데이터의 수집과 평가에서 중립 유지가 가능하며 또한 바람직하다는 것 그리고 주어진 인식론적 행위자가 다른 어떤 인식론적 행위자로든 실질적으로 상호 교환될 수 있으며 그렇게 되어야 한다고 전제한다.

페미니즘 경험주의

페미니즘 경험주의는 과학적 중립을 신뢰한다는 점에서 논리 경험주의와 공통점이 있으나, 성차별주의와 다른 형태의 편견들을 쉽게 피할 수 있다는 점은 부정한다. 페미니즘 경험주의는 주로 남성 과학 공동체가 여성을 왜곡하거나 무시하고 결과적으로 잘못된 결론을 내린 수많은 사례를 폭로했다. 예를 들어, 남성만을 대상으로 한 실험을 통해 더 광범위한 인구를 일반화하는 일은 더 이상 받아들여질 수 없는 것이 되었는데, 그것은 페미니즘 경험주의자들이 이 관행의 숨겨진 편향을 밝혀냈기 때문이다. 실제로 전통 윤리에 대한 대안으로 돌봄 윤리가 나타난 것도 정확히는 아동의 도덕 발달을 연구한 페미니스트들이 이전의 연구가 거의 남자아이에게만 집중되어 있다는 점을 밝혀냈기 때문이다. 페미니즘 경험주의에 따르면, 성차별적 과학은 과학자들이 주의 깊게 그리고 중립적으로 추론하는 데 실패할 때 발생한다. 따라서 페미니즘 경험주의의 역할은 대체로 교정적이다.

페미니즘 입장론

입장론은 지배받는 상태에서 살고 있는 사람들이 억압하는 자들보다 더 완전한 시각을 가진다는 제안을 마르크스주의로부터 차용한다. 이러한 설명에 따라, 인식론적 공동체는 지배 집단 또는 중심부, 피지배 집단 또는 주변부로 구성된다. 주변부에서 누군가는 중심부에 대한 외부인의 관점을 얻게 되고, 따라서 지배적인 이데올로기의 한계를 드러낼 수 있다.

페미니즘 경험주의처럼, 입장론의 역할은 대체로 교정적이다. 입장론은 페미니즘 경험주의와 마찬가지로 어떤 견해가 인식론적으로 다른 견해보다 우월함을 의미한다. 그러나 페미니즘 경험주의와 달리, 입장론은 교정적이고 특권적인 관점이 사회적 주변부에서만 성취될 수 있음을 보여준다.

모더니즘

일상적인 사용에서 모던이란 문자 그대로 무엇이든 새로운 것, 무엇이든 현재의 순간에 일어나고 있는 것을 말한다. 좀 더 전문적으로 사용할 때 모더니즘은 철학, 과학 연구, 미술사, 문학 비평, 영화 이론 등과 같이 다양한 영역에서 특정한 시대와 사상 학파를 의미한다. 예를 들어, 과학 연구에서 모더니즘이 의미하는 것은 미술사 또는 다른 분야에서의 의미와 관련이 거의 없을 수 있다. 철학에서 이 시대를 어떻게 다루는지 간단히 설명하면, 이 시기는 17세기 초반부터 과학혁명의 역사적 배경에 대항하여 시작되었고 계몽주의의 맥락에서 19세기 초반까지 지속되었다. 계몽주의는 대체로 진리를 얻고 인간의 가장 높은 잠재력을 달성하기 위해서 이성을 잠재적으로 사용하는 것에 대한 축하와 낙관이라는 태도로 가장 잘 묘사된다.

포스트모더니즘

포스트모더니즘은 모더니즘 및 계몽주의와 연관된 낙관주의를 떠난다. 일반적으로 포스트모더니즘과 특히 포스트모던 페미니즘에 있어 절대 진리는 존재하지 않는다. 사실과 허구를 구별하려는 모든 시도는 승거나 논리에서처럼 이념과 가치에 바탕을 둔 정치적 계획이다.

포스트모던 페미니즘

입장론과 마찬가지로, 포스트모던 페미니즘은 사회적 입지가 인식론적 관점에 영향을 미친다는 것을 인정한다. 포스트모더니즘을 페미니즘의 주제에 적용하는 포스트모던 페미니즘에는 섹스나 젠더에 대한 근본적인 진실이 없다.

제3물결 페미니즘

제3물결 페미니즘은 적어도 대다수의 유럽과 북미 여성에게는 페미니즘이 더 이상 필요하지 않다고 많은 사람들이 제안한 역사에서 페미니즘의 가장 최신 세대를 나타낸다. 사실상 리베카 워커가 1992년에 "제3물결"을 언급하면서 그 용어를 대중화시켰을 때, 이는 포스트페미니즘 시대가 진행되고 있다고 제안한 『뉴욕타임스』 기사에 대한 응답이었다. 일각에서는 성차별이 더 이상 중요한 문제가 아닐 정도로 제2물결 페미니즘이 충분히 성공적이었다고 주장하면서 제3물결 페미니즘 개념에 도전하는 반면, 다른 일각에서는 제2물결이 아직 그 작업을 완수하지 않았다고 주장하면서 제3물결 페미니즘 개념에 도전한다.

제3물결 페미니즘은 쉽게 정의될 수 없는데, 그 이유는 아직 그 자체가 확립 과정에 있기 때문이며 또한 부분적으로는 제3물결 페미니즘에서 공통적으로 나타나는 특징들 중 하나로서 제3물결 페미니즘이 페미니스트나 심지어는 제3물결 페미니즘이 무엇을 의미하는지에 대해서도 여러 형태를 인정하기 때문이다.

4부 퀴어 페미니즘

8장   퀴어 페미니즘에 대한 기록

퀴어 페미니즘

내가 퀴어 페미니즘이라고 부르는 것은 젠더, 섹스, 섹슈얼리티에 대한 퀴어한 개념을 페미니즘 이론의 중요한 주제에 단순히 적용하는 것이고, 동시에 젠더, 섹스, 섹슈얼리티라는 페미니즘의 개념을 퀴어 이론의 중요한 주제에 적용하는 것이다. '퀴어'라는 단어는 일반적으로 섹스와 섹슈얼리티와 관련하지만, 퀴어 이론은 섹스와 섹슈얼리티뿐만 아니라 젠더를 이해하는 한 방법이기도 하다. 특히, 퀴어 이론은 보통 이런 개념들과 관련된 이분법적이고 위계적인 추론을 피한다. 정확히 말하자면, 페미니즘의 주제를 구성하는 것은 페미니즘의 한 형태에서 다음 형태에 이르기까지 다르다. 그러나 이러한 다양성에도 불구하고 대부분 형태의 페미니즘은 섹스와 젠더, 그리고 때로는 또한 섹슈얼리티에 관한 것이다. 따라서 퀴어 이론과 페미니즘 이론 간에는 암묵적인 연결이 존재하며, 퀴어 페미니즘은 이 연결을 보다 명확하게 만든다.

퀴어 페미니즘은 페미니즘 이론에 대한 퀴어 지향과 퀴어 이론에 대한 페미니즘의 지향을 모두 지닌다. 퀴어와 페미니즘 이론의 결합이 매력적인 지점은, 이들에게 이미 공통점이 많다는 것이다. 이 둘은 젠더, 섹스, 섹슈얼리티가 교차하는 문제를 다룬다. 그러나 퀴어 이론은 섹스와 섹슈얼리티에 중점을 둔다. 페미니즘 이론은 섹스와 젠더에 중점을 둔다. 퀴어 이론과 페미니즘 이론의 결합의 분명한 결과는 페미니즘 이론의 맥락에서는 퀴어적 관점으로 인해 섹슈얼리티에 대한 관심이 증가하는 방향으로 나아갈 것이고, 퀴어 이론의 맥락에서는 페미니즘적 관점으로 인해 젠더에 대한 관심이 증가하는 방향으로 나아갈 것이라는 점이다.

전략적 본질주의

가야트리 스피박(1996)이 "전략적 본질주의"라고 부르는 것은 공동의 목표와 이해관계를 가진 집단들이 편의와 연합전선을 위해 공개적으로는 그들 자신이 본질적으로 동일하다고 일시적으로 나타내면서, 이와 동시에 진행 중이며 덜 대중적인 의견 불일치와 논쟁에 참여하는 전략이다.

독립 잡지

독립 잡지는 상업 출판사가 아닌 곳에서 제작되는 독립 출판물이다. 이는 잡지 제작자 또는 편집자로 하여금 독립 출판이 아니었다면 인쇄될 수 없었을 콘텐츠를 자유롭게 선택할 수 있게 한다. 잡지는 페미니즘의 창의적 작업과 정치적 표현을 위한 것으로, 특히 제3물결 페미니스트들 사이에서는 중요한 출구다.

9장   우리는 모두 퀴어하다

이성애자 연대자

LGBT+ 공동체의 구성원으로 정체화하지 않은 사람들을 위해, 연대자로서의 그들의 지위를 표시하기 위한 범퍼 스티커와 티셔츠, 소셜 미디어의 밀어주기와 해시태그가 있다. 연대한다는 표현은 특히 LGBT+ 쟁점에 관심이 집중되고 LGBT+ 사람들과 공동체에 영향을 미치는 정치적 조치가 있을 때 특히 유행한다. 예를 들어 프라이드 축제와 정치 집회에는 "이성애자이지만 편협하지 않은"과 "나는 이성애자다. 그러나 나는 혐오하지 않는다"와 같은 구호가 다수다. 또한, 더 이상 동성 결혼을 금지할 수 없다는 2015년 6월 26일의 대법원 판결까지 이어져온 소셜 미디어 트렌드를 들 수 있다. 많은 이성애자를 포함해 수많은 이가 판결을 지지하면서 #이성애자연대자#straightally라는 해시태그와 함께 무지개 색 필터로 프로필 사진을 장식했다.

매클모어

매클모어는 힙합에서 영감을 얻은 워싱턴 주 출신의 팝 음악 듀오, 매클모어와 라이언 루이스의 일원이다. 그들은 새로운 값비싼 쓰레기를 구입하는 대신에, 재미있고 경제적인 대안으로서 중고품 가게 쇼핑을 찬미하는 노래로 인기를 얻었다. 첫 번째 히트곡 "중고품 할인 판매점Thrift Shop"과 두 번째 싱글인 "우리를 붙잡을 순 없어Can't Hold Us" 둘 다 2013년 빌보드 100순위에서 1위를 기록했는데, LGBT+ 공동체의 관심을 끌었던 것은 같은 앨범(The Heist)의 세 번째 싱글이다. 몇 주 동안 11위라는 어색한 자리에 머물던 "같은 사랑Same Love"은 매클모어의 게이 삼촌들에게 헌정되었다.

매클모어와 라이언 루이스는 다소 논란의 소지가 있었던 최고의 랩 앨범 그래미 상을 포함해서 그 외 권위 있는 모든 상을 받았을 뿐 아니라, LGBT+ 공동체의 관심과 찬사를 받았다. 그러나 그 상은 결국 반동을 이기지 못했고, 어떤 사람들은 이성애자 연대자는 고작 저 정도만 하면 LGBT+ 공동체로부터, 일각에서는 부적절한 수준이라고 여길 정도의 칭찬을 듣게 된다는 점을 지적했다.

연대자 극장

어떤 이들은 하모니 로드리게스 공주가 "연대자 극장"이라고 말한 현상을 제안한다. 이 현상은 자기 선언적이고 자기 찬양적인 연대자가, 짐작건대 그가 차후에 듣게 될 찬사를 위해서, 특히 소셜 미디어에서 좋은 연대자의 역할을 수행하는 것이다.

옮긴이의 말

＊

미미 마리누치는 페미니즘 이론과 퀴어 이론의 연결 담론에
주목할 만한 성과를 내놓은 철학자로, 첫 번째 저서인 이 책으로
최우수학술상을 수상했다. 2012년 올해의 교수 후보였으며,
라우틀리지 출판사에서 발간한 페미니즘 철학 안내서\에서 「퀴어
이론과 교차성」 장을 집필했다. 또한 여성이 글을 쓰고 출판하기
어려웠던 시기에 자신의 책들로 독보적 대중성을 얻은 작가 제인
오스틴을 철학의 관점에서 재조명한 『제인 오스틴과 철학Jane Austen
and Philosophy』을 편집하고 주체성, 다원주의, 친밀성의 관계를
연구하는 학술논문과 문화 영역에서 다양한 실천과 사회적 의미를
다루는 논문과 글을 썼다. 한편 그는 이 책 8장에서 제안한 페미니즘
실천을 직접 행하기도 했는데, 『물결 2.5: 페미니즘 독립 잡지Wave
2.5: A Feminist Zine』를 발간해 미국의 영향력 있는 독립 잡지상 후보로
거론되었다.

＊

이 책은 페미니즘 이론의 기초 개념인 젠더, 섹스, 섹슈얼리티를
자세히 설명하고, 이 개념을 둘러싼 정치적·사회적 영향력에 대해
심도 깊게 탐구한다. 무엇보다도 이 책은 퀴어 이론과 연결을
모색하는 페미니즘의 새로운 방향성을 탐색한다는 점에서 흥미롭다.
흔한 편견들을 넘어서 젠더, 섹스, 섹슈얼리티 개념을 이해하도록
돕는 동시에 페미니즘 운동의 새로운 세대와 퀴어 이론의 관련성을

\   *The Routledge Companion to*
Feminist Philosophy edited by Ann
Garry, Alison Stone, and Serene
Khader, Routledge, 2017.

의미 있게 제시한다는 것이, 이 책을 추천한 이들이 공통점으로
꼽는 가치다. 또한 이 책은 동시대 LGBT+ 운동과 페미니즘 운동을
교차적으로 탐구하는 학제 연구에 관심이 있는 사람에게 지식을
전달한다. 마지막 장에서 소개하는 운동의 방식에 동의하지
않을지라도, 페미니즘과 퀴어 이론의 주요한 개념을 개관한 뒤
제2물결 페미니즘과 퀴어 이론 사이에 존재했던 긴장과 결합의 양상을
살펴볼 수 있다는 점에서도 이 책은 귀중한 가치를 갖는다.

　　　한국어판 서문을 부탁하는 이메일을 받고 마리누치는
대단히 기뻐했다. 나는 이 책의 사례와 한국 페미니즘 운동의 사안이
연결되는 듯하다는 감상을 전하며 강남역 여성 살해 사건 이후 한국
페미니즘 운동의 역동성과 미투 운동의 파급력에 대해 설명했고
그는 큰 흥미를 보였다. 미국과 한국의 시차를 무시한 빠른 답신이
오갔고, 기다렸고, 그렇게 해서 멋진 한국어판 서문이 탄생했다.
이론의 도구인 언어에서부터 자신의 위치와 특권을 인식하는 미미
마리누치에게 페미니스트 철학자로서 연대감을 느낀다.

＊

내가 페미니즘을 처음 접한 것은 20대 초반, 어떤 여성 단체에서
우연히 자원활동을 시작하게 되면서였다. 지금 생각해보면 그
단체의 활동가들이 자원활동가들에게 얼마나 친절을 베풀었던지,
늘 감탄하고 감사하게 된다. 나를 비롯해 자원활동가 대부분은
페미니즘을 거의 처음 접하거나 잘 알지 못했다. 활동가들은 열린
태도와 환대하는 마음으로, 페미니즘이 어떤 관점이며 세계관인지
세미나를 통해 알려주었다.
　　　어떤 이들은 페미니즘에 대한 첫인상을 강렬한 투쟁으로
기억할지 모른다. 그러나 내게 페미니즘의 첫인상은 따스한 위로였다.
사실 많은 사람이 페미니즘을 알게 되면서 위로받는 경험을 했다고

말하곤 한다. 그것은 지금까지 명확한 언어로 표현하기 어려웠지만 그럼에도 분명히 느끼고 있던 어떤 종류의 불편함, 또는 '과연 나만 이 사회에 적응하기 어려운 걸까? 내가 이상하고 비정상인 걸까?'라는 의문에 페미니즘이 명확히 답해주었기 때문일 것이다. 그것이 당신의 잘못은 아니라고, 당신에게 붙은 이름표는 사회가 당신에게 일방적으로 붙인 것이며 이 사회가 당신에게 너무나도 비좁은 공간만을 허용하고 있었던 거라고 말이다.

이처럼 내게 페미니즘은 '여성'이나 '이성애자'처럼 '내게 붙여진 이름표'를 비판하고 그 대신 '내게 적합한 이름표'를 찾으며 더 나아가서는 그 어떤 이름표든 결국 사회문화적으로 구성된 것이라는 점을 이해하는 데 도움을 주었다. 바로 이런 의미에서 페미니즘은 내게 큰 해방감이었고 자유였다. 더 큰 해방감과 자유를 위해 나는 페미니즘 활동을 했고 대학원에서 여성학을 공부했다.

그런데 시간이 흐르고 언제인가부터, 페미니즘이 오히려 나를 규정하는 힘으로 작동하게 되었음을 느꼈다. 어떤 종류의 페미니즘은 내가 '여성'이라는 비좁은 범주로부터 빠져나오려고 하면 할수록 내가 여성임을 상기시켰다. 다른 어떤 페미니즘은 '동성애자' '젠더퀴어' '펨' 또는 '부치' 그리고 '무성애자' 등 다양한 이름으로 다시 한 번 나를 규정했으며, 언제 어디서든 그런 이름표를 따를 것을 암묵적으로 강요했다. 또 다른 어떤 페미니즘은 내게 '에코페미니스트' '퀴어 페미니스트' '포스트모던 페미니스트' '쓰까페미' 또는 '본질주의자' '퀴어 혐오자' 등의 이름표를 함부로 붙이기도 했다. 나는 내가 '여성'을 벗어나는 것이, 특정한 '성소수자' 범주를 벗어나는 것이, 다른 사람들에 의해 함부로 규정되기를 피하는 것이 이토록 어렵다는 점을 다시 한 번 깨닫게 되었다. 심지어는 페미니즘이라는 이름 아래서 말이다.

미미 마리누치에 따르면, 우리 사회는 섹슈얼리티에 대해서 계속 새로운 이름표와 정체성을 만들어내면서, 현재 확립된 섹슈얼리티 패러다임이 처한 위기를 해결하려고 노력해왔다. 이성애자로 가정되는 '여성'과 '남성'만 있는 것보다는 LGBTQIA+처럼 정체성 범주의 목록이 길어지면 길어질수록 우리가 더 자유로워지는 것은 물론이다. 그러나 패러다임을 수정하고 보완하려는 이러한 노력으로 더 이상 위기에 처한 패러다임을 구해낼 수 없다면, 우리는 대안적 패러다임으로의 혁명적 이행을 시작해야 한다.

마리누치가 말하듯이, 대안적 패러다임으로 이행하기 위해서 기존의 패러다임이 만들어낸 모든 정체성 범주를 한순간에 폐기할 필요는 없다. 아직 이 정체성 범주들은 우리, 특히 패러다임을 수정하면서라도 자신에게 적합한 언어를 찾고자 하는 성소수자들에게 중요한 의미를 갖기 때문이다. 그래서 우리는 여성과 남성이라는 두 개의 범주 외에 더 많은 대안적 범주를 만들어나가야 하며, 그럼에도 불구하고 그 어떤 범주든 유동적이며 사회문화적으로 구성된다는 사실을 잊지 말아야 한다. 그래야만 우리는 단지 두 개가 여러 개가 되는 상황에 만족하지 않고, 기존의 패러다임과는 완전히 다른 새로운 패러다임으로 건너가는 데 필요한 다리를 놓을 수 있을 것이다. 그리고 나는 바로 이것이 마리누치가 말하는 '퀴어링'의 의미라고 생각한다.

이 책이 우리를, 우리의 페미니즘을, 우리의 세상을 퀴어링하기를, 그리하여 우리 모두를 더욱 해방시키고 자유롭게 하기를 바란다.

✴

함께 살면서 지금의 나를 이루는 데 큰 영향을 미친 혜윤, 세상을 보는 관점을 고민하게 하고 나에게 살아갈 힘을 주는 반려고양이들 고양 고리 꼬니, 늘 크고 깊은 사랑을 주시는 부모님, 여성학적 고민과 우정을 함께 나누는 친구들 부영 보람 수수 은재 민형, 책을 번역하는 동안 응원해주고 나에게 일터를 행복한 곳으로 만들어준 동물권행동 카라의 동료들 명혜 현임 나미 선미 나연에게 감사드린다. 그리고 누구보다, 이 책의 번역을 먼저 제안해주고 여성학적 활동을 함께한다는 것의 의미를 가르쳐주신 김은주 선생님, 이 책의 의미가 독자들에게 잘 전달될 수 있도록 깊은 노력을 해주신 편집자님을 비롯해 출간의 기회를 주신 봄알람 분들께 깊은 감사를 표한다.

＊

이 책의 번역보다 더 힘들었던 건 원제의 의미를 전달할 적당한 제목 찾기였다. 새롭게 한국어판 제목을 짓기로 결정한 후 꽤 많은 후보군을 검토했지만, "페미니즘을 퀴어링!"이라는 멋진 제목은 봄알람의 이두루 편집장이 제안한 것이다. 번역자들의 고민을 순식간에 해결하고, 번역서 출간의 고된 작업을 흔쾌히 수락한 편집자에게 감사의 인사를 전한다. 그리고 디자이너 우유니게 님과 봄알람 출판사 모두에게 고마운 마음을 전한다. 그리고 누구보다 고마운 사람은 함께 책을 옮긴 권유경이다. 권유경은 너무나 멋진 번역 파트너이자 신뢰하는 페미니스트 동료다. 번역을 하면서 나는 소중한 관계를 얻었다. 또한 이 책의 번역 출간을 지지하고 도움을 준 사람들에게 기쁜 마음을 전한다.

＊

나에게 있어 페미니즘이란, 예상 불가능한 새로움과 조우해 용기를 얻고, 결코 예전으로 돌아갈 수 없는, 달라진 세계에서 살아가는 일인 듯싶다. 그리고 이제 다시 사랑하고 생각할 시간이다.

"사람은 '무엇'에 대해서든 철학을 할 수 있어요.

옮긴이의 말

예를 들어서 사랑에 빠지면 사랑이 뭔지 생각하기
시작하잖아요."—수전 손택

2018년 6월
권유경·김은주

찾아보기

인명

개념 및 용어

기사·논문·책

방송 프로그램·영화

본문 도표

페미니즘을 퀴어링!
—지금 우리에게 필요한 페미니즘 이론, 실천, 행동

1판 1쇄 발행	2018년 6월 18일
1판 3쇄 발행	2020년 7월 7일
지은이	미미 마리누치
옮긴이	권유경·김은주
디자인	우유니
편집	이두루
펴낸곳	봄알람
출판등록	2016년 7월 13일 2019-000079호
전자우편	we@baumealame.com
페이스북	facebook.com/baumealame
트위터	@baumealame
홈페이지	baumealame.com
ISBN	979-11-958579-7-5 03300